Squeeze Out

Europäische Hochschulschriften
Publications Universitaires Européennes
European University Studies

Reihe II
Rechtswissenschaft

Série II Series II
Droit
Law

Bd./Vol. 4556

PETER LANG
Frankfurt am Main · Berlin · Bern · Bruxelles · New York · Oxford · Wien

Gernot J. Rößler

Squeeze Out

Rechtsfragen und Probleme einer Neuerung des deutschen Aktienrechts mit Ausblick ins Übernahmerecht

PETER LANG
Internationaler Verlag der Wissenschaften

Bibliografische Information der Deutschen Nationalbibliothek
Die Deutsche Nationalbibliothek verzeichnet diese Publikation in der Deutschen Nationalbibliografie; detaillierte bibliografische Daten sind im Internet über <http://www.d-nb.de> abrufbar.

Zugl.: Berlin, Humboldt-Univ., Diss., 2006

11
ISSN 0531-7312
ISBN 978-3-631-56379-3

www.peterlang.de

Danksagung

Die vorliegende Untersuchung über die Rechtsfragen und Probleme des Squeeze Out als einer Neuerung des deutschen Aktien- und Übernahmerechts wurde im Sommersemester 2006 von der Rechtswissenschaftlichen Fakultät der Humboldt Universität zu Berlin als Dissertation angenommen. Die mündliche Prüfung fand am 26. Oktober 2006 statt.

Mein herzlicher Dank geht an alle, die zu ihrem Gelingen beigetragen haben.

Mein aufrichtiger Dank gilt zunächst meinem Doktorvater, Herrn Professor Dr. Eberhard Schwark. Ihm danke ich für die Ausdauer und Geduld, für die Anregungen und die lehrreiche Betreuung. Danken möchte ich auch Herrn Prof. Dr. Thomas Raiser für die zügige Erstellung des Zweitgutachtens und meinen weiteren Prüfern Prof. Dr. Schwintowski und Prof. Dr. Heger für die anspruchs-volle aber faire mündliche Prüfung.

Ohne die Unterstützung meiner Eltern wäre mir die Promotion nicht möglich gewesen.

Meiner Jördis gilt besonderer Dank für Ihre Geduld, ihre motivierenden Worte und ihr Verständnis über die Jahre hinweg.

Ferner möchte ich meine Schwester Sabine und meine Freunde und Weggefährten Dr. Mathias Korsten und Dr. Martin Heckelmann erwähnen. Sie waren mir steter Ansporn, geduldige Zuhörer und wichtige Gesprächspartner.

Meinem Vater als „Hauptverantwortlichem“ für meinen juristischen Werdegang ist diese Arbeit gewidmet.

Berlin, im Herbst 2006

Gernot Joachim Rößler

Inhaltsverzeichnis

Erster Teil
Grundlagen

Zweiter Teil

Rechtsprobleme

Dritter Teil

Probleme der übernahmerechtlichen Squeeze-Out-Regelung bei Umsetzung der Richtlinie 2004/25/EG betreffend Übernahmeangebote

Vierter Teil

Kritik der Regelung in §§ 327a ff AktG unter rechtspolitischen Gesichtspunkten

Erster Teil

„Grundlagen“

§ 1 Einleitung und Gang der Betrachtung

Seit dem 1. Januar 2002 ist das Wertpapiererwerbs- und Übernahmegesetz (WpÜG) in Kraft. Durch dessen Art. 7 wurde nach § 327 AktG ein neuer Vierter Teil (§§ 327a – 327f AktG) eingefügt. Er regelt den sog. Squeeze Out, d.h. den zwangsweisen Ausschluß von Minderheitsaktionären bei Aktiengesellschaften (AG) und Kommanditgesellschaften auf Aktien (KGaA) auf Verlangen eines mit mindestens 95% am Grundkapital beteiligten Hauptaktionärs gegen Zahlung eines Barausgleichs in Deutschland. Angelehnt hat sich der Gesetzgeber dabei an die Regelungen zur Mehrheitseingliederung gem. §§ 320 ff AktG,[1] was eine möglichst einfache Anwendbarkeit gewährleisten soll. Die Regelung ist jedoch – trotz ihrer systematischen Stellung nach dem Recht der verbundenen Unternehmen - nicht konzernrechtlicher Natur.[2]

Die in der Literatur verwendete Bezeichnung Squeeze Out für den Ausschluß von Minderheitsaktionären stammt aus dem US-amerikanischen Gesellschaftsrecht. Dort wird als freeze out (d.h. „Hinausfrieren“) ein Verfahren bezeichnet, bei dem ein Mehrheitsaktionär die Minderheitsaktionäre aus der Gesellschaft hinausdrängt mit dem Ziel, Alleinaktionär zu werden, etwa dadurch, daß die Minderheitsaktionäre zum Verkauf an die kontrollierenden shareholders gezwungen werden. Demgegenüber werden beim squeeze out (d.h. „Herausquetschen“) im eigentlichen amerikanischen Sinne die Minderheitsaktionäre nicht durch juristische Verfahren zum Verlassen der Gesellschaft veranlasst. Dies geschieht vielmehr in der Weise, daß den Minderheitsaktionären die Zugehörigkeit zur Gesellschaft verleidet wird, etwa durch Verhinderung von Mehrheiten für die Ausschüttung von Dividenden.[3] In Deutschland hat sich in der Literatur die Bezeichnung “Squeeze Out“ gegenüber dem Begriff des „freeze out“ durch- gesetzt.[4]

---

[1] Begr. RegE S. 74, BR-Drucks. 574/01, Pötzsch / Möller, WM Sonderbeil. 2/2000 S.30; Habersack, ZIP 2001,1230, 1232; Fuhrmann/Simon, WM 2002, 1211, 1212; Halm NZG 2000, 1162, 1165;Kiem, RWS-Forum 20, Gesellschaftsrecht 2001, 329, 334; Küting, DStR 2003, 838, 842.

[2] Hüffer, AktG, § 327a Rn.2.

[3] Merkt, US-amerik. GesR, Rn.1028-1030; der Begriff des Squeeze Out für Mittel und Wege, Mitgliedern einer Gesellschaft das dortige Verbleiben zu „verleiden“ und sie auf diese Weise „hinauszudrängen“ wird in diesem Sinne schon seit Jahrzehnten verwendet, s. z.B. 1980 Wiedemann, GesR, Bd. I, S. 385.

[4] Geibel / Süßmann – Grzimek, WpÜG, Art. 7 § 327a AktG Rn. 1; Rühland, NZG 2001, 448, 449 Fn. 3 m.w.N.

Eine derartige rechtliche Möglichkeit zum Zwangsausschluß von Minderheitsaktionären ohne wichtigen Grund - gegen Barabfindung – bestand bis zum Inkrafttreten des Wertpapiererwerbs- und Übernahmegesetzes in Deutschland nicht, so daß es sich um ein neues Rechtsinstitut handelt.[5] Für das seit dem 1. Januar 2002 eingeführte Verfahren des Squeeze Out sieht § 327a Abs.1 AktG vor, daß die Hauptversammlung auf Verlangen des Hauptaktionärs die Übertragung der Aktien der Minderheitsaktionäre gegen Zahlung einer angemessenen Barabfindung beschließen kann. Die Höhe der Abfindung ist vom Hauptaktionär unter Berücksichtigung der Verhältnisse der Gesellschaft festzulegen (§ 327b Abs.1 AktG). Die Angemessenheit kann jeder ausgeschiedene Minderheitsaktionär im Wege eines Spruchverfahrens überprüfen lassen (§ 327f AktG).

Anlaß für die Neuregelung, die die unternehmerischen Entfaltungsmöglichkeiten stärken soll, waren mehrere Umstände. Es bestand ein Bedürfnis der Praxis nach einem Ausschluß von Restminderheiten wegen des bisher erforderlichen hohen formalen Aufwandes bei Kleinstbeteiligungen, um dem Informationsrecht weniger Minderheitsaktionäre zu entsprechen.[6] So ist die Fertigung umfangreicher Berichte sowie die Vorbereitung mündlicher Erläuterungen vor Grundlagenentscheidungen und Strukturmaßnahmen erforderlich, die der Zustimmung der Hauptversammlung bedürfen.

Squeeze-Out-Verfahren sollen es ferner ermöglichen, Widerstände gegen eine effiziente Unternehmensführung in den Fällen zu beseitigen, in denen Restminderheiten vorhanden sind.[7] Denn bei Vorhandensein von Minderheitsaktionären besteht trotz klarer Mehrheitsverhältnisse in der Hauptversammlung die Gefahr, daß sich wichtige unternehmerische Entscheidungen gegen deren Willen nicht oder nur schwer durchsetzen lassen. Das betrifft z.B. riskante Investitionen oder das Ersetzen hoher Kapitalkosten durch billigeres Fremdkapital.[8] Minderheitsaktionäre können Hauptversammlungsbeschlüsse nach § 243 AktG anfechten. Dies geschah in der Vergangenheit nicht selten unter mißbräuchlicher Ausnutzung ihrer Rechte durch manche Minderheitsaktionäre[9], die als sog. „räuberische Aktionäre“[10] für sich Sondervorteile beim „Abkauf der Klagen“ zu erreichen suchten. Anfechtungsverfahren ziehen sich oft über viele Jahre hin, zum Teil bis zu zehn Jahren.[11] Die Zahl der pro Jahr erhobenen Anfechtungsklagen hat sich in den vergangenen zwanzig Jahren fast verzehnfacht, während sich die Zahl der Aktiengesellschaften im gleichen Zeitraum nur etwa um das Vierfache erhöht

---

[5] Vetter, AG 2002, 176; Quandt S.20.
[6] Vetter, ZIP 2000, 1817.
[7] Veit, DB 2005, 1697.
[8] Kossmann, NZG 1999, 1198, 1199.
[9] Pötzsch/Möller, WM Sonderbeilage 2/2000, 3, 29; Nirk,Hdb.AG I Rz.2618.
[10] Wilhelm DB 2001, 520; Angerer, BKR 2002, 260, 261.
[11] Dazu eingehend Lutter in FS „Der Betrieb“ S. 193, 196.

hat.[12] Nach Ausschluß der Minderheitsaktionäre durch einen Squeeze Out kann der nunmehrige Alleinaktionär Strukturmaßnahmen ohne Behinderungen durch Minderheitsaktionäre realisieren. Daher wurde im Schrifttum und aus Kreisen der Wirtschaft, die die Beachtung des Minderheitenschutzes z.T. als lästig und unverhältnismäßig kostspielig ansah,[13] seit längerem im Interesse der reibungslosen Führung der Gesellschaften die Schaffung einer gesetzlichen Regelung des zwangsweisen Ausschlusses von Restminderheiten aus der AG gefordert.[14] Auch der Handelsrechtsausschuß des Deutschen Anwaltvereins e.V. befürwortete – Gesetzesinitiativen des Bundesverbandes der Deutschen Industrie und der Börsensachverständigenkommission folgend - die Einführung eines Rechts des Hauptaktionärs, dem mindestens 95 % des Grundkapitals gehören, die Aktien der Minderheitsaktionäre zu erwerben.[15] Die Börsensachverständigenkommission argumentierte ebenfalls u.a. damit, daß viele Strategien und unternehmerischen Entscheidungen nicht oder nur mit Schwierigkeiten gegen den Willen von Minderheitsaktionären durchsetzbar sind.[16] Ferner wurde es als sinnvoll angesehen, daß derjenige, der zu einem Übernahmeangebot verpflichtet ist (§ 35 Abs.2 WpÜG), auch die Möglichkeit haben müsse, Kleinstbeteiligungen abzufinden und damit tatsächlich 100 % der Anteile zu erwerben.[17] Dies insbesondere deswegen, weil früher wegen des Fehlens einer Verpflichtung der Minderheitsaktionäre, ein angemessenes Abfindungsangebot anzunehmen, ein solches Angebot selten zu einem Erwerb von 100% der Aktien geführt hatte.[18]

Die Gesetzesbegründung nennt als Ziel der Neuregelung auch eine Anpassung an internationale Standards sowie die Stärkung des Wirtschaftsstandorts und Finanzplatzes Deutschland.[19] Dies beruht darauf, daß in anderen Ländern Europas zur Überwindung unternehmerischer Schwierigkeiten bei Vorhandensein von Kleinstbeteiligungen im Rahmen des Übernahmerechts bereits gesetzliche Regeln über den Ausschluß von Minderheitsaktionären bestanden,[20] während in Deutschland derartige Regelungen fehlten. In Deutschland war für öffentliche Übernahmen lediglich auf freiwilliger Basis eine Regulierung durch den Übernahmekodex der Börsensachverständigenkommission vorgesehen.[21]

---

[12] Quandt S.31 mwN.

[13] Kallmeyer, AG 2000, 59; Land/Hasselbach, DB 2000, 557, 562.

[14] Vetter, ZIP 2000, 1817, 1818; Kallmeyer, AG 2000, 59, 61; Kossmann, NZG 1999,1198; Schiessl, AG 1999,442,451; Th.Baums, Gutachten F 116; Doralt/Druey/Hommelhof/Hopt/ Lutter/ Wymeersch, Forum Europaeum, ZGR 1998, 672, 732 ff; Land/Hasselbach, DB 2000, 557, 662; Th. Baums, Notwendigkeit, S.18 f.; HandelsrechtsA DAV, NZG 1999,850.

[15] NZG 1999, 850; http://www.bghcam.de.

[16] Kossmann, NZG 1999, 1198.

[17] Standpunktpapier der Börsensachverständigenkomission beim BMF, S.6, 26; Kossmann NZG 1999, 1198, 1199; Nirk, Hdb.AG I Rz. 2622; Land/Hasselbach, DB 2000, 557, 562.

[18] Land/Hasselbach, DB 2000, 557, 562.

[19] BR Drs. 574 / 01, S.1.

[20] Begr.RegE,S.74, BR-Drucks. 574/01; Land/Hasselbach, DB 2000, 557, 561.

[21] Land/Hasselbach, DB 2000, 557, 561.

Der Übernahmekodex wurde – bis Ende Juni 2000 - von 621 der über 900 börsennotierten inländischen Unternehmen anerkannt.[22] Verstöße gegen den Kodex werden jedoch nur durch Empfehlungen und Entscheidungen der Übernahmekommission sanktioniert (Art. 21 Abs.2 Übernahmekodex), die keine rechtliche Verbindlichkeit haben. Daher wurde eine gesetzliche Regelung des Übernahmerechts[23] und zugleich des Squeeze Out befürwortet.[24]

Im Rahmen der Überlegungen zur Schaffung der Möglichkeit eines Squeeze Out in Deutschland wurden in früheren Jahren zunächst auch die Arbeiten zur Schaffung einer europäischen Übernahmerichtlinie mitberücksichtigt.[25] Die Vorarbeiten zu einer europäischen Übernahmerichtlinie gehen insoweit auf den Pennington-Entwurf aus dem Jahre 1974[26] und einen Entwurf von 1989[27] zurück. Die Kommission legte am 7. Februar 1996 einen Vorschlag für eine Richtlinie vor,[28] der am 10. November 1997 durch den geänderten Vorschlag für eine 13. Richtlinie des Europäischen Parlaments und des Rates auf dem Gebiet des Gesellschaftsrechts über Übernahmeangebote[29] ersetzt wurde. Das Europäische Parlament beschloß am 13. Dezember 2000 Änderungen.[30] Vom Vermittlungsausschuß wurde am 6. Juni 2001 ein Gemeinsamer Entwurf einer Richtlinie des Europäischen Parlaments und des Rates auf dem Gebiet des Gesellschaftsrechts betreffend Übernahmeangebote[31] gebilligt.[32] Er wurde jedoch am 4. Juli 2001 vom Europäischen Parlament mit 273 Stimmen bei 273 Gegenstimmen und 22 Enthaltungen wegen der unterschiedlichen Interessen und Verfahren der Mitgliedstaaten abgelehnt.[33] Die damals gescheiterte europäische Übernahmerichtlinie sah eine Squeeze-Out-Regelung nicht vor.[34]

In Deutschland war am 2. Juli 1997 von einer Bundestagsfraktion der Entwurf eines Übernahmegesetzes[35] eingebracht, sodann aber nicht weiter behandelt

---

[22] Pötzsch/Möller, WM Sonderbeilage Nr.2/2000, 13.
[23] Kirchner/ Ehricke, AG 1998, 105, 110, 116; Hopt in FS Zöllner, 253, 274.
[24] Land/Hasselbach, DB 2000, 557, 561.
[25] Möller/Pötzsch, ZIP 2001, 1256, 1257; Than in FS Claussen, 1997.405 ff.; zur geschichtlichen Entwicklung ; ebenso Pötzsch/Möller, WM Sonderbeil. 2/2000, S.4ff.
[26] Pennington-Entwurf, Originalfassung in FS für Duden 1977 S.379ff, deutsche Fassung s. Fleischer/Kalss, 832, 846ff.
[27] Vorschlag für eine 13. Richtlinie des Rates auf dem Gebiet des Gesellschaftsrechts über Übernahmeangebote, KOM/88/823 endg,-SYN 186, ABl.d.EG 1989 Nr.C.64/.8.
[28] Abgedr. AG 1996, 217 ff.
[29] KOM/97/565 endg.,- 95/0341 (COD), Abl. d. EG 1997, Nr. C 378/10.
[30] Möller/Pötzsch, ZIP 2001, 1256, 1257.
[31] PE-CONS 3629/01, abgedruckt in : ZIP 2001, 1120, 1123 mit Einf. Neye.
[32] Möller/Pötzsch, ZIP 2001, 1256, 1257.
[33] Möller/Pötzsch, ZIP 2001, 1256, 1257.
[34] Heidel/Lochner, DB 2001, 2031.
[35] BT-Drucks. 13 / 8164 v.2.7.1997 abgedruckt in Fleischer/Kalss, 209.

worden.[36] Im Hinblick auf den geplanten Erlaß der 13. Richtlinie des Europäischen Parlaments und des Rates auf dem Gebiet des Gesellschaftsrechts[37] sowie die Stellungnahme der Gruppe „Gesellschaftsrecht" zu den Abänderungen des Europäischen Parlaments[38] hatte das Bundesjustizministerium zunächst keinen Entwurf erarbeitet.[39] Eine nationale Regelung des Ausschlusses von Minderheitsaktionären im WpÜG wurde erst vorgesehen, nachdem die zunächst erwogenen Vorschläge zum Squeeze Out von der EU-Kommission nicht in den Entwurf der 13. Richtlinie („Übernahmerichtlinie") aufgenommen worden waren. Art. 6 des Diskussionsentwurfs eines Gesetzes zur Regelung von Unternehmensübernahmen aus dem Jahre 2000[40] sowie der Referentenentwurf des Bundesministeriums für Finanzen (BMF) eines Gesetzes zur Regelung von öffentlichen Angeboten zum Erwerb von Wertpapieren und Unternehmensübernahmen (WpÜG) vom 12. März 2001[41] sahen sodann Regelungen zum Ausschluß von Minderheitsaktionären vor. Alsbald nach Inkrafttreten des WpÜG am 1. Januar 2002 hat die Praxis von der neu eröffneten Möglichkeit zum Ausschluß von Minderheitsaktionären nach §§ 327a ff. AktG – wie erwartet[42] - ausgiebig Gebrauch gemacht.

Nach Schaffung der nationalen Regelung von Squeeze-Out-Verfahren blieben aber europaeinheitliche Regelungen des Ausschlusses von Minderheitsaktionären weiterhin in der Diskussion.[43] Streitigkeiten über einheitliche Vorgaben für Unternehmensübernahmen konnten jedoch zunächst nicht beigelegt werden.[44] Am 2. Oktober 2002 legte die Kommission dann einen neuen Richtlinien-Vorschlag vor, in dem ein Ausschluß- und Andienungsrecht vorgesehen war.[45] Nach weiteren Erörterungen und Stellungnahmen[46] und nachdem zunächst sogar erwartet worden war, daß der Entwurf einer Übernahmerichtlinie zurückgenommen würde,[47] hat das Europa-Parlament der neuen Richtlinie[48] am 16. Dezember 2003 mit Änderungen[49] zugestimmt. Der Ministerrat hat die Richtlinie

---

[36] Land/Hasselbach, DB 2000, 557, 561.

[37] Entwurf einer 13.Richtlinie des Europäischen Parlaments und des Rates auf dem Gebiete des Gesellschaftsrechts über Übernahmeangebote von 1997, s. Fleischer/Kalss, 983 ff.

[38] Interinstitutionelles Dossier 1995/0341 (COD) des Rates der Europäischen Union.

[39] Land/Hasselbach, DB 2000, 557, 561.

[40] NZG 2000, 844, 855 ff.

[41] www.bundesfinanzministerium de; auch auch Rühland, NZG 2001, 448.

[42] Kuhn, Der Syndikus, 2002, 19.

[43] Zschocke. azur 2003,10; Sieger / Hasselbach, ZGR 2002, 120, 128f.; KOM (2002) 534 (s. dort Art. 14).

[44] Financial Times Deutschland v. 19.5.2003, http://www.ftd.de/pw/eu.

[45] zu den Entwicklungen im europ.Übernahmerecht im einzelnen Zinser, ZRP 2003, 78 ff. und EuZW 2003, 10 ff.

[46] vgl. Bericht v. 8.12.2003 A5-0469/2003 endg.

[47] Financial Times Deutschland v.25.11.2003, www.ftd.de.

[48] Europ.Union, Interinstitutionelles Dossier 2002 / 0240 (COD) – DRS 106 CODEC 1702.

[49] Europ. Parlament, Plenarsitzungsdokument endg. A 5-0469/2003.

am 30. März 2004 verabschiedet.[50] Sie war bis zum 20. Mai 2006 in nationales Recht umzusetzen (Art. 21 Abs.1 RL).

Die Richtlinie legt fest, in welchem Rahmen sich der Erwerb von Wertpapieren einer börsennotierten Gesellschaft durch einen Investor vollzieht, wenn er den Erwerb der Kontrolle der Gesellschaft zum Ziel hat oder sie bereits erworben hat.[51] Sie enthält auch Bestimmungen über einen Squeeze Out (Art. 15 RL). Die Richtlinie schreibt ein einheitliches Verfahren für den Ausschluß von Minderheitsaktionären bei börsennotierten Gesellschaften im Anschluß an ein an alle Aktionäre der Zielgesellschaft gerichtetes Angebot zum Erwerb sämtlicher Aktien vor (Art. 15 Abs.1 RL). Der Anwendungsbereich des von der Richtlinie vorgesehenen übernahmerechtlichen Squeeze-Out-Verfahrens, auf die im Rahmen dieser Untersuchung noch näher eingegangen wird (vgl. Dritter Teil, ab S. 137), ist wesentlich enger als derjenige des aktienrechtlichen Squeeze Out nach §§ 327a ff AktG.[52]

Die Richtlinie schafft ferner für die verbleibenden Aktionäre ein Andienungsrecht (sog. Sell Out). Die Mitgliedstaaten haben sicherzustellen, daß die Inhaber verbleibender Wertpapiere von dem Bieter den Erwerb ihrer Wertpapiere gemäß den Bedingungen des Art. 15 Abs.2 RL zu einem angemessenen Preis verlangen können (Art.16 Abs.2 RL).

Die übernahmerechtlichen Regelungen verpflichten zwar die Mitgliedstaaten zur Umsetzung der Richtlinie in nationales Recht (Art.21 S.1 RL), sie schreiben aber nicht vor, daß nationale Vorschriften, die für andere Fallgestaltungen einen aktienrechtlichen Minderheitenausschluß vorsehen, geändert werden müssen.[53]

Im Rahmen dieser Arbeit werden nach einer Übersicht über die bisherige Entwicklung nach Inkrafttreten der Regelungen über den aktienrechtlichen Squeeze Out gemäß §§ 327a ff AktG, nach einer Standortbestimmung des Squeeze Out im Verhältnis zu den sonstigen Ausschlußverfahren und Erörterung der verfassungsrechtlichen Problematik Rechtsprobleme behandelt, die sich durch die Neuregelung ergeben haben, und Lösungsmöglichkeiten unter Berücksichtigung der widerstreitenden Interessen des Hauptaktionärs und der Minderheitsaktionäre untersucht. Schwerpunkte sind insbesondere Fragen, die sich bei der gezielten Schaffung von Squeeze-Out-Voraussetzungen, der Durchführung des Verfahrens, den Auswirkungen von Squeeze-Out-Beschlüssen und der Barabfindung stellen.

---

[50] ABl. L 142/12 vom 30.4.2004.

[51] Vgl. Überblick über die Entwicklung und den Anwendungsbereich der Übernahmerichtlinie bei Maul/Muffat-Jeandet, AG 2004, 221 ff; 306 ff.

[52] Austmann/Mennicke, NZG 2004, 846, 847.

[53] ABl. L 142/12 vom 30.4.2004 , Erwägungsgründe zu 24).

Die Neuregelung wird auch unter rechtspolitischen Gesichtspunkten gewürdigt. Geprüft wird, welche weiteren gesetzgeberischen Maßnahmen sinnvoll wären, um aufgetretene wesentliche Probleme des aktienrechtlichen Squeeze Out im Interesse der Rechtssicherheit zu regeln und zugleich das gesamte Verfahren so zu gestalten, daß das mit der Einführung des neuen Rechtsinstituts des Squeeze Out angestrebte Ziel ohne erhebliche Schwierigkeiten in angemessener Zeit erreicht werden kann.

Ferner wird ein kurzer Ausblick auf den neuen übernahmerechtlichen Squeeze Out aufgrund der europäischen Übernahmerichtlinie und die nach der Umsetzung ins deutsche Recht auftretenden Probleme gegeben.

§ 2 Erste Fälle in der Praxis

Die Bedeutung des Rechtsinstituts des aktienrechtlichen Squeeze Out gemäß §§ 327a ff AktG für die Praxis zeigt die folgende Zusammenstellung der bekanntesten Squeeze-Out-Verfahren, die z.T. noch nicht abgeschlossen sind, besonders deutlich :

Aachener und Münchener Lebensversicherung AG,
Hauptaktionärin AMB Generali Holding AG,[54]

Armstrong DLW AG,
Hauptaktionärin Armstrong World Industries Holding GmbH,[55]

AVA Allgemeine Handelsgesellschaft der Verbraucher AG,
Hauptaktionärin EDEKA Zentrale AG & Co. KG,[56]

Bayerische Immobilien AG,
Hauptaktionärin Schörghuber Stiftung & Co. Holding KG,[57]

Berliner Kindl Brauerei,
Hauptaktionärin Binding-Brauerei,[58]

Brainpool,
Hauptaktionärin Viva Media AG,[59]

---

[54] http://www.../versicherungsnews.
[55] http:// www.armstrong.com
[56] http://www.ava.de
[57] AG Report 2003, R 316.
[58] Arbeitsbericht 01/03, S.10 – www.ima-net.de.
[59] http://www.sharper.de.

Buderus AG,
Hauptaktionärin Robert Bosch GmbH[60],

Central Krankenversicherung AG,
Hauptaktionärin AMB Generali Holding AG,[61]

Consors,
Hauptaktionärin BNP Paris S.A.,[62]

Dea AG,
Hauptaktionärin RWE AG[63],

Dortmunder Actien-Brauerei (DAB),
Hauptaktionärin Radeberger Gruppe AG,[64]

Deutsche Bausparkasse Badenia AG,
Hauptaktionärin AMB Generali Holding AG,[65]

Dresdner Bank AG,
Hauptaktionärin Allianz AG,[66]

DSL Holding AG,
Hauptaktionärin Deutsche Postbank AG[67]

Edelstahlwerk Witten AG,
Hauptaktionärin ThyssenKrupp,[68]

Edscha AG,
Hauptaktionärin EdCar Beteiligungs GmbH & Co. KG,[69]

Ford Werke AG,
Hauptaktionärin Ford Deutschland Holding GmbH,[70]

---

[60] http://www.neuer-markt-inside.de.
[61] http://www.../versicherungsnews.
[62] http://www.n-tv.com/3055732.html; http://www.tagess.../0.
[63] http://www.manager-magazin.de
[64] Internet-Pressemitteilung.
[65] http://ewww.../versicherungsnews.
[66] www. Dresdner-bank.de; www. Allianz.com.News.
[67] Bozicevic, AG Report 2005, R246, 248.
[68] Helmis, Arbeitsbericht 01/03, S.10 – www.ima-net.de.
[69] Sustmann, EWiR § 327e AktG 1/04
[70] www.autointell.de/News.

Fränkisches Überlandwerk AG (FÜW),
Hauptaktionärin N-Energie AG,[71]

Gardena AG,
Hauptaktionärin Green Holding (SWE),[72]

GEA,
Hauptaktionärin MG-Technologies,[73]

Glunz AG,
Hauptaktionärin Tableros de Fibras S.A.,[74]

Goldschmidt AG,
Hauptaktionärin Degussa AG,[75]

Hapag Lloyd,
Hauptaktionärin Preussag,[76]

HVB Real Estate Bank AG,
Hauptaktionärin DIA Vermögensverw. GmbH[77]

Hermes Kreditversicherung,
Hauptaktionärin Allianz AG,[78]

H..I..S sportswear AG,
Hauptaktionärin VF Corp.,[79]

JADO AG,
Hauptaktionärin AS Deutschland GmbH[80]

Kamps AG,
Hauptaktionärin Finba Bakery Europe,[81]

---

[71] www.nergie.de.
[72] Helmis, Arbeitsbericht 01/03, S.10 – www.ima-net.de.
[73] www.swr3.de/info/boersenman/archiv.
[74] http://www.glunz.de
[75] www.s-hb.de/News; www.boerse-im-internat.de/ak/mk/n.
[76] Helmis, Arbeitsbericht 01/03, S.10 – www.ima-net.de.
[77] http.// www.hyporealestatebank.de
[78] www. Allianz.com.News.
[79] www.boerse-im-internat.de/ak/mk/n.
[80] Bozicevic, AG Report 2005, R246, 248.
[81] www.welt.de.

Kempinski AG,
Hauptaktionärin MCM Hotelbeteiligungsgesellschaft m.b.H.,[82]

G.Kromschröder AG,
Hauptaktionärin Ruhrgas Industries GmbH,[83]

Löwenbräu,
Hauptaktionärin G.Sedlmayr Spaten-Franz.-Bräu,[84]

MAN Roland Druckmaschinen AG,
Hauptaktionärin MAN AG,[85]

Mannesmann AG, Hauptaktionärin Vodafone AG,[86]
MHM Modeholding AG, Hauptaktionärin Hucke,[87]

mg Vermögensverwaltungs-AG
Hauptaktionärin mg technologies ag[88]

Microlog Log. AG,
Hauptaktionärin Thiel Logistic AG,[89]

MIS AG,
Hauptaktionärin Systems Union Group plc.,[90]

Neckarwerke Stuttgart AG (NWS),
Hauptaktionärin Energie Baden-Württemberg AG,[91]

PKV Vermögensverwaltung AG,
Hauptaktionärin Philips GmbH[92]

Radeberger Gruppe AG,
Hauptaktionärin Oetker-Gruppe,[93]

---

[82] Helmis, Arbeitsbericht 01/03, S.10 – www.ima-net.de.
[83] http://www.manager-magazin.de/unternehmen/vwdnews/0,2828,ticker-23983995,00.html
[84] Helmis, Arbeitsbericht 01/03, S.10 – www.ima-net.de.
[85] www.man.de/aktuell.
[86] www.teltarif.de/arch;www.netzeitung.de/servlets; home.t-online.de/home/ wilhelm.ruehl/mannesma.htm.
[87] www.welt.de/daten.
[88] Bozicevic, AG Report 2005, R246, 248.
[89] www.microlog.de/german/presse/PM; www.finanznachrichten.de; http://de.biz.yahoo.com.
[90] http://www.misag.de
[91] www.welt.de/data/2002/11/28; www.enbw.com.content/de/presse.
[92] Bozicevic, AG Report 2005, R246, 248.

Otto Reichelt AG,
Hauptaktionärin EDEKA Minden-Hannover Beteiligungsgesellschaft m.b.H,[94]

Rheinhold & Mahla AG,
Hauptaktionärin Bilfinger & Berger AG,[95]

Rütgers AG,
Hauptaktionärin RB Verwaltungsgesellschaft für die Beteiligung an der Rütgerswerke mbH (RBV),[96]

RWE-DEA AG für Mineralöl und Chemie,
Hauptaktionärin RWE AG[97]

SAI Automotive AG,
Hauptaktionärin Faurecia, F[98]

Salamander AG,
Hauptaktionärin Energie Baden-Württemberg (EnBW),[99]

Carl Schenck AG,
Hauptaktionärin Dürr AG,[100]

Schmalbach Lubeca AG,
Hauptaktionärin Schmalbach Lubeca Holding GmbH,[101]

Stelcon AG,
Hauptaktionärin Readymix Betonteile GmbH,[102]

Stinnes AG,
Hauptaktionärin DB Sechste Vermögensverwaltungsgesellschaft m.b.H.,[103]

Thüga AG,
Hauptaktionärin E.ON AG[104]

---

93 www.faz.net/s.
94 www.boerse-im-internet.de/ak/mk/n;sdk.softbox.de/aktuell.
95 Pressemitteilung Allen & Overy.
96 www.rag.de/rag/presse.nsf.
97 Bozicevic, AG Report 2005, R246, 248.
98 Bozicevic, AG Report 2005, R246, 248.
99 de.biz.yahoo.com.
100 www.duerr-ag.de.
101 www.schmalbach.de/medien/pressemitteil.
102 Luttermann, EWiR § 327b AktG 1/05, 51
103 de.biz.yahoo.com;www.berlinonline.dpa;www.bahn-net.de/presse-informationen/holding.

Thuringia Versicherungs-AG,
Hauptaktionärin AMB Generali Holding AG,[105]

Vereins- und Westbank AG,
Hauptaktionärin Bayerische Hypo- und Vereinsbank AG[106]

Vereinte Versicherung,
Hauptaktionärin Allianz AG,[107]

Victoria Versicherung,
Hauptaktionärin Ergo,[108]

Volksfürsorge Holding AG,
Hauptaktionärin AMB Generali Holding AG,[109]

VTG-Lehnkering AG,
Hauptaktionärin VTG GmbH,[110]

Wella AG,
Hauptaktionärin Procter & Gamble Co.[111]

Bereits im Jahre 2002, dem ersten Jahr nach Inkrafttreten der Neuregelung, fanden mehr als 100 Squeeze-Out-Verfahren statt.[112] Insgesamt wurden in der Zeit vom 1.1.2002 bis 28.11.2003 154 derartige Verfahren bekannt.[113] Als Anlaß für die Durchführung der Verfahren wurden u.a. die Vereinfachung der Unternehmensführung und die Reduzierung der gesellschaftsrechtlichen Komplexität,[114] die Vereinfachung von Fusionsprozessen,[115] die Verringerung der Kosten wegen der Publizitätspflichten und der Organisation der Hauptversammlung[116] sowie größere Planungssicherheit[117] genannt. Die Durchführung derartiger Verfahren wurde allerdings z.T. von Kleinaktionären und der Deutschen Schutzvereini-

104 Bozicevic, AG Report 2005, R246, 248.
105 http://www.../versicherungsnews.
106 Bozicevic, AG Report 2005, R246, 248.
107 www. Allianz.com.News.
108 Helmis, Arbeitsbericht 01/03, S.10 – www.ima-net.de.
109 http://www.../versicherungsnews.
110 Pressemitteilung White & Case Feddersen.
111 http://de.biz.yahoo.com/050908/341/4ohs5.html (geplant)
112 Helmis, Sven, Der Ausschluss von Minderheitsaktionären, ZBB 2003, 161,163.
113 Markwardt, BB, 2004, 277, Fn.3.
114 bei Radeberger Gruppe/DAB : Pressemitteilung – internet.
115 bei N-ERGIE, Pressemitteilung : http://www.nergie.de.
116 bei Allianz : Pressemitteilung : http://www.allianz.com/Vx/cda.
117 bei EnBW : http://www.enbw.com/content/de/presse/pressemitteilungen.

gung für Wertpapierbesitz (DSW) heftig kritisiert.[118] Nach den bisher gewonnenen Erkenntnissen wurden in etwa einem Viertel der durchgeführten Squeeze-Out-Verfahren Anfechtungsklagen erhoben.[119]

§ 3 Regelung des Squeeze Out in §§ 327a-f AktG

Die Durchführung eines Squeeze Out ist an eine Reihe von Voraussetzungen geknüpft, die eine effektive Handhabung des neuen Rechtsinstituts, aber auch einen hinreichenden Rechtsschutz der ausgeschlossenen Minderheitsaktionäre gewährleisten sollen. Sie werden im folgenden knapp skizziert.

A. Voraussetzungen und Verfahren des Squeeze Out

Voraussetzung für den Ausschluß von Minderheitsaktionären ist eine unmittelbare oder mittelbare Beteiligung des Hauptaktionärs in Höhe von mindestens 95 % am Grundkapital (§ 327a Abs.1 AktG). Auf Verlangen des Hauptaktionärs kann die Hauptversammlung die Übertragung der Aktien der übrigen Aktionäre auf den Hauptaktionär nur gegen eine angemessene Barabfindung beschließen. Die Höhe der Barabfindung, die den vollen wirtschaftlichen Wert der Aktien im Zeitpunkt des Hauptversammlungsbeschlusses zu berücksichtigen hat, legt der Hauptaktionär fest (§ 327b AktG). Die Angemessenheit der Barabfindung ist durch einen oder mehrere sachverständige Prüfer festzustellen, die auf Antrag des Hauptaktionärs vom Gericht ausgewählt und bestellt werden (§ 327c Abs.2 S.3 AktG).

Der Hauptaktionär hat dem Vorstand die Erklärung eines im Inland zum Geschäftsbetrieb befugten Kreditinstituts zu übermitteln, durch die dieses die Gewährleistung für die Erfüllung der Verpflichtung zur Zahlung der festgelegten Barabfindung an die Minderheitsaktionäre übernimmt (§ 327b Abs.3 AktG). Der Hauptaktionär hat ferner der Hauptversammlung einen schriftlichen Bericht zu erstatten, in dem die Voraussetzungen der Übertragung – so die mindestens 95%ige Beteiligung des Hauptaktionärs – und die der Festlegung der Barabfindung zugrunde liegenden Umstände erläutert werden (§ 327c Abs.2 S.1 AktG). Von der Einberufung der Hauptversammlung an sind der Entwurf des Übertragungsbeschlusses, die Jahresabschlüsse und Lageberichte der letzten drei Geschäftsjahre sowie der Bericht des Hauptaktionärs und der Prüfungsbericht zur Einsicht der Aktionäre auszulegen; auf Verlangen ist jedem Aktionär davon eine Abschrift zu erteilen (§ 327 c Abs.4 AktG). Der Übertragungsbeschluß ist vom

[118] z.B. hinsichtlich Otto Reichelt AG: http://sdk.softbox.de/aktuell; hinsichtlich Salamander: http://de.biz.yahoo.com; hinsichtlich Mannesmann AG : http://www.netzeitung.de/servlets.
[119] Dißars, BKR 2004, 389, 390.

Vorstand zur Eintragung in das Handelsregister anzumelden (§ 327e Abs.1 AktG). Die Anmeldung hat eine sog. Negativerklärung dahin zu enthalten, daß eine Klage gegen den Beschluß nicht oder nicht fristgemäß erhoben, rechtskräftig abgewiesen oder zurückgenommen worden ist (§ 327e Abs.2 i.V.m. § 319 Abs.5 AktG). Mit der Eintragung gehen alle in den Aktien verkörperten Mitgliedschaftsrechte der Minderheitsaktionäre auf den Hauptaktionär über, so daß dieser nunmehr Alleinaktionär ist (§ 327e Abs.3 S.1 AktG).

Ein Squeeze Out kann unter den gleichen Voraussetzungen auch bei einer Kommanditgesellschaft auf Aktien (§§ 278 ff AktG) durchgeführt werden. Bei der KGaA findet lediglich § 285 Abs.2 S.1 AktG keine Anwendung, der die Zustimmung der persönlich haftenden Gesellschafter zu Beschlüssen der Hauptversammlung vorsieht (§ 327a Abs.1 S.2 AktG).

B. Rechtsschutz der ausgeschlossenen Minderheitsaktionäre

Der Übertragungsbeschluß der Hauptversammlung ist nur beschränkt anfechtbar, damit das Ausschlußverfahren trotz Bewertungsstreitigkeiten fortgesetzt werden kann. Nach § 327f Abs.1 S.1 AktG ist die Anfechtung wegen Gewährung von Sondervorteilen gemäß § 243 Abs.2 AktG oder wegen Unangemessenheit der Barabfindung ausgeschlossen. Eine zulässige Anfechtungsklage löst eine Registersperre aus, so daß der Übertragungsbeschluß bis zum rechtskräftigen Abschluß des Anfechtungsverfahrens grundsätzlich nicht im Handelsregister eingetragen werden kann. Das zuständige Landgericht kann jedoch auf Antrag der Gesellschaft gemäß § 327e Abs.2 i.V.m. § 319 Abs.6 AktG durch rechtskräftigen Beschluß feststellen, daß die Erhebung der Klage der Eintragung nicht entgegensteht. Das ist der Fall, wenn eine Anfechtungsklage unzulässig oder offensichtlich unbegründet ist oder wenn das alsbaldige Wirksamwerden des Squeeze-Out-Beschlusses unter Abwägung der Interessen vorrangig erscheint.

Die Angemessenheit der Barabfindung kann gemäß § 327f Abs.1 S.2 AktG i.V.m. § 2 SpruchG in einem Spruchverfahren überprüft werden, das auf Antrag jedes ausgeschiedenen Minderheitsaktionärs stattfindet.

§ 4 Standortbestimmung des Squeeze Out

A. Andere Ausschlußverfahren

Bereits vor den Änderungen des Aktiengesetzes durch das WpÜG, durch das das neue Rechtsinstitut des zwangsweisen Ausschlusses von Minderheitsaktionären geschaffen wurde, bestanden in gewissem Umfang Möglichkeiten zum unmittelbaren oder mittelbaren Ausschluß von Aktionären. Ein unmittelbarer Ausschluß geschieht im Kaduzierungsverfahren nach § 64 AktG, bei Einziehung von Aktien nach § 237 AktG und bei einem Ausschluß aus wichtigem Grund. Zum mittelbaren Ausschluß zählen die „übertragende Auflösung" nach § 179a AktG und die Mehrheitseingliederung nach § 320 AktG.[120] Hinzu kommen sonstige Möglichkeiten des Hinausdrängens von Aktionären, z.B. das Delisting. Es fragt sich deshalb, wie die schon zuvor bestehenden Ausschlussmöglichkeiten – die nachfolgend kurz dargestellt werden - gegenüber dem Squeeze Out abgegrenzt werden können, ob sie in der Praxis noch relevant sind und ob es einer so weit gehenden Neuregelung in §§ 327a ff AktG bedurfte.

I. Kaduzierung von Aktien (§ 64 AktG)

Die Vorschrift über den Ausschluß säumiger Aktionäre im Wege der Kaduzierung (§ 64 AktG) ergänzt die in § 63 Abs.2 und 3 AktG vorgesehenen Sanktionen für den Fall nicht rechtzeitiger Einzahlung von Einlagen.[121] Aktionäre, die ihrer Hauptverpflichtung zur Zahlung der Einlagen gemäß § 54 AktG nach Aufforderung durch den Vorstand (§ 63 Abs.1 AktG) und Setzung einer Nachfrist (§ 64 Abs.1 AktG) nicht nachkommen, können durch Bekanntmachung in den Gesellschaftsblättern ihrer Aktien zugunsten der Gesellschaft für verlustig erklärt werden. Ein säumiger Aktionär verliert so sein Mitgliedsrecht, das jedoch nicht untergeht,[122] wobei strittig ist, ob das Recht dann der AG zuzuordnen[123] ist oder keinen Rechtsträger hat.[124] Durch die Kaduzierung soll eine reale Kapitalaufbringung erreicht werden,[125] so daß dieses Verfahren dem Gläubigerschutz dient.[126] Es kann auch lediglich hinsichtlich solcher Aktionäre erfolgreich durchgeführt werden, die ihrer Einlageverpflichtung nicht rechtzeitig nachkommen. Ein Kaduzierungsverfahren dient also anderen Zwecken als ein Verfahren zum Ausschluß von Minderheitsaktionären nach §§ 327a ff AktG und kann auch nur unter anderen Voraussetzungen als ein Squeeze Out durchgeführt werden. Ein gezieltes Hinausdrängen von Minderheitsaktionären wie beim Squeeze Out ist daher nicht möglich.[127]

---

[120] Fleischer, ZGR 2002, 757, 759; Wiedemann, GesR, Bd.I, S.383f.
[121] Heidel, AktR, § 64 Rn.1.
[122] Hüffer, AktG § 64 Rn.8.
[123] Kölner Komm/AktG-Lutter , § 64 Rn. 35; Hüffer, AktG, § 64 Rn.8.
[124] BGH, Urt.v. 13.7.1964 – II ZR 110/62, NJW 1964, 1954.
[125] Bayer in MüKo, AktG, § 64 Rn.1.
[126] Ph.Baums, s. 74 m.w.N.
[127] Habersack, ZIP 2001, 1230.

II. Zwangseinziehung von Aktien (§ 237 AktG)

§ 237 Abs.1 S.2 AktG ermöglicht als eine Form der Kapitalherabsetzung die zwangsweise Einziehung von Aktien, wenn sie in der ursprünglichen Satzung oder durch Satzungsänderung vor Übernahme oder Zeichnung der Aktien angeordnet oder gestattet war. Diese Form der Kapitalherabsetzung kann verschiedenen Zwecken dienen, so der Sanierung oder Einstellung in die Kapitalrücklage, aber auch der Beseitigung bestimmter Mitgliedsrechte.[128] Die praktische Bedeutung des Verfahrens zeigt sich vor allem in den Fällen, in denen ein besonderes Interesse an einem bestimmten Profil der Aktionäre – etwa Angehörige einer Familie – besteht.[129] Die Hauptversammlung darf über die Zwangseinziehung im Hinblick auf § 53 a AktG aber nicht willkürlich entscheiden.[130] Es müssen der Grundsatz der Gleichbehandlung der Aktionäre, § 53 a AktG, sowie die Maßstäbe der Erforderlichkeit für die Aktiengesellschaft und der Verhältnismäßigkeit der Einziehung und ihrer Folgen für die Aktionäre beachtet werden.[131] Gehören Aktien etwa überwiegend Familienangehörigen, dann können Aktien, die von anderen Personen übernommen wurden, nur dann zu dem Zweck eingezogen werden, eine bestimmte personale Struktur zu erhalten, wenn die Gesellschaft tatsächlich personal geprägt ist und der Gesellschaftszweck nur bei Aufrechterhaltung des homogenen Gesellschafterprofils erreicht werden kann.[132]

Im ordentlichen Einziehungsverfahren nach § 237 Abs.2 AktG ist für den entsprechenden Hauptversammlungsbeschluß nach §§ 222 Abs.1 S.1 AktG eine Mehrheit von mindestens drei Vierteln des bei der Beschlußfassung vertretenen Grundkapitals sowie die einfache Stimmenmehrheit erforderlich.[133] Der Schutz der Gläubiger der Gesellschaft wird im Rahmen des § 225 AktG gewährleistet (§ 237 Abs.2 AktG). Das vereinfachte Einziehungsverfahren (§ 237 Abs.3 – 5 AktG) unterscheidet sich von dem ordentlichen durch Erleichterungen hinsichtlich der Beschlussfassung und Gläubigerschutz. Der Hauptversammlungsbeschluß kann mit einfacher Mehrheit gefasst werden, wenn die Satzung nicht eine größere Mehrheit und weitere Erfordernisse bestimmt (§ 237 Abs.4 S.2, 133 Abs.1 AktG); in die Kapitalrücklage ist ein Betrag einzustellen, der dem auf die eingezogenen Aktien entfallenden Betrag des Grundkapitals gleichkommt (§ 237 Abs.5 AktG). Soweit die Satzung eine Zwangseinziehung anordnet (§ 237 Abs.6 AktG), bedarf es keines Hauptversammlungsbeschlusses, da die Hauptversammlung bereits Voraussetzungen und Rechtsfolgen der Ein-

---

[128] Reinisch S.20; Hüffer, AktG, § 237 Rn.4; Heidel, AktR § 237 Rn.9.
[129] Oechsler in MüKo / AktG, § 237 Rn. 4.
[130] Hüffer, AktG , § 237 Rn.16.
[131] Angerer, BKR 2002, 260, 262; Habersack, ZIP 2001, 1230.
[132] Oechsler in MüKo/AktG, § 237 Rn.55.
[133] Hüffer, AktG (5. Aufl., 2002), § 237 Rn. 23.

ziehung festgelegt hat, und die Entscheidung des Vorstands einen nochmaligen Hauptversammlungsbeschluß ersetzt.[134]

Die Kapitalherabsetzung durch Einziehung von Aktien stellt ein komplexes Verfahren dar, dessen praktische Bedeutung deshalb relativ gering ist.[135] Wesentlich ist ferner, daß im Gegensatz zum Squeeze Out bei der Zwangseinziehung nach § 237 AktG das Entgelt von der Gesellschaft zu zahlen ist, also deren Liquidität belastet.[136] Zudem ermöglicht die Zwangseinziehung nur ausnahmsweise einen vollständigen Ausschluß, da in diesem Verfahren gleichmäßig von allen Aktionären Anteile eingezogen werden, so daß lediglich diejenigen ausscheiden, die nach der Kapitalherabsetzung keine Aktie mehr behalten würden.[137] Diese deutlichen Unterschiede zur neu geschaffenen Ausschlußregelung in §§ 327a ff AktG Regelung zeigen, daß durch eine Zwangseinziehung nach §§ 237 ff AktG ein dem Squeeze-Out-Verfahren entsprechender Ausschluß von Minderheitsaktionären kaum möglich ist.[138]

III. Spitzenverlust durch Zusammenlegung von Aktien -reverse stock split- bei Kapitalherabsetzungen (§§ 222 Abs.4, 229 Abs.3 AktG)

Eine international recht verbreitete Technik stellt das Zusammenlegen von Aktien (reverse stock split) dar. Damit wird in der Regel eine deutliche Reduzierung der umlaufenden Aktien und regelmäßig auch der Aktionäre beabsichtigt. Diese Kapitalherabsetzung geschieht durch Beschluß (§ 179 Abs.1 S.1 AktG), in dem der Zweck der Herabsetzung, der Herabsetzungsbetrag und die Art der Herabsetzung anzugeben sind (§ 222 Abs.3, 4 AktG). Die Herabsetzung des Grundkapitals führt bei Gesellschaften mit Nennbetragsaktien zu einer Herabsetzung des Nennbetrags (§ 222 Abs.4 S.1 AktG). Würde jedoch der auf die einzelne Aktie entfallende Betrag den Mindestbetrag von 1 € (§ 8 Abs.2 AktG) unterschreiten, dann wird die Herabsetzung durch Zusammenlegung von Aktien durchgeführt (§ 222 Abs.4 S.2 AktG).

Das Umtauschverhältnis wird bei Kapitalherabsetzungen nach §§ 222 Abs.4, 229 Abs.3 AktG meist so hoch sein, daß viele Kleinanleger aufgrund ihrer geringen Finanzkraft keine Gelegenheit haben, die für den Umtausch nötigen zusätzlichen Aktien zuzukaufen, um weiter beteiligt zu bleiben.[139] Im deutschen Recht gebietet jedoch die gesellschafterliche Treuepflicht dem Mehrheitsaktionär, bei der Herabsetzung des Grundkapitals einer Aktiengesellschaft möglichst

---

[134] Heidel, AktR, § 237 Rn.88.
[135] Ph. Baums, S. 91.
[136] Angerer, BKR 2002, 260,262.
[137] Hüffer, AktG, § 222 Rn.23.
[138] So auch Habersack, ZIP 2001, 1230; Angerer, BKR 2002, 260, 262.
[139] Geibel / Süßmann, WpÜG, Art. 7, § 327a AktG Rn.16.

vielen Aktionären den Verbleib in der Gesellschaft zu eröffnen. Daraus ergibt sich nach der Rechtsprechung des BGH[140] grundsätzlich die Pflicht, das Entstehen unverhältnismäßig hoher Spitzen dadurch zu vermeiden, daß der Nennwert der neuen Aktien auf den gesetzlichen Mindestbetrag von jetzt mindestens einem Euro festgelegt wird. Die Möglichkeit, Minderheitsaktionäre auf diesem Wege auszuschließen, scheidet damit praktisch aus.

IV. Kapitalerhöhung mit Bezugsrechtsausschluß

Durch eine Kapitalerhöhung mit Bezugsrechtsausschluß (§ 186 Abs.3 AktG) können die Beteiligungsquoten der Aktionäre sinken, so daß an einen Teilrechtsausschluß zu denken ist. Nach § 186 Abs.1 AktG muß zwar jedem Aktionär bei einer Kapitalerhöhung auf sein Verlangen ein seinem Anteil an dem bisherigen Grundkapital entsprechender Teil junger Aktien zugeteilt werden. Dieses Bezugsrecht kann aber im Beschluß über die Erhöhung des Grundkapitals nach § 186 Abs.3, 4 AktG ausgeschlossen werden, wenn der Hauptversammlungsbeschluß sachlich gerechtfertigt ist. Zwar sind in § 186 Abs.3, 4 AktG keine materiellen Voraussetzungen für einen Bezugsrechtsaus-schluß genannt, ein mit einer Erhöhung des Grundkapitals verbundener Bezugsrechtsausschluß muß aber durch das Gesellschaftsinteresse gerechtfertigt sein,[141] wobei um so strengere Anforderungen zu stellen sind, je schwerer der Eingriff in die Stellung der ausgeschlossenen Aktionäre wiegt.[142] Zudem stellt das Gesetz durch das Mehrheitserfordernis von mindestens drei Vierteln des bei der Beschlußfassung vertretenen Grundkapitals eine relativ hohe Hürde auf. Abgesehen von den Voraussetzungen eines solchen Verfahrens ist fraglich, ob es sich überhaupt um einen „Ausschluß“ handelt. Zwar können durch eine Kapitalerhöhung mit Bezugsrechtsausschluß die Minderheitenrechte immer weiter durch Quotenverminderung eingeschränkt werden – sofern die Anforderungen an einen Bezugsrechtsausschluß erfüllt sind. Infolgedessen können sie wichtige – an Quoren wie etwa 5 %, 10 % oder 25 % geknüpfte – Minderheitsrechte verlieren, so nach §§ 120 Abs.1, 122 Abs.1 u.2, 137, 138 S.3, 142 Abs.2, 147 Abs.1, 258 Abs.2, 260 Abs.1, 320 Abs.1, 327a Abs.1 AktG, §§ 65 Abs.1, 240 Abs.1 UmwG. Man kann daher, insbesondere bei mehrmaliger Wiederholung, von einem Teilrechtsausschluß sprechen.[143] Trotzdem bleiben alle Aktionäre auch weiterhin Gesell-

---

[140] BGH Urt.v.5.7.1999 – II ZR 126/98, NZG 1999, 1158 „Hilgers“.

[141] BGH, Urt.v.13.3.1978 – II ZR 142/76, BGHZ 71,40, 44, 45 „Kali & Salz“;
BGH, Urt.v.19.4.1982 – II ZR 55/81, BGHZ 83, 319, 325 „Holzmann“;
BGH, Urt.v.7.3.1994 – II ZR 52/93, BGHZ 125, 239, „Deutsche Bank“;
BGH, Urt.v. 23.6.1997– II ZR 132/93, BGHZ 136, 133 „Siemens/Nold“;
Schwark in FS Claussen, S. 357, 361.

[142] BGH, Urt.v.13.3.1978 – II ZR 142/76, BGHZ 71,40, 44,45 „Kali & Salz“; Hüffer, AktG, § 186 Rn.25;zur Entwicklung der Rechtsprechung des BGH Henze, ZHR 167 (2003), 1 ff.

[143] Ph. Baums, S. 13.

schafter mit den damit verbundenen Rechten, insbesondere sind ihre Informations- und ggf. Anfechtungsrechte hierdurch nicht eingeschränkt. Der „Teilausschluß" kann also ggf. lediglich ein Schritt in Richtung eines Squeeze Out – bei Erreichen der 95 % Anteilsgrenze – sein, diesen aber nicht ersetzen.[144]

V. Ausschluß aus wichtigem Grund

Umstritten ist, ob Aktionäre aus wichtigem Grund aus der Aktiengesellschaft ausgeschlossen werden können.[145] Im Aktiengesetz findet sich – über die o.g. Fälle hinaus – insoweit keine ausdrückliche allgemeine Regelung. Grundsätzlich ist der Ausschluß eines Gesellschafters aus einer Gesellschaft gegen seinen Willen nur bei Vorliegen eines wichtigen Grundes möglich.[146] Ausgehend davon, daß auch die Mitgliedschaft eines Aktionärs eine Dauerrechtsbeziehung darstellt, wäre daran zu denken, daß infolgedessen auch eine Beendigung aus wichtigem Grund möglich ist[147] und dies eine Möglichkeit für den Ausschluß von Minderheitsaktionären bieten könnte.

Allerdings kann nach Auffassung insbesondere des BGH der Gesellschafter einer Aktiengesellschaft überhaupt nicht aus wichtigem Grund ausgeschlossen werden, da wegen der Organisationsstruktur der Aktiengesellschaft zwischen den Aktionären keine rechtlichen Beziehungen persönlicher Art bestehen, die die Grundlage für die Ausschließung eines einzelnen Aktionärs geben könnten.[148] Die gesellschaftliche Bindung bei einer Aktiengesellschaft ist – wie es der BGH formuliert - „kapitalbedingter" als z.B. bei einer GmbH, die Aktien seien leichter verwertbar als ein Geschäftsanteil und die Persönlichkeit des Gesellschafters spiele eine geringere Rolle.[149]

Selbst wenn man aber dieser Ansicht nicht folgen und annehmen würde, daß etwa eine erhebliche Verletzung der Treuepflicht der Gesellschafter untereinander einen Ausschluß rechtfertigen könnte, ist zu berücksichtigen, daß grundsätzlich der Ausschluß eines Gesellschafters gegen seinen Willen aus einer Gesellschaft nur aus wichtigem Grund geschehen kann.[150] Das Ziel eines Mehrheitsgesellschafters, sämtliche Aktien zu übernehmen oder sich eines lästigen Minderheitsgesellschafters zu entledigen, ist jedoch selbst dann, wenn die Minderheits-

---

[144] so auch Ph.Baums, S.13.

[145] vgl. Darstellung bei Krieger in Münchener Hdb.GesR, Bd.IV, § 62 Rn.28; Grunewald, GesR., 2.C Rn.195; Kübler, GesR, S.179.

[146] Angerer, BKR 2002, 260; Wiedemann, GesR, Bd. I, S. 385; Grunewald, Ausschluß, 58; Bolte, DB 2001, 2587, 2590; Habersack, ZIP 2001, 1230.

[147] K. Schmidt, GesR, § 28 I 5 ; Habersack, ZIP 2001, 1230; Grunewald, Ausschluß, 58.

[148] BGH, Urt.v.27.10.1955 – II ZR 310/53, BGHZ 18, 350, 365.

[149] BGH, Urt.v.1.4.1953 – II ZR 235/52, BGHZ 9,157, 163.

[150] Angerer, BKR 2002, 260, 262.

gesellschafter infolge umfassender Wahrnehmung ihrer Rechte lästig sind, kein wichtiger Grund für einen Ausschluß von Aktionären.[151] Die Möglichkeit eines Ausschlusses aus wichtigem Grund würde deshalb keine Alternative zu einem Squeeze Out darstellen.

VI. Umwandlung

1. Verschmelzung (§ 2 i.V.m. § 20 Abs.1 Ziff.3 UmwG)

Nach § 20 Abs.1 Nr.3 UmwG werden die Minderheitsaktionäre des übertragenden Rechtsträgers im Rahmen einer Verschmelzung grundsätzlich Anteilsinhaber des übernehmenden Rechtsträgers. Die Verschmelzung führt also nicht zu Konsequenzen, die einem Squeeze Out vergleichbar sind. Auch der mögliche Erwerb der Anteile auf Grund eines Angebots nach § 29 Abs.1 UmwG stellt keine rechtliche Alternative zum Squeeze Out dar, da es jedem Aktionär freisteht, ob er das Angebot annimmt.

2. Formwechsel

Bei einem Wechsel der Gesellschaftsform einer AG in eine GmbH nach §§ 190, 240 Abs.1 UmwG hat die Gesellschaft jedem dem Umwandlungsbeschluß widersprechenden Gesellschafter nach § 207 Abs.1 UmwG eine angemessene Barabfindung für sein Ausscheiden anzubieten. Dies ist jedoch kein einem Squeeze Out vergleichbares Verfahren. Dadurch, daß die Rechtsform der AG verlassen werden muß, verschlechtert sich zwar die Verkehrsfähigkeit der Beteiligung, und es können Gesellschafter veranlasst werden, deshalb die Gesellschaft ihrerseits zu verlassen. Es besteht aber kein Recht zum Ausschluß von Aktionären aus der Gesellschaft, sondern die Minderheitsaktionäre können über ihren Verbleib in der Gesellschaft entscheiden.

VII. Going Private / Delisting

Als „going private" wird der Rückzug der Wertpapiere von den regulierten Märkten[152] und damit die Beendigung der Zulassung von Wertpapieren zur Börsennotierung – sog. „Delisting[153]" – bezeichnet.[154] Ein Delisting kann auch un-

---

[151] Angerer, BKR 2002, 260, 262; Habersack, ZIP 2001, 1230, 1234.
[152] Heidelbach in Schwark, Kapitalmarktrechts-Komm. § 38 BorsG, Rn.32.
[153] Schwark/Geiser ZHR 161 (1997), 739.
[154] Richard/ Weinheimer, BB 1999, 1613.

terschiedliche Börsenplätze betreffen.[155] Durch ein solches Verfahren können Minderheitsaktionäre faktisch veranlaßt werden, ihre Wertpapiere zu veräußern. Ein derartiges Verfahren stellt aber ebenfalls keine einem Squeeze-Out-Verfahren vergleichbare Möglichkeit für einen Hauptaktionär dar, die übrigen Aktionäre aus der Gesellschaft hinauszudrängen und deren Anteile zu erwerben. Stellt das Unternehmen einen Antrag auf Widerruf der Notierung bei der Wertpapierzulassungsstelle, so kann die Zulassungstelle nach § 43 Abs.4 BörsG zwar die Zulassung zur amtlichen Notierung widerrufen, wenn der Widerruf nicht dem Schutz der Anleger widerspricht. Die Aktionäre können dann ihre Aktien nicht mehr am Wertpapiermarkt handeln und werden sich deshalb möglicherweise von ihnen trennen. Der Hauptaktionär hat aber keine rechtliche Möglichkeit, diese Aktien auch gegen ihren Willen zu erwerben.

VIII. Eingliederung durch Mehrheitsbeschluß (§ 320 AktG)

Die Mehrheitseingliederung einer mindestens 95%igen Tochtergesellschaft kann gemäß § 320 Abs.1 AktG geschehen, wenn die Hauptgesellschaft ihren Sitz im Inland hat. Nach § 320a S.1 AktG gehen alle Aktien, die sich nicht in der Hand der Hauptgesellschaft befinden, auf diese über, während die ausgeschiedenen Aktionäre einen Anspruch auf angemessene Abfindung nach § 320b Abs.1 S.1 AktG haben. Bei der Eingliederung bleibt die eingegliederte Gesellschaft als juristische Person bestehen, gemäß § 323 Abs.1 S.1 AktG ist die Hauptgesellschaft jedoch berechtigt, dem Vorstand der eingegliederten Gesellschaft Weisungen zu erteilen, was der eingegliederten Gesellschaft den Charakter einer „rechtlich selbständigen Betriebsabteilung“ verleiht.[156]

Eine dem Squeeze Out entsprechende Lösung läßt sich auf diesem Wege jedoch ebenfalls nicht erreichen. Zwar orientiert sich die Neuregelung an der Eingliederung durch Mehrheitsbeschluß,[157] es besteht jedoch eine Reihe von Unterschieden. Zum einen kann eine Eingliederung durch Mehrheitsbeschluß nur dann durchgesetzt werden, wenn die Hauptgesellschaft eine inländische Aktiengesellschaft ist, während beim Squeeze Out jeder Hauptaktionär das Verfahren betreiben kann. Zum anderen haben die ausgeschiedenen Aktionäre der eingegliederten Gesellschaft nach § 320 b Abs.1 S.1 AktG zwar einen Anspruch auf angemessene Abfindung, ihnen sind aber grundsätzlich gemäß § 320b Abs.1 S.2 AktG als Abfindung Aktien der Hauptgesellschaft zu gewähren. Ist die Hauptgesellschaft eine abhängige Gesellschaft, so haben die ausgeschiedenen Aktionäre die Wahl zwischen eigenen Aktien der Hauptgesellschaft und einer angemessenen Barabfindung (§ 320b Abs.1 S.3 AktG). Dadurch wird im Regelfall

---

155 Schwark/Geiser, ZHR 161 (1997),739,743; Even, DStR 2002, 1315.
156 Habersack, ZIP 2001, 1230.
157 BR-Drs.574//01, S.74.

die Problematik „lästiger" Minderheitsaktionäre jedoch lediglich im Konzern auf eine „höhere Ebene"[158] verlagert, denn der Hauptaktionär hat nicht die Möglichkeit, den Minderheitsaktionären auf diese Weise auch die indirekte Beteiligung an der Gesellschaft zu entziehen.[159] Beim Squeeze Out kann der Hauptaktionär dagegen die Übertragung der Aktien der Minderheitsaktionäre auf sich gegen Barausgleich verlangen (§ 327a Abs.1 S.1 AktG). Außerdem wird die Eingliederung praktisch dadurch erschwert, daß zur Ermittlung des Umtauschverhältnisses der Aktien sowohl eine Bewertung der Hauptgesellschaft als auch der einzugliedernden Gesellschaft notwendig ist,[160] während bei der Bemessung der Abfindung im Squeeze-Out-Verfahren nur die Verhältnisse der Gesellschaft maßgebend sind, deren Aktien der auszuschließende Minderheitsaktionär hält (§ 327 b Abs.1 S.1 AktG).

IX. Übertragende Auflösung (§ 179a AktG)

Im Rahmen einer sog. „übertragenden Auflösung" wird das gesamte Vermögen einer Aktiengesellschaft an eine andere vom Mehrheitsaktionär abhängige Gesellschaft oder den Mehrheitsaktionär selbst übertragen (§ 179a AktG).[161] Ein Vertrag, durch den eine Aktiengesellschaft eine derartige Verpflichtung eingeht, bedarf einer Mehrheit von drei Vierteln des bei der Beschlußfassung vertretenen Grundkapitals auf der Hauptversammlung, wenn nicht satzungsmäßig eine größere Mehrheit vorgeschrieben ist (§§ 179a Abs.1 S.1, 2, 179 AktG). Ein solcher Vertrag führt nicht zur Auflösung der Gesellschaft, mit der Übertragung kann jedoch die – nach § 262 Abs.1 Nr.2 AktG mit gleicher Mehrheit zu beschließende - Auflösung einhergehen.[162] Das Vermögen der Aktiengesellschaft wird dann gemäß § 272 Abs.1 AktG nach Ablauf eines Sperrjahres an die Gesellschafter verteilt. Durch ein solches Verfahren können Minderheitsaktionäre auch gegen ihren Willen aus einer Aktiengesellschaft hinausgedrängt werden, so daß es in gewissem Umfang als indirekte Variante des Squeeze Out angesehen werden kann.[163] Die übertragende Auflösung nach §§ 179a, 262 AktG war - bis zur neuen gesetzlichen Regelung in §§ 327a ff AktG – die einzige dem Squeeze Out faktisch nahekommende[164] Möglichkeit eines zwangsweisen Ausschlusses der Minderheit gegen Barabfindung im deutschen Aktienrecht.[165]

---

[158] Angerer, BKR 2002„ 260, 262.
[159] Geibel / Süßmann, WpÜG, Art. 7, § 327a AktG Rn.10.
[160] Angerer, BKR 2002, 260, 262.
[161] BVerfG, Beschl.v.23.8.2000 – 1 BvR 68/95 und 1 BvR 147/97, ZIP 2000, 1670, 1671 – Moto Meter; OLG Stuttgart, Beschl.v. 4.12.1996 – 8 W 43/93, ZIP 1997, 362; Jäger, AG § 50 Rn.5; Lutter/ Drygala in FS Kropff, S.191, 193 f.
[162] Hüffer, AktG , § 179a Rn.20.
[163] Bauer, NZG 2000, 2014; Halm, NZG 2000, 1162, 1164.
[164] Kossmann, NZG 1999, 1198, 1200.
[165] Land / Hasselbach, DB 2000,557, 560.

Dieses Verfahren ist in der Rechtsprechung grundsätzlich gebilligt worden.[166] Das BVerfG hat in der sog. Moto-Meter-Entscheidung[167] unter Hinweis auf seine vorhergehende Rechtsprechung[168] ausgeführt, die übertragende Auflösung tangiere zwar die mitgliedschaftliche Stellung sowie die vermögensrechtliche Position der auszuschließenden Minderheitsaktionäre, wobei die Vermögenskomponente der Anlage im Vordergrund stehe. Art. 14 GG schließe es aber nicht grundsätzlich aus, eine Aktionärsminderheit gegen ihren Willen aus einer Aktiengesellschaft zu drängen. Die Beeinträchtigung der Minderheitsaktionäre sei im Rahmen des Art.14 GG gegen die von ihnen ausgehende mögliche Beeinträchtigung der rechtlich geschützten Interessen des Großaktionärs abzuwägen. Dabei sei es verfassungsrechtlich nicht zu beanstanden, wenn die Beeinträchtigung der Minderheitsaktionäre nicht als besonders schwer bewertet werde, wenn die Aktionäre eine dem Wert ihrer Aktien entsprechende Entschädigung erhalten und wenn dies mit hinreichenden Schutzrechten auch für die Minderheitsaktionäre verbunden sei, es also Sicherungen gebe, daß die aus der Gesellschaft gedrängten Minderheitsaktionäre einen vollen wirtschaftlichen Ausgleich erhalten.

Die übertragende Auflösung ist jedoch wegen der erforderlichen umständlichen Liquidation der Aktiengesellschaft, der Übertragung ihrer einzelnen Vermögensgegenstände sowie wegen des Sperrjahres (§ 272 Abs.1 AktG) langwieriger und schwerer zu planen[169] und wirft möglicherweise steuerrechtliche Probleme durch Aufdeckung stiller Reserven auf.[170] Sie ist daher nicht stets zum Hinausdrängen von Aktionären geeignet[171] und wirtschaftlich nicht immer als hinreichende Alternative zu der Squeeze-Out-Regelung anzusehen.[172]

Die neu geschaffenen §§ 327a ff AktG könnten als leges speciales nunmehr die Möglichkeit einer übertragenden Auflösung ausschließen. Die Möglichkeit des Squeeze Out mit umfassenden Kontroll- und Bewertungsverfahren hinsichtlich der Abfindung stellt ein den Anforderungen des Art. 14 GG an den Minderheitenschutz besser entsprechendes Verfahren dar als das der übertragenden Auflösung.[173] Die Gesetzesmaterialien geben jedoch keinen hinreichenden Anhaltspunkt für eine derartige Zielsetzung.

---

[166] BVerfG, Beschl.v.23.8.2000 – 1 BvR 68/95 und 1 BvR 147/97, ZIP 2000, 1670, 1671 – Moto Meter -; BayObLG, Beschl.v.17.9.1998 – 3 Z BR 37/98, ZIP 1998, 2002, 2003 – Magna Media/WEKA; OLG Stuttgart, Beschl.v. 4.12.1996 – 8 W 43/93, ZIP 1997, 362 unter Ablehnung eines Abfindungsanspruchs, zustimmende Anmerkung von Dreher/ Neumann, EWiR 1997, 197 ; Bedenken bei Lutter/ Drygala in FS Kropff, S.191, 195 ff.

[167] BVerfG, Beschl.v.23.8.2000–1 BvR 68/95 u. 1 BvR 147/97 (Moto Meter) ZIP 2000,1670f.

[168] BVerfG, Beschl.v.27.4.1999 – 1 BvR 1613/94, (DAT/Altana), BVerfGE 100, 289, 302 ff.

[169] Angerer, BKR 2002, 260, 263.

[170] Geibel/Süßmann, WpÜG, Art. 7, § 327a AktG Rn.9; Land/Hasselbach, DB 2000,557,560.

[171] Angerer, BKR 2002, 260, 263; Halm. NZG 2000, 1162, 1164; Kallmeyer, AG 2000, 59.

[172] so auch Angerer, BKR 2002, 260, 263; Küting, DStR 2003, 838; im Ergebnis auch Fleischer, DNotZ 2000, 869, 879.

[173] so Wilhelm/Dreier, ZIP 2003, 1369, 1375.

Die Neuregelung ist auch erst nach der Entscheidung des Bundesverfassungsgerichts ergangen, durch die die grundsätzliche Zulässigkeit der übertragenden Auflösung anerkannt worden ist.[174] Es bestand also kein Anlaß, eine verfassungsrechtlich zweifelhafte Lösung durch eine neue unbedenkliche zu ersetzen.

Bei der Beurteilung, ob eine speziellere Regelung vorliegt, sind die unterschiedlichen Verfahrensweisen und Wirkungen nicht außer Acht zu lassen. Während die übertragende Auflösung eine Einzelübertragung der Vermögensgüter und eine Abwicklung der Gesellschaft erfordert, gehen beim Squeeze-Out-Verfahren mit der Eintragung des Ausschlußbeschlusses ins Handelsregister gemäß § 327e Abs.3 AktG alle Aktien der Minderheitsaktionäre auf den Hauptaktionär über und entsteht für die Minderheitsaktionäre ein Barabfindungsanspruch. Die übertragende Auflösung ist demgegenüber vor allem wegen der Auflösung der Aktiengesellschaft mit größeren Schwierigkeiten verbunden. Deswegen sowie wegen der unterschiedlichen Verfahrensweisen und Auswirkungen im einzelnen ist davon auszugehen, daß es sich bei der Neuregelung der §§ 327a ff AktG um keine leges speciales handelt, sondern nur um ein weiteres einfacheres Verfahren zum Hinausdrängen von Minderheitsaktionären, durch das die Möglichkeit der übertragenden Auflösung, soweit sie zulässig ist, grundsätzlich nicht ausgeschlossen wird.[175]

Nach Inkrafttreten der Neuregelung des Squeeze Out könnte eine übertragende Auflösung im Hinblick darauf, daß sie eine geringere als 95%ige Mehrheit am Grundkapital erfordert, eine Umgehung der Squeeze-Out-Regelung darstellen. Als problematisch stellen sich nach der für die Squeeze-Out-Regelung geltenden 95% - Grenze die niedrigeren Grenzen der §§ 179a, 262 Abs.1 Nr.2 AktG dar, die jeweils nur eine qualifizierte Mehrheit von 75% des vertretenen Grundkapitals verlangen. Deshalb wird z.T. daran gedacht, daß nunmehr für eine übertragende Auflösung – ebenso wie für die Durchführung eines Squeeze-Out-Verfahrens – eine Mehrheit von mindestens 95 % erforderlich sei.[176] Die Verfahren der übertragenden Auflösung und des Squeeze-Out zeigen aber – wie zuvor dargestellt – erhebliche Unterschiede, die einer solchen Annahme entgegenstehen.[177] Daher kann bei der Wahl des Verfahrens der übertragenden Auflösung grundsätzlich nicht von einer Umgehung der durch die Neuregelung eingeführten Möglichkeit des Squeeze Out, sondern nur von einer anderen zulässigen Alternative des „Hinausdrängens“ von Aktionären gesprochen werden, so daß die Möglichkeiten der übertragenden Auflösung und des Squeeze Out nebeneinander bestehen.[178]

---

[174] BVerfG,Beschl.v.23.8.2000–1 BvR 68/95 und 1 BvR 147/97 (Moto Meter) ZIP 2000,1670
[175] so auch Wolf, ZIP 2002, 153, 154.
[176] so von Morgen, WM 2003, 1553, 1556.
[177] Geibel / Süßmann, WpÜG, Art. 7, § 327a AktG Rn. 9.
[178] Roth, NZG 2003, 998, 999; vgl. auch Geibel/Süßmann, WpÜG, Art. 7, § 327a AktG Rn. 9.

B. Einordnung des Squeeze Out

Die bisherigen rechtlichen Möglichkeiten gestatteten zwar z.T. unter besonderen Voraussetzungen den Ausschluß von Aktionären, sie ermöglichten es aber einem Hauptaktionär nicht, Minderheitsaktionäre ohne weitere sachliche Voraussetzungen auszuschließen. Es bedurfte also der Einführung der Squeeze-Out-Regelung, um einem Hauptaktionär im Interesse der Stärkung der unternehmerischen Entfaltungsmöglichkeiten den Erwerb sämtlicher Restbeteiligungen zu eröffnen. Durch die Neuregelung sind daher die Rechte eines Großaktionärs, dem Aktien in Höhe von mindestens 95 % des Grundkapitals gehören, gegenüber der früheren Rechtslage deutlich gestärkt worden. Zum Ausgleich des Widerstreits zwischen den Interessen des Hauptaktionärs und der Minderheitsaktionäre wurde auf der anderen Seite die Gesetzeslücke hinsichtlich der Abfindung ausscheidender Aktionäre, die bisher nicht durchweg befriedigend geregelt war, durch Einfügung der §§ 327a ff in das AktG geschlossen. Die Neuregelung bietet für hinausgedrängte Minderheitsaktionäre ein tragfähiges System zur Erlangung einer angemessenen Entschädigung. Die Unternehmens-, Hauptaktionärs- und die Minderheitsaktionärsinteressen sind nunmehr besser als bei den bisher bestehenden rechtlichen Möglichkeiten – insbesondere bei der übertragenden Auflösung nach § 179a AktG - in Einklang gebracht.

Die vorgenannten anderen Ausschlußmöglichkeiten sind aber – wie oben dargestellt - durch die neuen Squeeze-Out-Vorschriften nicht verdrängt worden, da für eine derartige Zielsetzung aus den Gesetzesmaterialien nichts ersichtlich ist und auch gesetzessystematische Gründe nicht hierfür sprechen.[179] Die bisherigen Möglichkeiten sind durch die Squeeze-Out-Regelung auch nicht überflüssig geworden, wenn sie auch, wie z.B die Mehrheitseingliederung, künftig in der Praxis seltener vorkommen dürften.

---

[179] so auch Wolf, ZIP 2002, 153, 154; Fleischer, ZGR 2002, 757, 788.

Zweiter Teil

Rechtsprobleme

Die Einführung der Möglichkeit des zwangsweisen Ausschlusses von Minderheitsaktionären ist bereits im Vorfeld des Gesetzgebungsverfahrens kontrovers diskutiert worden.[180] Die erhobenen Bedenken haben zu einer gegenüber dem Regierungsentwurf[181] teilweise geänderten Gesetzesfassung geführt, durch die jedoch nur ein Teil der Probleme gelöst worden ist.

§ 1 Verfassungsrechtliche Problematik

Die Neuregelung der §§ 327a ff AktG kann verfassungsrechtlichen Bedenken im Hinblick auf die Eigentumsgarantie des Art. 14 GG begegnen, wenn ein ungerechtfertigter Eingriff in den Schutzbereich des Grundrechts vorliegt. Dies hängt davon ab, ob die Schaffung der Möglichkeit des Squeeze Out der Gewährleistung des Eigentums durch Art. 14 Abs.1 GG hinreichend Rechnung trägt, insbesondere ob eine Enteignung vorliegt oder ob lediglich - vor allem im Hinblick auf die Rechtsprechung des Bundesverfassungsgerichts in seinen Entscheidungen „Feldmühle“[182], „DAT/Altana“[183] und „Moto Meter[184] - eine zulässige Inhaltsbestimmung des Eigentums anzunehmen[185] ist oder eine sonstige Beeinträchtigung, die nicht unter den Eigentumsschutz des Grundgesetzes fällt.

Das Grundgesetz enthält keine Definition des Eigentumsbegriffs im verfassungsrechtlichen Sinne.[186] Da dem Grundrecht des Art. 14 GG im Gesamtgefüge der Grundrechte die Aufgabe zukommt, dem Grundrechtsträger einen Freiheitsraum im vermögensrechtlichen Bereich zu ermöglichen,[187] ist der verfassungsrechtliche Eigentumsbegriff weit zu fassen.[188] Auf dem Gebiet des Privatrechts gehören dazu alle vermögenswerten Rechte, die dem Berechtigten so zugeordnet sind, daß er die damit verbundenen Befugnisse in eigener Entscheidung zu sei-

---

[180] s. z.B. Vetter, ZIP 2000, 1817 ff; Ehricke/Roth, DStR 2001, 1120 ff; Habersack, ZIP 2001, 1230ff.; Kallmeyer, AG 2000, 59ff.; Kiem, RWS-Forum 20, GesellschaftsR 2001, S.329ff.

[181] BT Drs. 14 / 7034.

[182] BVerfG v.7.8.1962, BVerfGE 14, 263.

[183] BVerfG v. 27.4.1999, BVerfGE 100, 289 = ZIP 1999, 1436.

[184] BVerfG v. 23.8.2000, ZIP 2000, 1670 = NZG 2000, 1117.

[185] Geibel/Süßmann, WpÜG, Art.7,§ 327a, Rn.26-30; so auch Dreier,EWiR 2003, 141, 142.

[186] BVerfG, Beschl.v.9.1.1991 – 1 BvR 929/89, BVerfGE 83, 201, 208.

[187] BVerfG, Beschl.v.18.12.1968 – 1 BvR 638/64, 1 BvR 673/64, 1 BvR 200/56, 1 BvR 238/56, 1 BvR 249/56, BVerfGE 24, 367, 389; BVerfG, Beschl.v.22.6.1995 – 2 BvL 37/91, BVerfGE 93, 121, 140 f.; Umbach/Clemens, GG, Art. 14 Rn 24 ff; v.Mangoldt/Klein, Art.14 Rn.11; v. Münch/Kunig, GG Art. 14 Rn. 3.

[188] v.Münch/Kunig, GG, Art. 14 Rn. 14 ; Schmalz, Grundrechte, Rn. 874.

nem privaten Nutzen ausüben darf.[189] Eine Aktie gewährt dem Aktionär Mitgliedschaftsrechte und vermögensrechtliche Ansprüche,[190] stellt also gesellschaftsrechtlich vermitteltes Eigentum dar. Daher gehört auch das in Aktien verkörperte Anteilseigentum zu den dem Schutz des Art. 14 Abs.1 GG unterfallenden Rechten.[191]

Der Schutzbereich des Art.14 GG umfasst die rechtliche Zuordnung des vermögenswerten Rechts zu einem bestimmten Rechtsträger.[192] Die Bestandsgarantie nach Art.14 Abs.1 S.1 GG erfordert, das Zuordnungsverhältnis zwischen Objekt und Rechtsträger sowie die Substanz des Eigentums zu erhalten.[193] Berührt staatliches Handeln den Schutzbereich des Eigentums, dann ist auf Grund der dogmatisch begründeten Trennung des Art. 14 Abs.1 und Abs.3 GG[194] zu untersuchen, ob ein Eingriff in das Eigentum eine Enteignung darstellt[195] oder ob eine nach Art. 14 Abs.1 S.2 GG zu beurteilende Maßnahme gegeben ist.[196] Werden durch den Eingriff die verfassungsmäßigen Grenzen überschritten und das Eigentum rechtswidrig beeinträchtigt,[197] würde dies zur Unwirksamkeit des staatlichen Handelns führen.[198] Staatliche Eingriffe können in vielfältigen Formen, auch durch Normsetzung, geschehen.[199] Hoheitliches Verhalten, das eine über die bloße Ausgestaltung des Eigentums hinausgehende nicht nur geringfügige

---

[189] BVerfG, Beschl.v. 9.1.1991–1 BvR 929/89, BVerfGE 83, 201, 209; BVerfG, Beschl. v. 30.11.1998 – 1 BvR 130/84, BVerfGE 79, 174, 191; v. Münch/Kunig, GG, Art. 14 Rn. 12.

[190] Bauer, NZG 2000, 1214.

[191] BVerfG v. 7.8.1962 – 1 BvL 16/60, BVerfGE 14, 263,276f. „Feldmühle"; BVerfG v. 27.4.1999 – 1BvR1613/94. BVerfGE 100, 289, 301; BVerfG v. 23.8.2000 – 1 BvR68/95 u. 1 BvR 147/97, ZIP 2000, 1670f mit Anm. Fleischer, DNotZ 2000, 876 ; Jarass in Jarass/Pieroth, GG, Art.14 Rn.8 f.; v.Mangoldt/Klein, GG, Art.14 Rn. 145; Schmidt-Bleibtreu, GG, Art. 14 S.380; Umbach/Clemens, GG, Art. 14 Rn. 149; v. Münch/Kunig, GG Art. 14 Rn. 22.

[192] v. Mangoldt/Klein, GG, 5. Aufl., Art. 14 Rn.11; Umbach/Clemens, GG, Art. 14 Rn. 115.

[193] vgl. BVerfG, Beschl.v.8.7.1976 – 1 BvL 19/75, 1 BvL 20/75, 1 BvR 148/75; BVerfGE 42, 263, 295, 299; BVerfG, Beschl.v.8.1.1985 – 1 BvR 793/83, 1 BvR 501/83, BVerfGE 68, 361, 368; BVerfG, Beschl.v. 14.2.1989 – 1 BvR 308/88, 1 BvR 336/88, 1 BvR 356/88, 1 BvR 308, 336, 356/88, BVerfGE 79, 292, 302; BVerfG, Beschl.v.9.1.1991 – 1 BvR 929/89, BVerfGE 83, 201, 208; BVerfG, Beschl.v.9.10.91 – 1 BvR 227/91, BVerfGE 84, 382, 385; Umbach/Clemens, Art. 14 Rn. 211.

[194] sog. Trennungstheorie, vgl. BVerfG, Beschl.v.12.6.1979- 1 BvL 19/76, BVerfGE 52, 1, 28; BVerfG, Beschl.v.15.7.1981- 1 BvL 77/78, BVerfGE 58, 300, 331.

[195] Vgl. BVerfG, Beschl.v. 12.6.1979 – 1 BvL 19/6, BVerfGE 52,1, 27; BVerfG, Beschl.v 19.6.1985 – 1 BvL 57/79, BVerfGE 70, 191, 199; BVerfG, Beschl.v.30.11.1988 – 1 BvR 1301/84, BVerfGE 79, 174, 191; Umbach/Clemens, GG Art. 14 Rn.56.

[196] BVerfG, Beschl.v. 14.7.1981 – 1 BvL 24/78, BVerfGE 58, 137; BVerfG, Beschl.v. 19.6.1985 – 1 BvL 57/79, BVerfGE 70, 191; Umbach/Clemens, GG Art. 14 Rn.57.

[197] vgl. BVerfG, Beschl.v. 28.4.1999 – 1 BvL 32/95, 1 BvR 105/95, BVerfGE 100, 1, 37 ff; Dreier, GG, Art. 14 Rn.. 74.

[198] Dreier, GG, Art. 14 Rn.. 74.

[199] Umbach /Clemens, Art. 14 Rn. 240.

Veränderung der bisherigen Rechtsposition bewirkt, stellt einen Eingriff dar.[200] Dies ist auch bei einem Squeeze Out der Fall,[201] weil die Minderheitsaktionäre dadurch ihre Mitgliedschaftsrechte verlieren.

Eine Enteignung gemäß Art. 14 Abs.3 GG setzt eine vollständige oder teilweise Entziehung einer durch Art. 14 GG geschützten Position zur Erfüllung einer dem Gemeinwohl dienenden öffentlichen Aufgabe voraus.[202] Die Schaffung der Möglichkeit zum Ausschluß von Minderheitsaktionären stellt aber keine Enteignung i.S. von Art. 14 Abs.3 GG dar. Ein durch einen Squeeze Out bewirkter Verlust von Rechten geht schon nicht vom Staat oder einem beliehenen Unternehmer aus.[203] Der Hauptversammlung einer Aktiengesellschaft, die über einen Squeeze Out beschließt, ist auch keine Enteignungsbefugnis verliehen, sondern sie ist nur zu einer Umgestaltung der privatrechtlichen Beziehungen zwischen den Aktionären bei bestimmten Mehrheitsverhältnissen ermächtigt.[204] Außerdem wird das Aktienrecht den Minderheitsaktionären auch nicht zur Erfüllung einer bestimmten öffentlichen Aufgabe entzogen, sondern soll im Wege des Squeeze Out auf den Hauptaktionär übertragen werden.

Die Regelung in §§ 327a ff AktG kann jedoch eine Inhalts- und Schrankenbestimmung hinsichtlich des in den Aktien verkörperten Eigentums darstellen mit der Folge, daß bei Überschreitung der verfassungsmäßigen Grenzen Unwirksamkeit angenommen werden könnte. Als Inhalts- und Schrankenbestimmung gem. Art. 14 Abs.1 S.2 GG ist die generelle und abstrakte Festlegung von Rechten und Pflichten durch den Gesetzgeber hinsichtlich solcher Rechtsgüter anzusehen, die als Eigentum im Sinne der Verfassung zu verstehen sind.[205] Sie begründet, begrenzt und formt also das Eigentum als Rechtsinstitut aus.[206] Allerdings setzt die Eigentumsgewährleistung der Inhalts- und Schrankenbestimmung

---

[200] Schmalz, Grundrechte, Rn. 885; Umbach(Clemens, GG, Art. 14 Rn. 242.

[201] v. Schnurbein,AG 2005, 725, 729.

[202] BVerfG, Beschl. v. 10.5.1977 – 1 BvR 514/68 und 323/69, BVerfGE 45, 297, 338; BVerfG, Beschl. v. 12.3.1986 – 1 BvL 81/79 , BVerfGE 72, 66, 76; BVerfG, Beschl. v. 16.2. 2000 – 1 BvR 242/91, BVerfGE 1, 15, 16; Dreier-Wieland, GG, Art. 14 Rn.69; Jarass in Jarass/Pieroth, GG, Art. 14 Rn.71; v.Mangoldt/Klein, GG,„Art. 14 Rn. 205; Schmalz,Grundrechte, Rn. 893; Dreier, GG, Art. 14 Rn. 77.

[203] OLG Düsseldorf, Urt.v.14.1.2005 – I-16 U 59/04, AG 2005, 293, 294; OLG Düsseldorf, Beschl.v. 16.1.2004 – I – 16 W 63/03, DB 2004, 590; Wirth/Arnold, AG 2002, 503, 504; Dreier, EWiR 2003, 141 142.

[204] so auch BR-Drs. 574/01, S. 75.

[205] BVerfG, Beschl.v. 12.6.1979 – 1 BvL 19/76, BVerfGE 52, 1, 27 f; BVerfG, Beschl.v.14.7.1981 – 1 BvL 24/78, BVerfGE 58,137, 144; BVerfG, Beschl.v. 12.3.1986 – 1 BvL 81/79, BVerfGE 72, 66, 76; BVerfG, Beschl.v.2.3.1999 – 1 BvL 7/91, BVerfGE 100, 226, 240; v. Münch/Kunig, GG Art. 14 Rn.54; Jarass/Pieroth, GG, Art.14 Rn.36; Umbach/Clemens, GG, Art.14, Rn.254ff.

[206] v. Mangoldt/Klein, GG, Art. 14 Rn. 205.

Grenzen.[207] Eine die verfassungsmäßigen Grenzen überschreitende Bestimmung von Inhalt und Schranken des Eigentums würde das Eigentum rechtswidrig beeinträchtigen[208] und wäre daher unwirksam.[209] Die Regelung in §§ 327a ff AktG ist deshalb an Art. 14 GG auch unter dem Aspekt zu messen, ob sie eine verfassungsgemäße Inhalts- und Schrankenbestimmung enthält, da bei Überschreiten der materiellen Grenzen der Verfassung die gesetzliche Regelung verfassungswidrig und damit nichtig wäre.[210]

Die Verfassungsmäßigkeit einer Inhalts- und Schrankenbestimmung setzt voraus, daß die Mittel-Zweck-Relation gewahrt, also der Grundsatz der Verhältnismäßigkeit beachtet wird.[211] Die Maßnahme muß zur Erreichung des angestrebten Zieles geeignet und erforderlich sein,[212] zugleich aber für den Normadressaten in einem angemessenen Verhältnis zu den mit der Regelung verfolgten Interessen stehen[213] und nicht wegen übermäßiger Belastung unzumutbar sein.[214]

Die Neuregelung in §§ 327a ff AktG ist geeignet, den angestrebten Zweck – die Stärkung der unternehmerischen Entfaltungsmöglichkeiten sowie des Wirtschaftsstandortes Deutschland und eine Anpassung an internationale Standards[215] - zu erreichen. Der Hauptaktionär kann nach Durchführung eines Squeeze Out Entscheidungen treffen ohne hohen formalen Aufwand wegen Kleinstbeteiligungen Dritter und ohne die Gefahr missbräuchlicher Ausnutzung von Anfechtungsrechten durch Minderheitsaktionäre, die Strukturmaßnahmen behindern konnten.[216] Die Neuregelung war auch erforderlich, da ein milderes Mittel als ein Ausschluß von Minderheitsaktionären ohne weiteren sachlichen Grund als die Innehabung eines Anteils von 95 % der Aktien – wie S. 30 ff.

---

207 BVerfG, Beschl.v.7.8.1962 – 1 BvL 16/60, BVerfGE 14, 263; v. Münch/Kunig, GG, Art. 14 Rn. 51.

208 vgl. BVerfG, Beschl. v. 28.4.1999 – 1 BvL 32/95, 1 BvR 2105/95, BVerfGE 100, 1, 37 ff.

209 Dreier, GG,_Art. 14 Rn.. 74 .

210 Umbach/Clemens, GG, Art. 14 Rn. 373.

211 BVerfG, Beschl. v. 8.10.1985 – 1 BvL 17, 19/83,.BVerfGE 70, 278, 286; Jarass in Jarass/Pieroth, GG, Art.14 Rn.38.

212 vgl. BVerfG, Beschl. v. 10.2.1987 – 1 BvL 15/83, BVerfGE 74, 203, 214; BVerfG, Beschl.v. 8.4.1987 – 1 BvR 564/84 , 1 BvR 684/84, 1 BvR 877/84, 1 BVR 886/84, 1 BvR 1134/84, 1 BvR 1636/84, 1 BvR 1711/84, BVerfGE 75, 78, 98; Umbach/Clemens, GG, Art. 14 Rn. 328 ff ; Schmalz , Grundrechte, Rn. 913.

213 Jarass in Jarass/Pieroth, GG, Art.14 Rn.39.

214 BVerfG, Beschl. V. 14.2.1967 – 1 BvL 17/63, BVerfGE 21, 150, 155; BVerfG, Beschl. v. 10.2.1987 – 1 BvL 15/83, BVerfGE 74, 203, 214; BVerfG, Beschl.v. 8.4.1987 – 1 BvR 564/84 , 1 BvR 684/84, 1 BvR 877/84, 1 BVR 886/84, 1 BvR 1134/84, 1 BvR 1636/84, 1 BvR 1711/84, BVerfGE 75, 78, 98; BVerfG, Beschl. v. 1987 – 1 BvR 488/86, 1 BvR 1220/86, 1 BvR 628/86, 1 BvR 1278/86, 1 BvL 11/86, BVerfGE 76, 220, 238.

215 vgl. BR-Drs.574/01, S.1.

216 OLG Düsseldorf, Urt.v.14.1.2005 – I – 16 U 59/04, AG 2005, 293, 294.

ausgeführt - nicht zur Verfügung stand, um die beim Vorhandensein von Minderheitsaktionären möglichen Schwierigkeiten zu beseitigen.[217]

Der Grundrechtseingriff darf jedoch in seiner Intensität nicht außer Verhältnis zum angestrebten Ziel stehen. Auf Grund der Bestandsgarantie des Art. 14 Abs.1 S.1 GG müssen das Zuordnungsverhältnis und die Substanz des Eigentums grundsätzlich erhalten bleiben; die Grenzen der Verhältnismäßigkeit sind in der Regel überschritten, wenn in diese Substanz eingegriffen wird.[218] So wäre eine generelle gesetzliche Inhalts- und Schrankenbestimmung, die es gestattete, Aktien von Minderheitsaktionären ohne weitere Begleitmaßnahmen auf den Hauptaktionär zu übertragen, für diese Aktionäre unzumutbar und daher verfassungswidrig. Denn der Verlust der Aktionärsrechte infolge eines Squeeze Out bedeutet einen erheblichen Eingriff in ihre von Art. 14 Abs.1 S.1 GG geschützte Eigentümerstellung.[219]

Eine sonst unzumutbare Inhalts- und Schrankenbestimmung kann aber dann mit Art. 14 Abs.1 GG in Einklang stehen, wenn sie mit Ausgleichsmaßnahmen verbunden ist.[220] Das BVerfG sieht das auf Ausschluß einer kleinen Anzahl von Minderheitsaktionären gerichtete Interesse eines Großaktionärs als hinreichende Rechtfertigung für einen Eingriff in die mitgliedschaftsrechtliche Komponente an,[221] zumal Kleinaktionäre ohnehin auf die Politik des Unternehmens keinen relevanten Einfluß nehmen können.[222] Es erachtet aber einen Eingriff in den vermögensrechtlichen Schutzbereich des Art. 14 Abs.1 GG nur dann für zulässig, wenn gesetzliche Schutzvorkehrungen zu Gunsten der Minderheitsaktionäre im Sinne einer vollen Entschädigung zum Ausgleich des Verlustes der Mitgliedschaft geschaffen werden.[223] Somit kann auch bei besonders intensiven Belastungen eine Inhaltsbestimmung noch verfassungsgemäß sein, wenn die Intensität der den Rechtsinhaber treffenden Belastungen durch finanzielle Ausgleichsregelungen abgemildert wird.[224]

---

217 Quandt, S. 51.
218 BVerfG, Beschl.v.8.1.1985 – 1 BvR 233, 341/81, BVerfGE 68, 361, 368; BVerfG, Beschl.v.9.10.1991 – 1 BvR 227/91, BVerfGE 84, 382, 385; Sachs, GG, Art. 14 Rn.57; Jarass in Jarass/Pieroth, GG, Art. 14 Rn.39.
219 Vetter, DB 2001, 743, 746.
220 BVerfG, Beschl. v. 2.3.1999 – 1 BvL 7/91, BVerfGE 100, 226, 244 f; v.Mangoldt/Klein, GG, Art. 14 Rn. 239.
221 Bauer, NZG 2000, 1214.
222 Ph.Baums, S.173.
223 BVerfG v.23.8.2000 – 1 BvR 68/95 und 147/97, ZIP 2000, 1670, 1672; s. auch Bauer, NZG 2000, 1214.
224 BVerfGE 58, 137/149f; BVerfG, Beschl.v. 30.11.1988, BVerfGE 79, 174, 192; Jarass in Jarass/Pieroth, GG, Art.14 Rn.40.

Bereits im Feldmühle-Urteil[225] hatte das BVerfG hinsichtlich der Mehrheitsumwandlung entschieden, daß Art. 14 Abs.1 GG der Eingliederung einer Aktiengesellschaft in einen Konzern nicht entgegenstehe, wenn die berechtigten Interessen der zum Ausscheiden gezwungenen Minderheitsaktionäre gewahrt werden, sie also insbesondere eine volle Entschädigung erhalten.[226] Das BVerfG hat dies auch hinsichtlich des Abschlusses von Gewinnabführungs- und Beherrschungsverträgen in der DAT/Altana-Entscheidung[227] bekräftigt. Es hat sodann in der sog. Moto-Meter-Entscheidung[228] ausgeführt, Art. 14 GG schließe es nicht grundsätzlich aus, eine Minderheit von Aktionären aus einer Aktiengesellschaft auszuschließen. Der Gesetzgeber könne das Anliegen eines Großaktionärs, Minderheitsaktionäre auszuschließen, als berechtigt anerkennen, weil sie erheblichen Aufwand, Schwierigkeiten und Verzögerungen bei von ihm als sinnvoll angesehenen unternehmerischen Maßnahmen verursachten, jedoch müßten hinreichende Schutzrechte für die Vermögensrechte der Minderheitsaktionäre gewährt werden.

Bei der Beurteilung der verfassungsrechtlichen Aspekte der Regelung des Squeeze Out in §§ 327a ff AktG ist zu berücksichtigen, daß Kleinaktionäre mit einer Beteiligung von weniger als 5 % keinen wesentlichen Einfluß mehr auf die Unternehmenspolitik der Gesellschaft haben, so daß ihre Aktionärsstellung faktisch auf die Funktion einer reinen Kapitalanlage reduziert ist.[229] Bei einer solchen faktischen Reduzierung der Mitgliedschaft bestehen keine grundsätzlichen verfassungsrechtlichen Bedenken gegen einen Ausschluß der Aktionärsminderheit, wenn gesichert ist, daß den Ausscheidenden ein voller Ausgleich für den Verlust ihrer Rechtsposition gewährt wird, der vollwertig ihre Beteiligung an dem am Markt tätigen Unternehmen ausgleicht.[230] Das ist durch das Erfordernis einer angemessenen Barabfindung (§ 327a Abs.1 S.1 AktG) geschehen, auf deren Einzelproblematik zur Frage der Bemessung der Höhe der Abfindung noch eingegangen wird.

Bedenken gegen die Regelung in §§ 327a ff AktG könnten jedoch wegen der strukturellen Unterlegenheit der Minderheitsaktionäre bestehen. Zwischen Haupt- und Minderheitsaktionären ist keine gleichstufige Verhandlungssituation gegeben,[231] so daß die Position der Minderheitsaktionäre deutlich schwächer als

---

[225] BVerfG v. 7.8.1962 – 1 BvL 16/60, BVerfGE 14, 263ff.

[226] BVerfG v. 7.8.1962 – 1 BvL 16/60, BVerfGE 14, 263, 283; Hüttemann, ZGR 2001, 454, 456.

[227] BVerfG v. 27.4.1999 – 1BvR 1613/94, BVerfGE 100, 289, 303 = ZIP 1999, 1436, 1440.

[228] BVerfG v.23.8.2000 – 1 BvR 68/95 und 147/97, ZIP 2000, 1670 ff.

[229] Fleischer, DNotZ 2000, 868, 876 f.; Vetter, DB 2001, 743, 746; Quandt, S. 51.

[230] Vetter, DB 2001, 743, 746; vgl. auch bezüglich einer sog. „übertragenden Auflösung“ BVerfG v.23.8.2000 – 1 BvR 68/95 und 147/97 – Moto-Meter –, ZIP 2000,1670.

[231] Vetter, AG 2002, 176, 182.

die des Hauptaktionärs ist. Bereits anlässlich der Moto-Meter-Entscheidung wurde im Schrifttum eine Auseinandersetzung des Bundesverfassungsgerichtes mit seiner Bürgschaftsentscheidung[232] aus dem Jahre 1993 - unter dem Aspekt der strukturellen Unterlegenheit – vermißt,[233] d.h. Erwägungen zu der Frage, ob nicht im Verhältnis zwischen Mehrheits- und Minderheitsaktionären eine dem abhängigen Bürgen vergleichbare Situation gegeben sein kann.[234] Die neuen §§ 327a-f AktG tragen jedoch den Schutzinteressen der Minderheitsaktionäre trotz ihrer strukturellen Unterlegenheit durch die Barabfindungsregelung sowie die verfahrensrechtliche Regelungen hinreichend Rechung, so daß wegen dieser Schutzvorschriften ein hinreichender Interessenausgleich gegeben ist. [235]

Die Schaffung der Möglichkeit zum Ausschluß von Minderheitsaktionären durch das Squeeze-Out-Verfahren wird somit den verfassungsrechtlichen Anforderungen an Inhalts- und Schrankenbestimmungen des Eigentums i.S. des Art. 14 im Grundsatz gerecht. Dies entspricht nunmehr auch der ganz herrschenden Meinung in der Literatur.[236] Die Rechtsprechung ist alsbald nach Inkrafttreten der §§ 327a ff AktG mit der verfassungsrechtlichen Problematik befasst worden. Sie sieht die Squeeze-Out-Regelungen ebenfalls grundsätzlich als verfassungskonform an,[237] und zwar insbesondere im Hinblick auf die zahlreichen zum Schutze der Minderheitsaktionäre getroffenen Regelungen - wie Prüfung der Angemessenheit der Barabfindung durch gerichtlich bestellte Prüfer, das Erfordernis einer Bankgarantie für die festgelegte Barabfindung und vor al-

---

[232] BVerfG, Beschl.v.19.10.1993 – 1 BvR 567, 1044/89, BVerfGE 89, 214 ff.

[233] Fleischer, DNotZ 2000,868, 878.

[234] Vetter, AG 2002, 176, 182.

[235] Vetter, AG 2002,176, 183.

[236] So auch u.a. Vetter, DB 2001, 743, 746, 474; Halm, NZG 2000, 1162, 1165; Lenz/Leinekugel, S.80; Sieger/Hasselbach, ZGR 2002, 120, 127; Fleischer, ZGR 2002, 757; Merkt, AG 2003, 126, 133; Krieger, BB 2002, 53,54; Fleischer/Kalss, § 3 S.142; Gesmann-Nuissl, WM 2002, 1205; Aha, BB 2003, 2310; Sieger/Hasselbach, ZGR 2002,120, 127; Wirth/Arnold, AG 2002, 503,504 m.w.N.; Stumpf, NJW 2003, 9, 12.; Schautes, DB 2004, 591, 592; Jäger, AG, § 42 Rn.30; Quand, S.55, 57; Gesmann-Nuissl, WuB II A. § 327a AktG 1.04; v.Schnurbein, AG 2005, 725, 729; Sellmann, WM 2003, 1545, 1553 insbes. hins. der Ausgleichs- und Verfahrensregelungen.

[237] OLG Köln, Beschl.v.6.10.2003 – 18 W 35/03, BB 2003, 2307; OLG Düsseldorf v.16.1.2004 – I – 16 W 63/03, AG 2004, 207 ff; OLG Düsseldorf, Urt.v. 14.1.2005 – I – 16 U 59/04, AG 2005, 293; OLG Düsseldorf, Beschl.v. 29.6.2005 – I-15 W 38/05, AG 2005, 654, 655; OLG Hamm, Beschl.v. 17.3.2005 – 27 W 3/05, OLGR Hamm 2005, 310; KG, Urt.v. 25.11.2004 – 2 U 44/03, KGR Berlin 2005, 157 ff ; OLG Oldenburg, Beschl. v. 30.9.2002 – 1 W 45/02, AG 2002, 682; OLG Stuttgart, Beschl.v.3.12.2003 – 20 W 6/03, NZG 2004, 146, 149; OLG Stuttgart, Beschl.v.13.5.2005 – 20 W 9/05, AG 2005, 662, 663 m.w.N.; OLG Hamburg, Urt.v.11.4.2003 – 11 U 215/02, AG 2003, 441 mit zust. Anm.v. Rottnauer, EWiR 2003, 739; ;LG Osnabrück, Urt.v.5.7.2002 – 13 O 177/02, AG 2002, 527 mit Anm. Leuering, EWiR 2002, 981; LG Berlin, Urt.v.17.2.2003 – 99 O.111/02, ZIP 2003, 1352 ;LG Hamburg, Urt.v.13.1.2003 – 415 O.140/02, EWiR § 327a AktG 3/03 mit Anm. Wilsing.

lem die Möglichkeit des Spruchverfahrens. Der Bundesgerichtshof erachtet die §§ 327a ff AktG ebenfalls als verfassungsgemäß. Er hat in seiner Entscheidung vom 25. Juli 2005[238] u.a. ausgeführt, die Squeeze-Out-Regelungen seien unter dem Blickwinkel des Art. 14 Abs.1 GG verfassungsrechtlich nicht zu beanstanden, wenn die Aktionäre wirtschaftlich voll entschädigt werden. Dies sei durch die gesetzliche Regelung hinreichend gewährleistet. Der Gesetzgeber habe mit dem Spruchverfahren eine gerichtliche Überprüfungsmöglichkeit geschaffen, die die von Verfassungs wegen gebotene Sicherung dafür biete, daß ein zum Ausscheiden gezwungener Aktionär erhält, was seine gesellschaftliche Beteiligung an dem Unternehmen wert ist.

Das Bundesverfassungsgericht hat die Annahme einer unmittelbar gegen die §§ 327a ff AktG erhobenen Verfassungsbeschwerde wegen des Grundsatzes der Subsidiarität der Verfassungsbeschwerde gemäß § 90 Abs.2 BVerfGG abgelehnt, da der Beschwerdeführer zunächst den Hauptversammlungsbeschluß gemäß § 243 Abs.1 AktG anfechten und sich außerdem nach §§ 327f Abs.1 S.2, 306 AktG gegen die Festlegung der Barabfindung wenden könne.[239] Beim Bundesverfassungsgericht ist allerdings inzwischen eine Verfassungsbeschwerde gegen die Eintragung eines Hauptversammlungsbeschlusses über die Durchführung eines Squeeze Out eingelegt worden,[240] zu der noch eine Entscheidung aussteht.

Hinsichtlich besonderer Fallgestaltungen und Einzelregelungen wurden jedoch verfassungsrechtliche Bedenken erhoben. So hat das OLG Hamburg in einer Entscheidung zum Ausdruck gebracht, in besonders gelagerten Fällen, etwa bei einer Familiengesellschaft oder einer Gesellschaft mit einem kleinen, dem Unternehmen persönlich verbundenen Aktionärskreis, könnten der Ausschluß von Minderheitsaktionären und die dazu ergangenen Verfahrensregelungen möglicherweise nicht mit Art. 14 GG in Einklang zu bringen sein.[241] Das für diese nicht näher begründete Erwägung angeführte Argument, in derartigen Fällen könnten nicht nur die Vermögensinteressen, sondern „das Anteilsrecht des Aktionärs aus besonderen Gründen als schützenswert" erscheinen, überzeugt nicht. Den vermögensrechtlichen Belangen wird durch die oben dargestellte Abfindungsregelung in verfassungsmäßiger Weise Rechnung getragen. Die mitgliedschaftsrechtliche Komponente ist jedoch bei Familiengesellschaften oder einem kleinen, dem Unternehmen persönlich verbundenen Aktionärskreis aus rein verfassungsrechtlicher Sicht nicht anders zu beurteilen als bei sonstigen Aktiengesellschaften. Dem Gesichtspunkt der persönlichen Bindung kommt jedoch Bedeutung im Rahmen der Treuepflicht zu, auf welche im Rahmen der gesell-

[238] BGH, Beschl.v.25.7.2005 – II ZR 327/03, www.bundesgerichtshof.de.
[239] BVerfG, Beschl.v.20.9.2002 - 1 BvR 1691/02, NZG 2003, 31.
[240] http://www.sdk.org/
[241] OLG Hamburg v.8.8.2003 – 11 U 45/03, EWiR 2003, S.1169.

schaftsrechtlichen Problematik bei der Beschränkung der Rechte des Hauptaktionärs eingegangen wird (siehe S. 81 ff.).

Verfassungsrechtliche Bedenken sind auch in Erwägung gezogen worden wegen nicht hinreichender Absicherung des Abfindungsanspruchs durch Bankgarantien (§ 327b Abs.3 AktG), soweit es darum geht, daß in einem etwaigen Spruchverfahren gemäß § 327a Abs.3 AktG ein höherer Betrag festgesetzt wird, als er vom Hauptaktionär gemäß § 327a Abs.1 S.1 AktG festgelegt worden ist. Ebenso wurden Bedenken geäußert wegen fehlender Absicherung des Zinsanspruchs (§ 327b Abs.2 AktG) durch Bankgarantie.[242] Aber auch diese Bedenken führen nicht zur Annahme der Verfassungswidrigkeit der Squeeze-Out-Regelung. Das Risiko, daß ausgeschlossenen Minderheitsaktionären in Spruchverfahren zwar deutlich höhere Beträge zugesprochen werden, sie diese aber infolge inzwischen eingetretener Insolvenz des Hauptaktionärs nicht durchsetzen können, wird nur in verhältnismäßig wenigen Fällen eintreten. Hinsichtlich des Insolvenzrisikos während eines u.U. Jahre dauernden Spruchverfahrens hat der Bundesgerichtshof unter Hinweis auf die Rechtsprechung des Bundesverfassungsgerichts[243] ausgeführt,[244] daß das Risiko einer Insolvenz des Zahlungspflichtigen ein allgemeines Gläubigerrisiko sei, vor dem ein Aktionär auch bei anderen Strukturmaßnahmen sogar insgesamt nicht geschützt werde, ohne daß insoweit ein Verfassungsverstoß vorliege.[245] Mit Rücksicht darauf, daß die Angemessenheit der vom Hauptaktionär gemäß § 327b Abs.1 AktG festgelegten Barabfindung bereits vor der Hauptversammlung durch einen oder mehrere sachverständige Prüfer zu prüfen ist, wird den Belangen der Minderheitsaktionäre hinreichend Rechnung getragen.[246]

Verfassungsrechtliche Bedenken sind ferner von einer Partei in einem Revisionsverfahren vor dem BGH erhoben worden,[247] weil die den Minderheitsaktionären zu gewährende Sicherheit (§ 327 b Abs.3 AktG) „nur“ durch eine vom Hauptaktionär beizubringende Garantieerklärung eines in Deutschland zugelassenen Kreditinstituts gesichert werde, das wirtschaftlich ebenfalls zusammenbrechen könne. Derartige Bedenken greifen jedoch nicht durch. Abgesehen davon, daß die Gesellschaft, der der Aktionär angehört, auch insolvent werden kann, besteht bei öffentlich-rechtlichen Banken praktisch keine Insolvenzgefahr und ist eine derartige Gefahr bei privaten Kreditinstituten gering. Der Bundesgerichtshof hat daher darauf hingewiesen, da der Gesetzgeber nicht für alle theore-

---

[242] vgl. OLG Hamburg, Urt.v.8.8.2003 – 11 U 45/03, NZG 2003, 978, 979; Korsten, EWiR 2003, 1169, 1170; Korsten, Vermögensrechtliche Ansprüche S. 160 ff.

[243] BverfG, Beschl.v.27.1.1999 – 1 BvR 1805/94, NJW 1999, 1699.

[244] BGH, Beschl.v. 25.7.2005 – II ZR 327/03, www.bundesgerichtshof.de

[245] Ebenso Dißars/Kocher, NZG 2004, 856. 857.

[246] In diesem Sinne auch BGH, Beschl.v. 25.7.2005 – II ZR 327/03, www.bundesgerichtshof.de; OLG Düsseldorf, Urt.v.14.1.2005 – I – 16 U 59/04, AG 2005, 293, 295.

[247] S. BGH, Beschl.v. 25.7.2005 – II ZR 327/03, www.bundesgerichtshof.de

tisch denkbaren Möglichkeiten Vorsorge treffen müsse, sei die Regelung in § 327b Abs.3 AktG im Hinblick auf die dem Gesetzgeber zukommende Einschätzungsprärogative von Verfassungs wegen nicht zu beanstanden.[248]

Verfassungsrechtliche Bedenken könnten sich schließlich daraus ergeben, daß im Streitfall die Bestimmung der angemessenen Barabfindung im Rahmen eines oft sehr lange dauernden Spruchverfahrens (§ 327 f Abs.1 S.2 i.V.m. § 306 AktG) zu geschehen hat. Der Aktionär, der vor Durchführung des Squeeze Out den Wert seiner Aktien durch Verkauf an der Börse schnell realisieren konnte, muß nun längere Zeit warten, ehe er eine in vollem Umfang angemessene Abfindung erhält. Die Dauer von Spruchverfahren beruht aber nicht auf einer verfassungsrechtlich bedenklichen aktienrechtlichen Regelung, sondern ist in der Regel auf Schwierigkeiten bei der praktischen Durchführung solcher Verfahren zurückzuführen. So ist oft sehr umfangreiches Aktengut in tatsächlicher und rechtlicher Hinsicht zu würdigen und das Gericht auf die Ergebnisse von Sachverständigengutachten angewiesen, deren Erstattung häufig lange Zeit in Anspruch nimmt. Derartige Verzögerungen führen aber nicht zu begründeten verfassungsrechtlichen Bedenken.[249]

§ 2 Gesellschaftsrechtliche Probleme des Squeeze Out

A. Probleme der Gesellschafterstellung

I. Hauptaktionär

1. Voraussetzungen der Stellung als Hauptaktionär

a) Erreichung des Quorums von 95 % des Grundkapitals durch Konzernzurechnung

Die Feststellung, ob einem Aktionär Aktien der Gesellschaft in Höhe von 95 % des Grundkapitals unmittelbar gehören und er damit Hauptaktionär im Sinne von § 327a Abs.1 AktG ist, wird in der Regel keine nennenswerten Schwierigkeiten bereiten. So ist bei nennwertlosen Stückaktien die Anzahl der Aktien festzustellen, die der Hauptaktionär besitzt. Diese sind zu der Gesamtzahl der ausgegebenen Aktien ins Verhältnis zu setzen, während bei Nennbetragsaktien die Nennbeträge zusammengerechnet werden.[250] Daß einer einzigen Person 95 % der Aktien unmittelbar gehören, wird jedoch selten vorkommen. Häufiger ergibt sich eine Konstellation, in der jemand auf Grund von Zurechnungstatbe-

---

[248] BGH, Beschl.v. 25.7.2005 – II ZR 327/03, www.bundesgerichtshof.de.
[249] Ebenso OLG Hamburg, Urt.v.8.8.2003 – 11 U 45/03, NZG 2003, 978, 979.
[250] Steinmeyer/Häger, WpÜG, § 327a AktG, Rn.23.

ständen (§ 327a Abs.2 i.V.m. § 16 Abs.2 und 4 AktG) als Hauptaktionär anzusehen ist. Wegen der Zurechnungsproblematik kann es jedoch schwierig sein festzustellen, ob jemandem 95 % der Aktien gehören.[251]

So sind nach § 16 Abs.2 AktG bei einer Gesellschaft, an der der Hauptaktionär beteiligt ist, deren eigene Aktien für die Berechnung der 95 % nicht mitzurechnen. Besitzt beispielsweise eine Gesellschaft 10 % eigene Aktien, dann sind sie bei Kapitalgesellschaften vom Nennkapital, bei Gesellschaften mit Stückaktien von der Zahl der Aktien abzusetzen (§ 16 Abs.1 S.1 AktG). Der Hauptaktionär benötigt daher nur 95 % von 90 % der Aktien, um einen Squeeze Out durchzuführen. Ebenfalls vom Grundkapital abzusetzen sind Aktien, die Dritte für die Gesellschaft halten (§ 16 Abs.2 S.3 AktG). Was die notwendige Stimmenmehrheit für einen Squeeze-Out-Beschluß anbelangt, so sind bei der Berechnung alle Aktiengattungen zu berücksichtigen, also auch stimmrechtslose Vorzugsaktien, so daß Kapital- und Stimmrechtsanteil nicht übereinstimmen müssen.[252] Auch kann bei nicht börsennotierten Gesellschaften nach § 134 Abs.1 S.2 AktG das Stimmrecht beschränkt werden; eine solche Beschränkung bleibt jedoch bei der Berechnung der Kapitalmehrheit gemäß § 134 Abs.1 S.6 AktG außer Betracht.

Gemäß § 16 Abs.4 AktG sind einem Unternehmen Aktien, die einem von ihm abhängigen Unternehmen gehören, im Rahmen der Konzernzurechnung zuzurechnen, ebenso solche Aktien, die ein Dritter für Rechnung des Unternehmens oder eines von ihm abhängigen Unternehmens innehat, und, wenn der Inhaber des Unternehmens ein Einzelkaufmann ist, auch die Anteile, die zu seinem sonstigen Vermögen gehören. Durch die Verwendung des Begriffs des „Unternehmens“ wird klargestellt, daß Gegenstand der konzernrechtlichen Vorschriften lediglich Rechtsträger sind, die sich unternehmerisch beteiligen, weil eine konzerntypische Gefahrenlage nur bei Verbindungen mit anderen Unternehmen auftritt.[253]

Nicht ausdrücklich geregelt ist jedoch, ob bei mittelbarem Beteiligungsbesitz eine quotale oder eine volle Zurechnung vorzunehmen ist. Wenn etwa ein Aktionär 90 % der Aktien der A-Gesellschaft hält und außerdem mit 51 % an der B-Gesellschaft beteiligt ist, der 5% an der A-Gesellschaft gehören, so fragt sich, ob er als Unternehmen das für einen Squeeze Out erforderliche Quorum erreicht. § 327a Abs. 2 AktG bestimmt, daß für die Feststellung, ob dem Hauptaktionär 95 % der Aktien gehören, § 16 Abs.2 und 4 AktG gilt. Daraus ergibt sich, daß –

[251] Vgl. Grunewald, ZIP 2002, 18f; Sieger/Hasselbach, ZGR 2002, 120, 134f.; Geibel/Süßmann, WpÜG, Art.7 § 327a Rn.45-51.

[252] Steinmeyer/Häger, WpÜG, § 327a AktG, Rn.23.

[253] Heidel, AktR, § 15 AktG, Rn. 9.

anders als bei der Eingliederung, bei der § 16 Abs.4 AktG nicht anwendbar ist[254] - das Gesetz eine durch Zurechnung vermittelte Aktionärsstellung ermöglicht. § 16 Abs.4 AktG bestimmt ohne Einschränkung, daß als Anteile, die einem Unternehmen gehören, auch die Anteile gelten, die einem von ihm abhängigen Unternehmen gehören. Von einem in Mehrheitsbesitz stehenden Unternehmen wird nach § 17 Abs.2 AktG vermutet, daß es von dem an ihm mit Mehrheit beteiligten Unternehmen abhängig ist. Daher findet eine volle und nicht nur eine quotale Zurechnung statt.[255] Im Beispielsfall erfüllt daher der Aktionär die Voraussetzungen für die Durchführung eines Squeeze-Out-Verfahrens, weil ihm 90 % der Aktien unmittelbar gehören und ihm weitere 5 % zuzurechnen sind.

Ebenso ist nicht ausdrücklich geregelt, ob infolge der Zurechnung nach § 16 Abs.4 AktG auch derjenige als Hauptaktionär anzusehen ist, dem durch die Zurechnung von Anteilsbesitz 95 % der Anteile gehören, wenn er nur den kleineren Teil der Anteile „unmittelbar" hält. Es ist jedoch anzunehmen, daß er auch in diesem Fall die Stellung eines Hauptaktionärs erlangt, weil das aufwendige, aber wirtschaftlich unsinnige „Umhängen" von Beteiligungen, um die formalen Voraussetzungen für ein Squeeze-Out-Verfahren zu schaffen, – den Bedürfnissen der Praxis entsprechend - nicht mehr erforderlich sein soll, zumal dadurch ggf. auch Steuern gespart werden können.[256]

Während hinsichtlich des Verlangens des Hauptaktionärs nach Ausschluß der Minderheitsaktionäre in § 327a Abs.1 AktG eine Schwelle von 95 % des Grundkapitals genannt ist, besteht für das Squeeze-Out-Verfahren keine besondere Regelung, welcher Stimmenmehrheit es für den Ausschlußbeschluß der Hauptversammlung bedarf. Zu denken wäre an eine Mehrheit von ebenfalls 95 %.[257] Die Entscheidung dieser Frage kann von Bedeutung sein, wenn der Hauptaktionär beim Vorhandensein von stimmrechtslosen Vorzugsaktien zwar über die notwendige Kapitalmehrheit von 95 %, nicht aber über eine entsprechende Stimmenmehrheit verfügt. Das Erfordernis auch einer Stimmenmehrheit von 95 % für einen Hauptversammlungsbeschluß zur Durchführung eines Squeeze Out hätte den Minderheitenschutz verstärkt, der während des Gesetzgebungsverfahrens Gegenstand der Erörterungen war. Auszugehen ist daher davon, daß der Gesetzgeber, der in dem ihm bekannten Spannungsfeld zwischen den Interessen des Hauptaktionärs an der Durchführung eines Squeeze Out und den Interessen der Minderheitsaktionäre an der Beibehaltung ihrer Mitgliedsrechte zu entscheiden hatte, eine entsprechende Stimmenmehrheit ausdrücklich

[254] Hüffer, AktG, 5. Aufl., § 320 Rn.3; Fuhrmann/Simon, WM 2002, 1211, 1212.
[255] Fuhrmann/Simon, WM 2002, 1211,1212; Maslo, NZG 2004, 163, 166; Hasselbach in Kölner Komm. UnternehmensR, § 327a Rn.37; OLG Hamburg, Urt.v. 8.8.2003 – 11 U 45/03, ZIP 2003, 2076; LG Stuttgart, Urt.v. 29.9.2004 – 39 O 49/03 KfH, DB 2005, 327 f.
[256] GesE. d.BReg.,BR-Drs. 574/01, S.182 f.; Ehricke/Roth, DStR 2001,1120,1122; Gesmann-Nuissl, WM 2002, 1205 f.; Krieger, BB 2002, 53 f.; Müller/Rödder, Hdb.AG, § 24 Rn.225.
[257] So Geßler, AktG, § 327a Rn.7.

vorgesehen hätte, wenn er den Minderheitenschutz auch insoweit verstärken wollte.[258] Angesichts des Fehlens einer besonderen Regelung für Squeeze-Out-Verfahren und mangels anderer Zielsetzungen im Gesetzgebungsverfahren ist demgemäß von dem Grundsatz des § 133 Abs.1 AktG auszugehen, wonach für Hauptversammlungsbeschlüsse die einfache Stimmenmehrheit genügt, sofern nicht Gesetz oder Satzung eine größere Mehrheit oder weitere Erfordernisse bestimmen.[259]

b) Berücksichtigung von Options- und Wandlungsrechten

Bei der Berechnung des Quorums könnten auch Umtausch- und Bezugsrechte von Bedeutung sein. Wären noch nicht ausgeübte Aktienbezugsrechte bei der Ermittlung der Kapitalanteile und der 95 % - Schwelle des § 327a Abs.1 AktG zu berücksichtigen, dann würden sie diese Schwelle für den Hauptaktionär erhöhen.[260] Inhaber von Aktienoptionen (stock options) und Wandelschuldverschreibungen nach § 221 Abs.1 AktG haben einen bedingten Anspruch auf Verschaffung von Aktien mit der Folge, daß bei Eintritt der Bezugsvoraussetzungen der Inhaber das Recht hat, eine bestimmte Menge von Aktien zu einem bestimmten Preis zu erwerben.[261] Bei nicht ausgeübten Options- und Wandlungsrechten steht jedoch zur Zeit der Durchführung eines Squeeze Out noch nicht fest, ob und ggf. in welchem Umfang das Grundkapital überhaupt bei einer späteren Ausübung des Bezugsrechts zu erhöhen ist. Denn es bleibt offen, ob im Ausübungszeitraum die Bedingungen eintreten werden, die Voraussetzung für die Ausübung des Bezugsrechts sind. Außerdem ist nicht sicher, ob die Options- und Wandlungsrechtsinhaber ihr Recht überhaupt ausüben werden.[262] § 327a AktG stellt daher – bereits angesichts des klaren Wortlauts - allein auf die Eigentümerstellung ab.[263] Bezugsrechte sind somit, solange sie nicht ausgeübt worden sind, bei der Berechnung der für einen Squeeze Out erforderlichen Beteiligung des Hauptaktionärs am Grundkapital der Gesellschaft nicht zu berücksichtigen.[264] Ein Squeeze Out kann deshalb auch dann durchgeführt werden,

[258] So auch Steinmeyer/Häger, WpÜG, § 327a Rn.19.
[259] Hasselbach in Kölner Komm. z. UnternehmensR, § 327a AktG, Rn. 46; Angerer, BKR 2002, 260, 265; Fuhrmann/Simon , WM 2002,1211, 1213; Hüffer, AktG, § 327a Rn.11; Geibel/Süßmann, WpÜG, § 327a Rn. 38, 41.
[260] So Sieger/Hasselbach, ZGR 2002, 120, 137, 158 ohne nähere Begründung.
[261] Wilsing/Kruse, ZIP 2002, 1465.
[262] Wilsing/Kruse, ZIP 2002, 1465, 1466.
[263] Hamann, S. 193; so auch Habersack in Emmerich/Habersack, KonzernR, § 319 Rn.8 hinsichtl. d. Eingliederung; ebenso Grunewald in MüKo/AktG, § 319 Rn. 4.
[264] Wilsing/Kruse, ZIP 2002, 1465, 1466; Gesmann-Nuissl, WM 2002, 1205, 1206; Krieger, BB 2002, 53, 61; Grunewald, ZIP 2002, 18; Markwardt, BB 2004, 277, 278.

wenn sich Bezugs- und Umtauschrechte auf über 5 % des Grundkapitals beziehen.[265]

2. Herbeiführung der Squeeze-Out-Voraussetzungen

§ 327a Abs.1 AktG nennt als wesentliche Ausschlussvoraussetzung das Verlangen eines Aktionärs, dem Aktien in Höhe von 95 % des Grundkapitals gehören. Daher wird es in der Praxis zumeist in erster Linie um das Erreichen dieses Quorums gehen. Nicht selten wird ein Mehrheitsaktionär, der noch nicht über die relevante 95%ige Beteiligung an der Gesellschaft verfügt, versuchen, diese über ein öffentliches Übernahmeangebot nach § 35 WpÜG oder bei sich bietender Gelegenheit auch durch Paketkäufe oder Zukäufe an der Börse zu erlangen. Jedoch wird es vorkommen, daß auf diesem Wege die Stellung als Hauptaktionär mit 95% des Grundkapitals für einen Squeeze Out nicht erlangt werden kann, da die verbliebenen Aktien in „festen Händen“ sind. In einem solchen Fall sind verschiedene andere Gestaltungsmöglichkeiten denkbar, die vom Mehrheitsaktionär gewählt werden können, um die Voraussetzungen für den Ausschluß von Minderheitsaktionären zu schaffen. Sie werden nachfolgend im einzelnen auf Ihre Vereinbarkeit mit dem Gesetz überprüft. Eingegangen wird zugleich darauf, ob die Schaffung der Voraussetzungen für einen Squeeze Out, z.B. die Erlangung der Stellung als Hauptaktionär infolge einer Strukturmaßnahme, etwa der Umwandlung einer GmbH in eine Aktiengesellschaft, oder die Ausübung der sich daraus ergebenden Rechte rechtsmissbräuchlich sein kann. Denn bei Vorliegen von Rechtsmissbrauch wird jedes Recht inhaltlich begrenzt,[266] also auch das Recht eines Hauptaktionärs, ein Squeeze-Out-Verfahren durchzuführen. Der Begriff des Rechtsmissbrauchs bezeichnet den Tatbestand der mißbilligten Inanspruchnahme eines Rechts.[267] Er ist allerdings nicht umfassend klar definiert und wird unter einem System von Fallgruppen behandelt,[268] die wegen des andersartigen Schwerpunktes dieser Arbeit nicht sämtlich dargestellt werden, auf die jedoch bei den jeweiligen Gestaltungsformen eingegangen wird.

a) Kapitalerhöhung mit Bezugsrechtsausschluß

In den eingangs (vgl. S. 52 ff.) beschriebenen Fällen kommt zum Zwecke der Erreichung der 95%-Schwelle eine Kapitalerhöhung mit Bezugsrechtsausschluß (§ 186 Abs.3, 4 AktG) in Betracht, jedenfalls, wenn der Mehrheitsaktionär be-

---

[265] Hamann, S.193; Habersack in Emmerich/Habersack, KonzernR, § 319 Rn.8 für die Eingliederung; Grunewald in MüKo/AktG, § 319 Rn.4 zur Eingliederung.
[266] Schmidt in Staudinger, § 242 Rn.725; Köhler, BGB, AT, 29. Aufl., München, 2005, S.228.
[267] Roth in MüKo, BGB, 4.aufl., 2003, § 242 BGB Rn. 176.
[268] vgl. Roth in MüKo, BGB, 4.aufl., 2003, § 242 BGB Rn. 182 ff.

reits über die hierfür erforderliche satzungsändernde 75%ige Mehrheit verfügt. Durch eine Kapitalerhöhung mit Bezugsrechtsausschluß könnte der Hauptaktionär einseitig - ggf. stufenweise - eine Quotenverminderung zu Lasten der Minderheit durchsetzen. Es würde ein „Ausschluß" erfolgen, obwohl der Mehrheitsaktionär anfangs gerade nicht die gesetzlich vorgesehene 95%ige Beteiligung innehatte. Diese Verfahrensweise wird im Folgenden näher zu untersuchen sein, da in der ungleichen Zuteilung junger Aktien ein Verstoß gegen das Gleichbehandlungsgebot des § 53a AktG liegen kann.[269]

Das Bezugsrecht gewährt allen Aktionären qua Gesetz das subjektive Recht, bei Kapitalerhöhungen neue Anteile entsprechend ihrer derzeitigen Beteiligung zu erhalten. § 186 Abs.1 S.1 AktG bezweckt den Schutz der Aktionäre. Die Norm gewährleistet, daß alle Aktionäre ihre mitgliedschaftliche Stellung einschließlich ihrer vermögensmäßigen Beteiligung pro rata halten können.[270] Ohne das gesetzliche Bezugsrecht könnte der Anteil einzelner Aktionäre am Grundkapital durch eine Quotenverschiebung sinken und deren Stimmkraft (§ 134 Abs.1 S.1 AktG) äquivalent gemindert werden. Um das Bezugsrecht auszuschließen, müssen zunächst die zwingenden formellen Voraussetzungen nach § 186 Abs. 3, 4 AktG erfüllt sein.

Das Bezugsrecht kann lediglich im Kapitalerhöhungsbeschluß ausgeschlossen werden (§ 186 Abs.3 S.1 AktG). Nur die Hauptversammlung kann also – anders als beim genehmigten Kapital (§ 203 Abs. 2 AktG) – einen Bezugsrechtsausschluß beschließen. Das Bezugsrecht kann weder in der Satzung, noch durch eine Entscheidung des Vorstands oder gesonderten Hauptversammlungsbeschluß ausgeschlossen werden. Zudem ist qua Gesetz eine Mehrheit von 75% des auf der Hauptversammlung vertretenen Grundkapitals vonnöten (§ 186 Abs.3 S.2 AktG). Satzungsmäßig sind weitere Erfordernisse möglich (§ 186 Abs.3 S.3 AktG). Ferner bedarf ein solcher Ausschluß einer ausdrücklichen und ordnungsgemäßen (§ 124 Abs.1 AktG) Bekanntmachung (§ 186 Abs. 4 S.1 AktG). Es ist zudem ein Bericht des Vorstands der Gesellschaft an die Aktionäre zu erstatten. Dieser hat den Aktionären in schriflicher Form die Gründe für den Bezugsrechtsausschluß zu nennen[271] und die Höhe des Ausgabebetrages der jungen Aktien zu begründen (§ 186 Abs.4 S.2 AktG). Diese Schutzvorschrift soll allen Aktionären auf der Hauptversammlung eine sachgerechte Beurteilung und Entscheidung ermöglichen.[272] Der Bezugsrechtsausschluß unterliegt daneben im Interesse der Aktionäre noch weiteren überwiegend durch die höchstrichterliche Judikatur entwickelten[273] materiellen Voraus-

---

[269] Hamann S. 200.
[270] Hüffer, AktG, § 186 Rn.2.
[271] Ph. Baums, S.135.
[272] BGH, Urt.v.19.4.1982 – II ZR 55/81, BGHZ 83, 319.
[273] BGH, Urt. 13.3.1978 – II ZR 142/76, BGHZ 71, 40 „Kali + Salz;"; Heidel, AktR, § 186 AktG, Rn.41 m.w.N.; Münchener Hdb. Ges., Bd.IV, § 56 Rn. 70 ff. m.w.N.

setzungen. Wegen der Schwere des Eingriffes in die Rechtsstellung der Aktionäre bedarf es einer sachlichen Rechtfertigung des Ausschlusses vom Bezug junger Aktien durch überwiegende Gesellschaftsinteressen,[274] da ein solcher Bezugsrechtsausschluß bei einer Kapitalerhöhung die Beteiligungsquote sinken läßt.

Ein rechtswidriger Eingriff in die Rechte der Aktionäre scheidet bei sachlicher Rechtfertigung des Bezugsrechtsausschlusses aus, da eine Ungleichbehandlung hinzunehmen ist, wenn diese Ungleichbehandlung dem Interesse der Gesellschaft entspricht, zur Erreichung des angestrebten Zwecks erforderlich und unter Berücksichtigung der Interessen von Gesellschaft und Aktionären verhältnismäßig ist.[275] Es kommt also darauf an, ob als hinreichender Grund für eine Kapitalerhöhung mit Bezugsrechtsausschluß auch das Ziel dienen kann, die für ein Squeeze-Out-Verfahren erforderliche Mehrheit erst auf diese Weise herbeizuführen. Entscheidend für die sachliche Rechtfertigung eines Bezugsrechtsausschlusses sind jedoch nicht die Interessen des Mehrheitsaktionärs. Zu berücksichtigen ist vielmehr, ob unter Beachtung des Grundsatzes der Verhältnismäßigkeit gerade die Interessen der Gesellschaft einen Ausschluß der übrigen Gesellschafter in einem Maße rechtfertigen, daß die Interessen der Gesellschaft über die der Minderheitsaktionäre zu stellen sind. Das gesetzgeberische Ziel der Squeeze-Out-Regelung - Bevorzugung einer einheitlichen Beteiligungsstruktur - und das generelle Interesse einer Gesellschaft an der Vermeidung von mit Minderheitsbeteiligungen verbundenem Gesellschaftsaufwand etwa für die Durchführung von Hauptversammlungen reichen hierfür jedoch nicht aus. Dafür spricht auch, daß nach der Regelung in § 327a Abs.1 AktG der Ausschluß der Minderheit erst ab der hohen Beteiligungsschwelle von 95 % möglich ist und Vorschläge, das Quorum niedriger - zwischen 80% und 90 % - festzusetzen, abgelehnt worden sind.[276] Es wurde also bewußt nur eine Ausschlussmöglichkeit für kleine „Restminderheiten" vorgesehen. Daher ist bei einer für einen Bezugsrechtsausschluß ausreichenden Mehrheit von „nur" 75% ein „schrittweiser" Squeeze Out, um dem Mehrheitsaktionär das Erreichen der 95% - Schwelle des § 327a AktG zu ermöglichen, nicht zulässig.

Wird dennoch – unter Verdeckung der wahren Absichten – ein angeblich im Interesse der Gesellschaft liegender, in Wahrheit aber lediglich der Vorbereitung eines Squeeze Out dienender Bezugsrechtsausschluß mit der erforderlichen Mehrheit von 75 % (§ 186 Abs.3 S.2 AktG) beschlossen, dann stellt dies eine Zwecksubstitution („fraus legis") dar. Eine gesetzliche Regelung für die Zuweisung bestimmter Befugnisse – etwa eines Bezugsrechtsausschlusses – wirkt

---

[274] Hüffer, AktG, § 186 Rn. 25; BGH, Urt. 13.3.1978 – II ZR 142/76, BGHZ 71, 40, 43 „Kali + Salz;" BGH, Urt.v.19.4.1982 – II ZR 55/81, BGHZ 83, 319, 325.
[275] BGH Urt. v. 19.12.1977-2 ZR 136/76, BGHZ 70, 117, 121.
[276] Ph.Baums, WM 2001, 1843, 1844.

sich dahin aus, daß die Befugnis zur Durchführung einer Maßnahme nur solange besteht, wie der Zweck auch materiell verfolgt wird, zu dessen Durchsetzung die Befugnis verliehen worden ist.[277] Die Durchführung eines Bezugsrechtsausschlusses nicht im Interesse der Gesellschaft, sondern nur im Interesse des Mehrheitsaktionärs lediglich zum Zwecke des anschließenden Ausschlusses der Minderheitsaktionäre – für den der Gesetzgeber die höhere Schwelle von 95 % des Grundkapitals vorgesehen hat - ist daher rechtsmissbräuchlich.[278]

Wird jedoch der Hauptversammlungsbeschluß über den Bezugsrechtsausschluß nicht rechtzeitig angefochten, (§§ 243, 246 Abs.1 AktG), dann erlangt der Mehrheitsaktionär - wenn der Bezugsrechtsausschluß dazu führt, daß er nunmehr Aktien in Höhe von mindestens 95 % des Grundkapitals hält – die Stellung eines Hauptaktionärs. Es fragt sich in einem solchen Fall aber, ob er dann die ihm „an sich" aus dieser Stellung erwachsenden Rechte auf Durchführung eines Squeeze-Out-Verfahrens geltend machen kann. Die Geltendmachung von Rechten ist missbräuchlich, wenn die tatbestandlichen Voraussetzungen für deren Rechtsgrundlage in rechtlich missbilligenswerter Weise geschaffen wurden.[279] Das hat zur Folge, daß der „Hauptaktionär" sich nicht auf das Erreichen des Quorums von 95% berufen, also nicht den Ausschluß der Minderheitsaktionäre gemäß § 327a AktG verlangen kann. Ein gleichwohl gefasster Squeeze-Out-Beschluß wäre auf Anfechtungsklage betroffener Minderheitsaktionäre aufzuheben. Liegen jedoch an sich den Bezugsrechtsausschluß rechtfertigende Gründe vor und verfolgt der Mehrheitsaktionär nur darüber hinaus das Ziel, anschließend ein Squeeze-Out-Verfahren durchzuführen,[280] dann schließt diese Zielsetzung nicht aus, daß er die Stellung als Hauptaktionär rechtmäßig erlangt und die daraus folgenden Rechte auf Durchführung eines Squeeze Out geltend machen kann.

b) Veranlassung der „Squeeze-Out-Gesellschaft" zum Erwerb eigener Aktien

Eigene Aktien der Gesellschaft sind bei der Berechnung der Mehrheit von 95 % am Grundkapital von diesem abzusetzen (§ 327a Abs.2 i.V.m. §16 Abs.2 AktG). Wenn etwa eine Gesellschaft die nach § 71 Abs.2 AktG maximal zulässigen 10 % Aktien auf Grund Hauptversammlungsbeschlusses gemäß § 71 Abs.1 Nr.8 AktG erwirbt, benötigt der Hauptaktionär nur 95 % von 90 %, also nur 85,5 % des Grundkapitals, um ein Squeeze-Out-Verfahren nach § 327a Abs.1 AktG durchzuführen. Somit würde ihm dies den Ausschluß erleichtern und wäre für

[277] Schmidt in Staudinger, BGB, § 242 Rn.789.
[278] So auch Markwardt, BB 2004, 277, 284.
[279] Roth in MüKo, BGB, § 242 Rn.228.
[280] Ph. Baums, WM 2001, 1843, 1844.

ihn – auf Kosten der Gesellschaft – eine günstige Variante, seine Beteiligung effektiv zu erhöhen.

Die Veranlassung einer Gesellschaft zu einem derartigen Verfahren zur Erreichung der in § 327a Abs.1 AktG vorgesehenen 95 % bei einem geplanten Squeeze Out könnte rechtsmißbräuchlich sein. Die Frage ist von nicht geringer Bedeutung, da von der Möglichkeit des Erwerbs eigener Aktien alsbald nach Inkrafttreten der Neuregelung in § 71 Abs.1 Nr.8 AktG im Jahre 1998 in nicht unerheblichem Umfang Gebrauch gemacht wurde. So waren bereits im Verlauf des ersten Jahres in 77 Aktiengesellschaften Ermächtigungen zum Erwerb eigener Aktien erteilt worden und planten weitere 72 Aktiengesellschaften, ihren Hauptversammlungen Ermächtigungsbeschlüsse vorzuschlagen.[281] Im Jahre 2001 haben sich die Vorstände von rund zwei Dritteln der im Deutschen Aktienindex Dax vertretenen Gesellschaften zum Erwerb eigener Aktien ermächtigen lassen.[282] Bis Anfang Oktober 2002 haben die Hauptversammlungen von 456 Aktiengesellschaften jeweils mindestens einmal, zum Teil sogar bis zu fünfmal, Ermächtigungen zum Erwerb eigener Aktien erteilt.[283] § 71 Abs.1 AktG bestimmt in Nr.1 – 8, unter welchen Voraussetzungen eine Gesellschaft eigene Aktien erwerben darf. § 71 Abs.1 Nr. 8 AktG gestattet der Aktiengesellschaft, Aktien grundsätzlich zu jedem Zweck zurückzuerwerben mit Ausnahme des Zwecks des Handels mit eigenen Aktien (§ 71 Abs.1 Nr.8 S.2 AktG).[284] Somit ist – abgesehen von der vorgenannten Einschränkung – nach § 71 Abs.1 Nr.8 AktG jeder rechtmäßige Zweck für den Erwerb eigener Aktien zulässig, sofern die Hauptversammlung dem Erwerb zustimmt,[285] so die Bedienung von stockoptions von Vorstandsmitgliedern und Mitarbeitern oder der Erhalt der Aktionärsstruktur bei Familiengesellschaften.[286]

Da für den Ermächtigungsbeschluß der Hauptversammlung gemäß § 71 Abs.1 Nr.8 AktG keine weitere besondere sachliche Rechtfertigung erforderlich ist,[287] ist auch ein Erwerb, der dem Mehrheitsaktionär die Durchführung eines Squeeze Out erleichtert, nicht rechtsmissbräuchlich. Für dieses Ergebnis spricht auch, daß die §§ 71a – e AktG u.a. Vorschriften über Umgehungsgeschäfte und aus eigenen Aktien herzuleitende Rechte enthalten, so daß es nahe gelegen hätte, Regelungen zu treffen, falls der Erwerb eigener Aktien zur Vorbereitung eines Squeeze Out nicht als zulässig erachtet werden sollte. Da das Gesetz jedoch keine Einschränkungen vorsieht und der Erwerb eigener Aktien auch sonst mittelbar Einfluß auf die spätere Aktionärsstruktur haben kann, bestehen keine durch-

---

281 van Aerssen, WM 2000, 391.
282 Koch, NZG 2003, 61.
283 vgl. Heidel, AktR, § 71 AktG Rn. 59.
284 Hüffer, AktG, § 71 Rn.19g.
285 Peltzer, WM 1998, 322, 323.
286 Claussen, AG 1996, 481, 490.
287 van Aerssen, WM 2000, 391, 405; Hüffer, AktG, § 71 Rn.19c-g.; Peltzer, WM 1998, 322f.

greifenden Bedenken dagegen, daß ein Mehrheitsaktionär die Gesellschaft zum Erwerb eigener Aktien im Zusammenhang mit der Vorbereitung eines Squeeze-Out-Verfahrens veranlasst.

c) Stimmrechtsbindungsverträge

Durch Vertrag zwischen Aktionären kann eine Stimmrechtsbindung in der Weise vereinbart werden, daß die Vertragspartner sich gegenseitig verpflichten, in einer Hauptversammlung in bestimmter Weise abzustimmen. Stimmbindungen sind nach h.M. grundsätzlich zulässig.[288]

Denkbar wäre, auf diese Weise die Möglichkeit einer Umgehung zu schaffen.[289] Bei Stimmrechtsbindungsverträgen werden die Anteile jedoch nicht auf eine andere Person übertragen.[290] Durch eine solche rein schuldrechtliche Vereinbarung kann somit nicht die Stellung eines Hauptaktionärs i.S.v. § 327a AktG geschaffen werden, da sie voraussetzt, daß ihm die für die Erreichung des Quorums erforderlichen Aktien selbst gehören oder ihm jedenfalls nach §§ 16 Abs.4 AktG zuzurechnen sind. Stimmrechtsbindungsverträge sind daher für eine Umgehung der Squeeze-Out-Vorschriften ungeeignet.[291]

d) Wertpapierleihe

Eine Wertpapierleihe ist keine Leihe im Rechtsinne, sondern stellt einen Darlehensvertrag gemäß § 607 ff BGB dar,[292] auf Grund dessen der Darlehensgeber zur Überlassung von Aktien verpflichtet ist. Daher kommt in Betracht, daß der „Entleiher“ als Darlehensnehmer und dinglicher Inhaber der Aktien auf diese Weise die Stellung eines Hauptaktionärs erlangen kann.[293] Bedenken bestehen allerdings, ob ein von vornherein nicht auf Dauer angelegter Erwerb von Aktien zur Durchführung eines Squeeze Out berechtigt. Bei einer Wertpapierleihe ist von vornherein vorgesehen, daß der Entleiher dem Verleiher Aktien gleicher Art, Güte und Menge zurückerstattet, sie also nicht auf Dauer hält. Wenn die Dauerhaftigkeit des Erwerbs von Aktien bei Durchführung eines Squeeze Out auch nicht vorausgesetzt werden kann,[294] so entspricht es doch nicht dem Sinn

---

[288] BGH, Urt.v.29.5.1967 – II ZR 105/66, BGHZ 48, 163, 166 f.; BGH, Urt.v.27.10.1986 – II ZR 240/85, NJW 1987, 1890, 1892; Hüffer, AktG, § 133 Rn. 27.

[289] So Ph. Baums, WM 2001, 1843, 1845 f.

[290] Ph. Baums, WM 2001, 1843, 1846.

[291] So auch Halasz/Kloster, DB 2002, 1253, 1255; Hüffer, AktG, § 327a Rn.13; Kölner Komm.z.UnternehmensR - Hasselbach, § 327a Rn.24.

[292] Ph. Baums, WM 2001, 1843, 1846.

[293] So Mertens, AG 2002, 377, 380; Markwardt, BB 2004, 277, 280.

[294] Markwardt, BB 2004, 277, 285.

und Zweck der Einführung des Squeeze-Out-Verfahrens, Aktien nur für einen relativ begrenzten Zeitraum lediglich zur Erreichung der 95%-Schwelle zu übertragen. Denn für den Hauptaktionär sollte die Möglichkeit geschaffen werden, eine Restminderheit auszuschließen, also Kleinstbeteiligungen abzufinden und damit die Position als alleiniger Anteilseigner zu erreichen,[295] um etwa erforderliche Strukturmaßnahmen unbehindert durchzuführen. Sähe man die Eigenschaft als Hauptaktionär mit der Befugnis zur Durchführung eines Squeeze-Out-Verfahrens auch dann als gegeben an, wenn von vornherein feststeht, daß ein Aktionär zwar 95 % der Aktien innehat, er sie aber innerhalb eines relativ kurzen Zeitraumes nach Durchführung eines Squeeze Out zurückübertragen muß, dann würde die gesetzliche Zielsetzung verfehlt. Die Vorschriften der §§ 327a ff AktG würden damit umgangen. Ein solches Verfahren ist unzulässig.[296]

Denn liegt der mögliche Effekt einer Maßnahme in der Benachteiligung der Betroffenen – hier der Minderheitsaktionäre -, ohne daß ein eigenes schutzwürdiges Interesse des Ausübenden – hier des „Hauptaktionärs“ - vorhanden ist, dann ist eine derartige Rechtsausübung zu missbilligen.[297] Bei Durchführung eines Squeeze Out werden den Minderheitsaktionären ihre Mitgliedschaftsrechte entzogen, so daß sie insoweit einen Rechtsverlust erleiden. Dies ist nach § 327a ff AktG, die eine ausgewogene Regelung im Widerstreit zwischen den Interessen des Hauptaktionärs und der Minderheitsaktionäre bezwecken, jedoch nur dann zulässig, wenn der Ausschluß auf Verlangen eines Hauptaktionärs durchgeführt wird, der durch Erwerb von 95 % der Aktien ein schutzwürdiges Interesse am Erwerb der Aktien der Restminderheit etwa zur Durchführung von Strukturmaßnahmen hat. Das Interesse eines Hauptaktionärs bei einem nur „vorgeschobenen,“ alsbald nach Durchführung des Squeeze Out rückgängig zu machenden Erwerb von Aktien auf Grund einer von vornherein vereinbarten Rückübertragung dieser Aktien ist jedoch nicht als schutzwürdig anzusehen.

Sind Aktien aber für zunächst unbeschränkte Zeit entliehen worden und werden dann zurückgegeben, so ist die Situation nicht wesentlich anders zu beurteilen, als wenn jemand sonst die Stellung als Hauptaktionär erlangt und damit zugleich die Möglichkeit, seine Aktien ganz oder teilweise später weiter oder zurück zu übertragen. In einem solchen Falle ist der „Entleiher,“ der 95 % der Aktien innehat, als Hauptaktionär anzusehen. Denn §§ 327a ff AktG schreiben nicht vor, daß ein Hauptaktionär nach Ausschluß der restlichen Aktionäre Alleinaktionär oder auf Dauer überhaupt Aktionär der Gesellschaft bleiben muß.

---

[295] Vgl. Gesetzesbegründung, BR-Drs. 574/01, S.74, 182.

[296] Ph. Baums, WM 2001, 1843,1846;
Steinmeyer/Häger, WpÜG, § 327a Rn.24.

[297] Roth in MüKo, BGB, § 242 Rn.211.

e) Übertragung von Aktien auf einen Treuhänder

Die Übertragung von Aktien auf einen Treuhänder könnte diesem die Stellung als Hauptaktionär mit der Möglichkeit der Durchführung eines Squeeze-Out-Verfahrens verschaffen. Betrachtet man den Wortlaut der §§ 327a ff AktG, so erschließt sich deren Sinn für den Fall der treuhänderischen Übertragung von Aktien nicht ohne weiteres. Aus der Formulierung folgt nicht eindeutig für alle Fallgestaltungen, wer ggf. als Hauptaktionär anzusehen ist, der Treuhänder oder der Treugeber oder beide, so im Fall, daß ein Aktionär, der 96 % der Aktien hält, davon 95 % auf einen anderen Aktionär treuhänderisch überträgt. Nach dem Wortlaut des § 327a Abs.1 AktG wird nicht danach differenziert, in welcher Eigenschaft dem Hauptaktionär 95 % der Aktien gehören. Allerdings gilt gemäß § 327a Abs.2 AktG für die Feststellung, ob ihm Aktien in diesem Umfang gehören, § 16 Abs.2 und 4 AktG. Danach gelten als Anteile, die einem Unternehmen gehören, auch solche Anteile, die einem anderen für Rechnung des Unternehmens gehören, wobei der Hauptfall die Treuhand ist.[298] Dies bedeutet, daß es grundsätzlich ohne Bedeutung ist, ob der Hauptaktionär selbst die Aktien unmittelbar hält oder ob sie ihm nur wirtschaftlich zuzurechnen sind.[299]

Bei einer Treuhand gehören die Anteile bei ihrer Übertragung auf den Treuhänder diesem, weil er zivilrechtlich deren Eigentümer oder Inhaber ist,[300] dem auch das Stimmrecht zusteht,[301] so daß er bei Erreichen der 95%-Schwelle Hauptaktionär ist. Die Zurechnungsvorschriften des § 327a Abs.2 AktG sollen ein ökonomisch sinnloses Umhängen von Beteiligungen vermeiden.[302] Falls ein Aktionär als Treugeber Aktien auf Dritte übertragen hat, werden ihm diese Aktien daher weiterhin zugerechnet. Dies hat zur Folge, daß etwa einem Aktionär, der noch 1% der Aktien unmittelbar hält, weitere 95 % der Aktien jedoch auf einen anderen Aktionär übertragen hat, infolge der Zurechnung nach §§ 327a Abs.2, 16 Abs.4 AktG diese Anteile weiterhin – als „wirtschaftlichem Eigentümer"[303]- zuzuordnen sind, so daß er Hauptaktionär bleibt.[304] Deshalb können verschiedene Aktionäre – der Treuhänder und der Treugeber - als „Hauptaktionär" i.S.v. § 327a AktG in Betracht kommen.[305] Eine dem Wortlaut entsprechende Anwendung des Abs.1 des § 327a und des Abs.2 dieser Vorschrift könnte daher jeweils zum entgegengesetzten Ergebnis führen.

---

298 Hüffer, AktG, § 16 Rn.12; Steinmeyer/Häger, WpÜG, § 327a, Rn.28.
299 Halasz/Kloster, DB 2002, 1253, 1254; Begr.RegE, BR-Drucks. 574/91 S.182 f.
300 Emmerich/Habersack, KonzernR, § 16 Rn.13.
301 BGH, Urt.v.21.3.1988 – II ZR 308/87, NJW 1988, 1844, 184.
302 Vgl. Begr. RegE, BR-Drs. 574/01 S.182.
303 So BGH, Urt.v.16.12.1991 – II ZR 294/90, NJW 1992, 1167, 1168; BGH, Urt.v.20.2.1989 -II ZR 167/88, NJW 1989, 1800, 1801 (mit Annahme einer mittelbaren Gesellschafterstellung); Emmerich/Habersack,KonzernR,§ 16 Rn.13.
304 So auch Vossius, ZIP 2002, 511; Halasz/Kloster, DB 2002, 1253, 1254 f.
305 So auch Grzimek in Geibel/Süßmann, WpÜG, § 327a Rn. 51.

Eine ähnliche Problematik der doppelten oder alternativen Zurechnung ergibt sich auf Grund von Regelungen im Wertpapierhandelsgesetz und im Wertpapiererwerbs- und Übernahmegesetz. Für die Mitteilungspflichten gemäß § 21 Abs.1 und 1a WpHG stehen den Stimmrechten des Meldepflichtigen Stimmrechte aus Aktien der börsennotierten Gesellschaft gleich, die einem Dritten gehören und von ihm für Rechnung des Meldepflichtigen gehalten werden (§ 22 Abs.1 Nr.2 WpHG) und die der Meldepflichtige einem Dritten als Sicherheit übertragen hat, es sei denn, der Dritte ist zur Ausübung der Stimmrechte aus diesen Aktien befugt und bekundet die Absicht, die Stimmrechte unabhängig von den Weisungen des Meldepflichtigen auszuüben (§ 22 Abs.1 Nr. 3 WpHG). Eine entsprechende Regelung hinsichtlich der Zurechnung von Stimmrechten des Bieters findet sich in § 30 Abs.1 Nr.2 und 3 WpÜG.

Hinsichtlich des § 22 WpHG wird die Ansicht vertreten,[306] es gelte der Grundsatz der mehrfachen Zurechnung. Werden Stimmrechte einem Meldepflichtigen zugerechnet, so seien die Stimmrechte bei dem Aktionär, dessen Stimmrechte zugerechnet werden, nicht „hinwegzurechnen." Es finde also keine „Absorption" statt, sondern gelte der Grundsatz der doppelten Meldepflicht. Demgemäß sei im Fall des § 22 Abs.1 Nr. 2 WpHG meldepflichtig der „formal" Berechtigte, weil ihm die Aktien gehören, obwohl er das Stimmrecht nach Weisung dessen ausüben muß, für den er die Aktien hält. Außerdem sei auch derjenige meldepflichtig, für dessen Rechnung die Aktien gehalten werden.[307] Im Fall des § 22 Abs.1 Nr.3 WpHG gelte nach dessen Wortlaut der Grundsatz der alternativen Zurechnung.[308] In der Regel werde das Stimmrecht nur dem Sicherungsgeber zugerechnet und nur ausnahmsweise dem Sicherungsnehmer, wenn er nicht nur zur Ausübung der Stimmrechte befugt ist, sondern auch die Absicht bekundet, sie nach seinen Vorstellungen auszuüben.

Das Gesetz enthält keine allgemeine Bestimmung zur Frage der Absorption. § 24 WpHG regelt jedoch den wichtigsten Fall der doppelten Meldepflicht – der Mitteilung durch Konzernunternehmen – in der Weise, daß eine selbständige Mitteilungspflicht von Tochterunternehmen neben der auf Grund Zurechnung bestehenden Meldepflicht der Mutter anzunehmen ist,[309] also keine Absorption stattfindet. Auch bei den übrigen Tatbeständen des § 22 Abs.1 WpHG ist – abgesehen vom Fall des § 22 Abs.1 Nr.3 2. HS. WpHG – von einer doppelten Meldepflicht und damit vom Fehlen einer Absorption auszugehen.[310] Dies ist auch hinsichtlich der entsprechenden Regelungen in § 30 WpÜG der Fall.[311]

---

[306] Assmann/Schneider, WpHG, § 22 Rn. 14 ff.
[307] Assmann/Schneider, WpHG, § 22 Rn. 38 ff.
[308] Assmann/Schneider, WpHG, § 22 Rn. 79 ff.
[309] Schwark/ Schwark, KMRK, § 22 WpHG, Rn. 32.
[310] Schwark/ Schwark , KMRK, § 22 WpHG, Rn.32.
[311] Noack/ Schwark, KMRK, § 30 WpÜG, Rn. 27.

Für eine einheitliche Auslegung von § 22 WpHG und § 30 WpÜG spricht die Einheit der Rechtsordnung unter Berücksichtigung der Zwecke dieser Normen.[312] Dieser Gesichtspunkt ist auch bei der Auslegung des § 327a Abs.1 und 2 i.V.m. § 16 Abs.4 AktG zu berücksichtigen. Diese Vorschriften regeln zwar nicht die Zurechnung von Stimmrechten wie nach § 22 WpHG und § 30 WpÜG, sie ermöglichen aber die Zurechnung von Anteilen an der Gesellschaft für die Berechnung der Anteilshöhe eines Hauptaktionärs über mehrere Zurechnungstatbestände und Beteiligungsebenen, so z.B. bei mehrstufiger Treuhand. Auch bei dieser Zurechnung ist nicht vorgesehen, daß eine Absorption bestimmter Anteile durch Zurechnung erfolgt; daher sind bei Zurechnung von Anteilen Dritter die Anteile bei ihnen und bei dem Unternehmen in Ansatz zu bringen.[313]

Demnach kann es Fallgestaltungen geben, bei denen rechtlich zwei oder mehr Hauptaktionäre existieren[314] - ein „unmittelbarer" und ein „mittelbarer" oder mehrere „mittelbare." Nach § 327a Abs.1 AktG kann die Hauptversammlung auf Verlangen „eines" Hauptaktionärs die Übertragung der Aktien der Minderheitsaktionäre beschließen, so daß bei Vorhandensein mehrerer Hauptaktionäre jeder von ihnen auch die Einberufung der Hauptversammlung zur Durchführung eines Squeeze Out verlangen kann. Bei mehreren Hauptaktionären ist von einem Wahlrecht der Beteiligten auszugehen, wer von ihnen den Squeeze Out durchführt.[315] Sollte es jedoch zum Streit kommen, wer den Ausschluß der Minderheitsaktionäre betreibt oder sollten mehrere einen entsprechenden Antrag stellen, dann müsste der Grundsatz der Priorität Anwendung finden.[316]

Unabhängig davon, wer bei den vorgenannten Gestaltungen als Hauptaktionär anzusehen ist, ergibt sich auch hier die Frage, ob die Übertragung von Aktien auf einen Treuhänder zum Zwecke der Durchführung eines Squeeze Out rechtsmissbräuchlich ist. Anders als bei einem Bezugsrechtsausschluß (s. oben S. 35 f.), für dessen Durchführung bestimmte Voraussetzungen erfüllt sein müssen, insbesondere die Maßnahme im überwiegenden Gesellschaftsinteresse liegen muß,[317] sind für die Übertragung auf einen Treuhänder keine besonderen Voraussetzungen zu erfüllen. Wenn jedoch eine rechtlich grundsätzlich zulässige Gestaltungsform gewählt wird, um 95 % der Aktien inne zu haben und anschließend ein Squeeze-Out-Verfahren durchzuführen, dann ist darin kein Rechtsmissbrauch zu sehen. Für die Annahme eines Rechtsmissbrauchs müssten vielmehr weitere Umstände hinzutreten, aus denen folgt, daß der Maßnahme

---

312 Ehricke/Ekkenga/Oechsler, WpÜG, § 30 WpÜG, Rn. 1.
313 LG Berlin, Urt.v.1.12.1997 – 99.O 171/97, AG 1998, 195, 196; Hüffer, AktG, § 16 Rn.13; Maslo, NZG 2004, 163, 167.
314 So auch v. Schnurbein, AG 2005, 725, 731.
315 Maslo, NZG 2004, 163, 167.
316 So auch Maslo, NZG 2004, 163, 167.
317 Hüffer, AktG, § 186 Rn. 25; BGH, Urt.v. 13.3.1978 – II ZR 142/76, BGHZ 71, 40, 43; BGH, Urt.v. 19.4.1982 – II ZR 55/81, BGHZ 83, 319, 325f.

Erwägungen zu Grunde liegen, die mit dem Gesetzeszweck nicht in Einklang stehen. Das kann anzunehmen sein, wenn etwa gezielt ein Treuhänder gewählt wird, der seinen Wohnsitz in einem Land hat, in dem im Falle der Erhöhung der Barabfindung in einem Spruchverfahren gemäß § 327 f AktG der erhöhte Betrag wegen Schwierigkeiten der Zwangsvollstreckung nicht beigetrieben werden kann.

f) Zusammenschluß von Aktionären zu einer GbR

Schließen sich Aktionäre zu einer Gesellschaft bürgerlichen Rechts – auch im Rahmen eines Pools oder Konsortiums - zusammen, dann stellt sich die Frage, ob diese Gesellschaft nach § 327a Abs.1 AktG einen Ausschlußbeschluß herbeiführen kann. Zu denken ist daran, in einem derartigen Fall einen Verstoß gegen ein Verbotsgesetz i.S. des § 134 BGB anzunehmen. Ein derartiges „Verbot" muß nicht ausdrücklich im Gesetz ausgesprochen sein, sondern kann sich auch aus dem Zusammenhang des Gesetzes ergeben.[318] Die Regelung des Squeeze Out in §§ 327a ff AktG enthält jedoch kein „Verbot" in dem Sinne, daß die Herbeiführung eines Squeeze Out auf die genannte Weise „verboten" wäre. Die Schaffung der Möglichkeit eines Squeeze Out beruht auf der Erwägung, den Hauptaktionär in seinen unternehmerischen Entfaltungsmöglichkeiten zu stärken,[319] wenn ihm Aktien in Höhe von mindestens 95 % des Grundkapitals gehören, also nur noch eine kleine Restminderheit anderer Aktionäre vorhanden ist. Das Gesetz schreibt jedoch nicht vor, auf welche Weise ein Hauptaktionär seine Stellung erlangen muß, so daß eine andere Art der Erlangung evtl. „verboten" wäre und ein Verstoß gegen § 134 BGB vorläge.

Es wird die Auffassung vertreten,[320] ein einzig zum Zweck des Ausschlusses von Minderheitsaktionären gebildeter Zusammenschluss von Aktionären sei jedenfalls als rechtsmissbräuchlich anzusehen. Es sei kein Grund ersichtlich, daß ein nur zu diesem Zweck des Ausschlusses gebildeter Zusammenschluß verschiedener Aktionäre ein Verfahren nach §§ 327a f AktG durchführen könne. Ein auf Verlangen des „Hauptaktionärs" - als Zusammenschluß verschiedener Aktionäre - gefasster Squeeze-Out-Beschluß sei wegen Rechtsmissbrauchs anfechtbar.

Pools und Konsortien stellen in der Regel vorübergehende Zusammenschlüsse von Personen - überwiegend in der Rechtsform der Gesellschaft bürgerlichen

---

[318] BGH, Urt.v.19.12.1968 – VII ZR 83 u.84/66, BGHZ 51, 255, 262; Palandt-Heinrichs, BGB, § 134 Rn.2.
[319] Begr.d.GesE d.BReg., BR-Drs, 574/01, S.73 ff.; Hüffer, AktG, § 327a Rn.1.
[320] So Hamann, s. 167.

Rechts - mit dem Ziel dar, ein bestimmtes Verhalten sicherzustellen.[321] Eine Poolbildung geschieht in der Regel durch Abschluß eines entsprechenden Gesellschaftsvertrages nach § 705 BGB, wobei – bei beabsichtigtem Squeeze Out - der gemeinsame Zweck der Ausschluß von Minderheitsaktionären wäre.[322] Verbleibt bei Pool- oder Konsortialverträgen die Zuordnung der Mitgliedschaft beim jeweiligen Poolmitglied oder Konsorten, besteht also zwischen ihnen eine reine Innengesellschaft, dann kann der Pool oder das Konsortium bereits aus diesem Grunde nicht selbst Hauptaktionär i.S. des § 327a AktG werden,[323] und deshalb auch kein wirksames Verlangen nach § 327a Abs.1 AktG stellen. Werden aber die Anteilsrechte mit dinglicher Wirkung auf die GbR für unbestimmte Zeit übertragen, dann erlangt die GbR grundsätzlich die Rechtsstellung eines Hauptaktionärs und ergibt sich das Problem, ob dies die GbR auf Grund der auf diese Weise erlangten formalen Rechtsstellung zur Durchführung eines Squeeze Out berechtigt.

Es würde jedoch nicht der Intention des Gesetzes entsprechen, es Gesellschaftern zu ermöglichen, sich zu einer GbR zusammenzuschließen zu dem alleinigen Zweck, andere Aktionäre im Wege des Squeeze Out auszuschließen, um dann nach Zweckerreichung die GbR sogleich wieder aufzulösen; dies würde eine Umgehung der gesetzlichen Zielsetzung bedeuten.[324] In einem solchen Fall ist davon auszugehen, daß einer GbR, deren ausschließlicher Zweck der Ausschluß von Minderheitsaktionären ist, die formale Rechtsstellung als Hauptaktionär in rechtsmißbräuchlicher Weise verschafft wird, so daß daraus keine Rechte hergeleitet werden können (s. insoweit auch die Ausführungen S. 70 ff. betr. vorübergehende Erlangung der Rechtsstellung). Werden aber die Anteilsrechte mit dinglicher Wirkung auf die GbR für unbestimmte Zeit übertragen - besteht also nicht nur eine auf Ausschluß der Minderheitsaktionäre und anschließende Auflösung der GbR wegen Zweckerreichung gerichtete Zielsetzung –, dann ist kein Rechtsmissbrauch anzunehmen. Dann liegt bei Durchführung eines Squeeze Out kein Gesetzesverstoß vor, da eine GbR zu jedem erlaubten Zweck gebildet werden kann.[325]

Auch in einem solchen Fall wird der mit der Einführung des Rechtsinstituts des Squeeze Out u.a. verfolgte Gesetzeszweck der Vermeidung eines hohen Kostenaufwands wegen des Vorhandenseins von Minderheitsaktionären und der Erleichterung von Strukturmaßnahmen erreicht. Es widerspricht daher nicht dem Sinn der §§ 327a ff AktG, wenn eine GbR, in die Aktionäre mehr als 95 % der

---

[321] Bärwaldt in Beck'sches Hdb.PersG,§ 20 Rn. 2.
[322] Ph. Baums, WM 2001, 1843,1846.
[323] so auch Wittuhn/Giermann, MDR 2003, 372, 374
[324] Ebenso Ph. Baums, WM 2001, 1843, 1845.
[325] Bolte, DB 2001, 2587, 2589.

Aktien zu Gesamthandseigentum eingebracht haben, als Hauptaktionär angesehen wird.[326]

Wird also eine rechtlich grundsätzlich zulässige Gestaltungsform gewählt, dann stellt dies allein – wie oben S. 66 ff. ausgeführt - keinen Rechtsmissbrauch dar.[327] Ein auf Verlangen der GbR als „Hauptaktionär" – gefasster Squeeze-Out-Beschluß ist daher bei nicht nur vorübergehender Bildung einer GbR lediglich zum Zwecke des Ausschlusses der Minderheitsaktionäre nicht automatisch wegen Rechtsmissbrauchs anfechtbar.

g) Holdinggesellschaft

Der Begriff der Holding ist gesetzlich nicht definiert. Er wird juristisch auch nicht einheitlich gebraucht, weil er keine rechtliche Sonderform, sondern eine Organisationsstruktur bezeichnet. Eine Holding stellt ein Unternehmen dar, dessen Hauptzweck im Halten von Beteiligungen an anderen rechtlich selbständigen Unternehmen liegt.[328] Eine Holdinggesellschaft, die grundsätzlich in allen Rechtsformen auftreten kann, hält und verwaltet Anteile, ohne selbst operativ tätig zu sein.[329] Sie ist in der Regel eine Kapitalgesellschaft, häufig eine Aktiengesellschaft. Da Hauptaktionär auch eine juristische Person sein kann,[330] ist eine Holdinggesellschaft, der die Anteile mehrerer Personen übertragen worden sind, Hauptaktionär, wenn sie 95 % der Anteile innehat.[331]

Wird durch die Übertragung von Anteilen auf eine Holdinggesellschaft diese nur deshalb zum Hauptaktionär gemacht, um dann ein Squeeze-Out-Verfahren durchzuführen, so könnten gegen eine derartige Verfahrensweise ebenfalls Bedenken wegen des Ziels der Neuregelung bestehen. Es kann jedoch nicht danach differenziert werden, ob der Hauptaktionär eine Holdinggesellschaft oder eine sonstige Person ist. Ebenso wie der Erwerb von Aktien zum Zwecke der Erreichung des Quorums von 95 % durch eine natürliche Person mit dem Ziel des anschließenden Ausschlusses der übrigen Aktionäre rechtlich unbedenklich ist, kann grundsätzlich auch die Bildung einer Holdinggesellschaft zum Zwecke der Durchführung eines Squeeze Out nicht als rechtlich bedenklich angesehen wer-

---

326 Habersack in Emmerich/Habersack, KonzernR, § 327a, Rn.14; Steinmeyer/Häger, WpÜG, § 327a Rn.16;.Hüffer, AktG, § 327a, Rn.7; Wittuhn/Giermann, MDR 2003, 372, 373.
327 So auch Maslo, NZG 2004, 163, 164.
328 Lutter, Holding Hdb., S.10/11 m.w.N.
329 Ph. Baums, WM 2001,1843, 1845.
330 Steinmeyer/Häger, WpÜG, § 327a Rn.16; Emmerich/Habersack, KonzernR, § 327a, Rn.14; Hasselbach in Kölner Komm.z. UnternehmensR, § 327a Rn.24; Ehricke/Roth, DStR 2001, 1120; Hüffer, AktG, § 327a Rn.7.
331 Ph. Baums, WM 2001, 1843, 1845.

den,[332] wenn diese nicht nur als eine von vornherein als vorübergehend gedachte rechtliche Konstruktion konzipiert ist, die nach Zweckerreichung wieder rückgängig gemacht werden soll.

h) Formwechsel

In anderen Rechtsformen als der Aktiengesellschaft und der Kommanditgesellschaft auf Aktien besteht keine dem Squeeze-Out-Verfahren vergleichbare Regelung zum Ausschluß von Minderheitgesellschaftern. Dies kann Anlaß sein, eine Gesellschaft anderer Rechtsform in eine Aktiengesellschaft nach dem Umwandlungsgesetz umzuwandeln, um die Voraussetzungen für die Durchführung eines Squeeze-Out-Verfahrens zu schaffen. Beim Formwechsel von Personengesellschaften stellt sich dieses Problem allerdings in der Regel nicht, weil für einen Umwandlungsbeschluß gemäß § 217 Abs.1 UmwG grundsätzlich die Zustimmung aller Gesellschafter erforderlich ist.

Demgegenüber bedarf – wenn nicht die Satzung einer formwechselnden GmbH eine größere Mehrheit vorsieht - der Umwandlungsbeschluß der GmbH in eine andere Kapitalgesellschaft nach § 240 Abs.1 S.1 UmwG nur einer Mehrheit von mindestens drei Vierteln der bei der Gesellschafterversammlung abgegebenen Stimmen. Wird ein derartiger Formwechsel in die Rechtsform der Aktiengesellschaft mit dem Ziel eines daran anschließenden Squeeze-Out-Verfahrens durchgeführt, so wäre es denkbar, daß der Beschluß über den Formwechsel rechtsmißbräuchlich und – falls er nicht erfolgreich angefochten wird – der spätere Squeeze-Out-Beschluß wegen treuwidrigen Verhaltens anfechtbar ist.[333]

Eine Anfechtbarkeit des Umwandlungsbeschlusses wegen Rechtsmißbrauchs könnte dann anzunehmen sein, und zwar insbesondere beim Formwechsel von Gesellschaften mit beschränkter Haftung, wenn der Formwechsel ausschließlich zur Vorbereitung eines Squeeze Out beschlossen wird, weil es grundsätzlich nicht der Konzeption des Umwandlungsgesetzes entspricht, daß ein Gesellschafter zwangsweise aus der Gesellschaft ausscheidet.[334] Es liegt jedoch – abgesehen von Besonderheiten des Einzelfalles – kein hinreichender Grund vor, einen Rechtsmißbrauch allein deshalb anzunehmen, weil ein Formwechsel vorgenommen wird, um anschließend ein Squeeze-Out-Verfahren durchzuführen.[335] Der Gesetzgeber hat zwar die Möglichkeit eines Squeeze-Out-Verfahrens nur für Aktiengesellschaften und Kommanditgesellschaften auf Aktien geschaffen.

---

[332] So auch Halasz/Kloster, DB 2002, 1253, 1254.
[333] So Krieger, BB 2002, 53, 62.
[334] Krieger, BB 2002, 53, 61.
[335] Ebenso Fuhrmann/Simon, WM 2002, 1211, 1213; Grunewald, ZIP 2002, 18, 22; Angerer, BKR 2002, 260, 267.

Ihm waren jedoch die rechtlichen Möglichkeiten des Formwechsels bekannt, ohne daß besondere Regelungen getroffen worden sind, um einen Formwechsel zum Zwecke des anschließenden Squeeze Out auszuschließen. Die Konzeption des Umwandlungsgesetzes ist aber bei Einführung der §§ 327a ff AktG unverändert geblieben.

Durch die Schaffung der §§ 327a ff AktG ist der Anwendungsbereich der schon zuvor bestehenden Rechtsinstitute nicht eingeschränkt, sondern ein zusätzliches Rechtsinstitut des Squeeze Out geschaffen worden. Die für einen Mehrheitsgesellschafter schon bisher bestehenden Möglichkeiten sind also durch die Neuregelung erweitert und ihm die Möglichkeit des Formwechsels zum Zwecke der Durchführung eines Squeeze Out nicht verschlossen worden. Dafür spricht auch, daß die Möglichkeit eines Squeeze Out ebenfalls bei nicht börsennotierten Aktiengesellschaften geschaffen wurde, die sich in ihrer personalistischen Prägung in tatsächlicher Hinsicht wenig von einer GmbH unterscheiden.[336]

Die Möglichkeit eines an einen Formwechsel anschließenden Squeeze Out besteht jedoch nicht, wenn diese Verfahrensweise als rechtsmissbräuchlich anzusehen ist, da das Verbot des Rechtsmissbrauchs ein das gesamte Rechtssystem beherrschender Grundsatz ist. So kann rechtsmissbräuchliches Handeln vorliegen bei von vornherein bestehender Absicht, nach Formwechsel und Durchführung eines Squeeze Out wieder einen Formwechsel in die frühere Rechtsform vorzunehmen.

3. Gezielt vorübergehende Schaffung von Squeeze-Out-Voraussetzungen

Umstritten ist – wie oben (S. 61 ff. – z.B. bei der Wertpapierleihe -) erwähnt -, ob bei der Feststellung des Schwellenwerts von 95 % nur Aktien zu berücksichtigen sind, die der „Hauptaktionär" für unbestimmte Zeit innehat, oder auch solche, die ihm abredegemäß wegen des der Übertragung zu Grunde liegenden Geschäfts nur vorübergehend gehören. Die Auffassung, solche Aktien seien bei der Berechnung des Kapitalanteils des Hauptaktionärs nicht zu berücksichtigen, wird damit begründet, daß sonst zwar ein Squeeze Out durchgeführt werden könnte, nach Rückübereignung z.B. von sicherungsübereigneten Aktien oder von Aktien im Fall der Wertpapierleihe aber ein erneuter Squeeze Out erfolgen müsste - wenn der Aktionär dann mindestens 95 % der Aktien besitzt -, um das angestrebte Ziel zu erreichen.[337] Weder dem Gesetzestext noch der Gesetzesbegründung ist jedoch zu entnehmen, daß die „Dauerhaftigkeit" der Stellung als

---

[336] Angerer, BKR 2002, 260, 267.

[337] in diesem Sinne Steinmeyer/Häger, WpÜG,§ 327a AktG, Rn.24; Ph.Baums, WM 2001,1843, 1846, 1847.

Hauptaktionär Voraussetzung für die Durchführung eines Squeeze-Out-Verfahrens ist.[338] Auch die Zielsetzung, Restminderheiten auszuschließen, zwingt nicht zu der Annahme, daß nach Durchführung eines Squeeze Out nicht irgendwann wieder mehrere Aktionäre vorhanden sein dürfen, denn es ist einem Hauptaktionär, der im Wege eines Squeeze Out Alleinaktionär geworden ist, unbenommen, einen Teil seiner Aktien wieder zu veräußern.[339] Daher ist es unschädlich, wenn der Hauptaktionär schuldrechtlich verpflichtet ist, die Aktien einem Dritten zu übertragen oder der Aktienerwerb unter einer auflösenden Bedingung steht, solange die Bedingung nicht eingetreten ist.[340] Das bedeutet – wie oben (S. 61 f.) ausgeführt - im Falle der Aktienleihe, daß der Entleiher grundsätzlich Hauptaktionär sein kann, ebenso der Sicherungseigentümer, dem die Aktien nur bis zum Erlöschen des Sicherungszwecks zustehen.

Problematisch ist die Rechtslage allerdings – wie bereits hinsichtlich der GbR und des Formwechsels ausgeführt (oben S. 66 f. / 69 f.) -, wenn die Voraussetzungen für ein Squeeze-Out-Verfahren gezielt lediglich vorübergehend geschaffen wurden, um Minderheitsaktionäre auszuschließen, wenn also bereits von vornherein vorgesehen war, nach Durchführung des Squeeze Out die Maßnahmen alsbald rückgängig zu machen. Ein solcher Fall kann nicht nur eintreten, wenn ein ausschließlich mit dem Ziel des Ausschlusses der übrigen Aktionäre gebildeter Zusammenschluß von Aktionären in Form einer GbR, der den Schwellenwert von 95 % erreicht, nach Durchführung eines Squeeze Out entsprechend einer vorherigen Abrede sogleich unter Rückübertragung der Aktien wieder aufgelöst wird, so daß dann nicht mehr die GbR als Hauptaktionär vorhanden ist, sondern mehrere Personen Aktionäre sind. Eine ähnliche Problematik besteht, wenn Aktien, die einem Treuhänder nur für die Durchführung eines Squeeze Out übertragen waren, sofort - wie vorher verabredet - nach Zweckerreichung wieder rückübertragen werden, wodurch er seine gerade erlangte Stellung als Alleinaktionär verliert.

Verschafft sich ein Aktionär Aktien in Höhe von 95 % des Grundkapitals auf diese Weise nur vorübergehend zu dem Zweck, die Minderheitsaktionäre auszuschließen, so könnte dies aber rechtsmißbräuchlich sein. Treu und Glauben bilden eine allen Rechten und Rechtslagen immanente Inhaltsbegrenzung.[341] Eine gegen § 242 BGB verstoßende Verfahrensweise ist als Rechtsüberschreitung missbräuchlich.[342] Demgemäß könnte ein Aktionär aus einer auf diesem Wege geschaffenen Rechtsstellung keine Rechte herleiten.[343] Bei der Berechnung des

---

[338] Markwardt, BB 2004, 277, 285.
[339] Heidelbach/ Schwark, KMRK, § 38 BörsG Rn.51.
[340] So auch Habersack in Emmerich/Habersack, KonzernR, § 327a Rn.16.
[341] BGH, Urt.v.29.4.1959 – IV ZR 265/58, BGHZ 30, 145; Palandt, BGB, § 242 Rn.38; Soergel, BGB § 242 Rn. 274.
[342] BGH, Urt.v. 27.1.1954 – VI ZR 16/53, BGHZ 12, 157.
[343] vgl. Staudinger, BGB, § 242 Rn. 656.

Schwellenwertes wären ihm die auf diese Weise erlangten Aktien nicht zuzurechnen. Er wäre daher nicht als „Hauptaktionär" anzusehen und könnte deshalb auch nicht die Durchführung eines Squeeze Out gemäß § 327a Abs.1 AktG verlangen. Bei der Beurteilung, ob seine Verhaltensweise einen Rechtsmissbrauch darstellt, ist zu berücksichtigen, daß es für den Ausschluß von Mitgliedern einer Gesellschaft grundsätzlich eines in der Person des Auszuschließenden liegenden wichtigen Grundes bedarf.[344] Der Gesetzgeber hat jedoch als Voraussetzung eines Squeeze-Out-Verfahrens – wie auch die Gesetzesbegründung eindeutig zeigt[345] - gerade keinen derartigen wichtigen Grund vorgesehen, sondern bestimmt, daß die formale Rechtsstellung des Hauptaktionärs, der 95 % der Anteile innehat, für einen Squeeze Out ausreicht. Die Minderheitsaktionäre, die bei einer derartigen Konstellation keinen unternehmerischen Einfluß mehr haben, werden nur noch als in vermögensrechtlicher Hinsicht schützenwert angesehen.[346] Wird jedoch vom Gesetz allein auf die formale Stellung als Hauptaktionär abgestellt, dann ist die gezielte nur vorübergehende Schaffung dieser formalen Stellung zum Zwecke der Durchführung eines Squeeze Out rechtsmissbräuchlich mit der Folge, daß der „Hauptaktionär" daraus keine Rechte herleiten kann.

4. Zeitpunkt der Mehrheit

Im Hinblick darauf, daß sich die Mehrheitsverhältnisse infolge zwischenzeitlicher Ausübung von Bezugsrechten ändern können, ist von Bedeutung, auf welchen Zeitpunkt bei der Berechnung der Mehrheit von 95 % gemäß § 327a AktG abzustellen ist – auf das „Verlangen" des Hauptaktionärs[347] oder die Beschlußfassung in der Hauptversammlung[348] - und bis zu welchem Zeitpunkt diese Mehrheit fortbestehen muß.

Angesichts des Wortlauts des Gesetzes ist davon auszugehen, daß die Quote von 95 % bereits beim „Verlangen" des Aktionärs erreicht sein muß, um eine Verpflichtung des Vorstands zu begründen, die Hauptversammlung nach § 121 Abs.1, 2 AktG einzuberufen. Zum Teil wird jedoch angenommen, es reiche aus, daß ein Aktionär, der vor Einberufung der Hauptversammlung noch nicht 95 % der Aktien hält, in dem auf Grund des § 327 c Abs.2 S.1 AktG zu erstattenden schriftlichen Bericht darlegt, wie er die 95% bis zur Hauptversammlung erreichen wird.[349] Für die Annahme einer derartigen Möglichkeit geben indes weder

---

[344] Habersack, ZIP 2001, 1230; Lutter/Drygala, FS f. Kropff, S.191, 209; Bolte, DB 2001, 2587, 2590.
[345] Begr.d. GesE, BR-Drs. 574/01, S.73-76.
[346] Halasz/Kloster, DB 2002, 1253, 1256.
[347] so Sieger/Hasselbach, ZGR 2002, 120, 138.
[348] Nirk in Hdb.AG, S. 1284, Rz. 2633; König/Römer, NZG 2004, 944, 945.
[349] Geibel/Süßmann, WpÜG, Art.7 § 327a Rn.52.

der Wortlaut noch der Sinn der Vorschrift einen hinreichenden Anlaß, zumal auch bei einem entsprechenden Bericht offen bleibt, ob der Aktionär wirklich bis zur Hauptversammlung die 95%-Schwelle erreicht.

Aus dem Regelungszusammenhang der §§ 327a ff AktG folgt, daß das Squeeze-Out-Verfahren auf die Hauptversammlung ausgerichtet ist, in der über den Ausschluß der Minderheitsaktionäre nach ausführlicher Information (§§ 327c, 327d AktG) entschieden wird.[350] Die gesetzlichen Voraussetzungen für einen Squeeze Out müssen daher zum Zeitpunkt der Beschlußfassung vorliegen, dem Aktionär also Aktien in Höhe von 95 % des Grundkapitals gehören.[351] Demgemäß reicht nicht aus, daß er sie nur zum Zeitpunkt des Verlangens nach Einberufung der Hauptversammlung innehatte.

Es wird die Ansicht vertreten, daß die erforderliche Kapitalmehrheit auch noch bei der für den Übergang der Aktien der Minderheitsaktionäre gemäß § 327e Abs.2 AktG erforderlichen Eintragung im Handelsregister gegeben sein müsse, weil das Erfordernis einer 95%igen Beteiligung nicht allein auf den Hauptversammlungsbeschluß bezogen sei, sondern eine eigenständige Voraussetzung des Squeeze Out darstelle.[352] Die unternehmerischen Interessen der Minderheitsaktionäre würden erst mit der Eintragung in reine Vermögensinteressen überführt.[353]

In § 327e Abs.3 AktG heißt es, daß mit der Eintragung des Übertragungsbeschlusses alle Aktien der Minderheitsaktionäre auf den „Hauptaktionär" übergehen. Hauptaktionär ist nach der Legaldefinition in § 327a Abs.1 S.1 AktG ein Aktionär, dem Aktien der Gesellschaft in Höhe von 95 % des Grundkapitals gehören. Die Formulierung in § 327e Abs.3 AktG könnte daher dafür sprechen, daß das Gesetz das Fortbestehen der Stellung als „Hauptaktionär" noch zum Zeitpunkt der Eintragung voraussetzt. Zu berücksichtigen ist aber, daß bei einer derartigen Auslegung der Vorschrift im Falle einer Anfechtung des Squeeze-Out-Beschlusses und Eintritt einer Registersperre der Hauptaktionär während der oft jahrelangen Verfahren gehindert wäre, Aktien zu veräußern, wenn dadurch seine Beteiligung unter 95 % sinken würde. Sonst könnte der Hauptversammlungsbeschluß - auch bei Erfolglosigkeit der Anfechtungsklage – nicht mehr eingetragen werden mit der Folge, daß die Wirkungen des § 327e Abs.3 AktG nicht mehr eintreten können. Dies widerspricht aber der Intention des Gesetzes. Der Ausschluß von Minderheitsaktionären sollte erleichtert, ihnen aber nicht die Möglichkeit eröffnet werden, durch Anfechtungsklagen die Eintragung

---

[350] Nirk in Hdb.AG, S. 1284, Rz. 2633.
[351] Geibel/Süßmann, WpÜG, Art.7 § 327a Rn.52; König/Römer, NZG 2004, 944, 947; Hasselbach in Kölner Komm. zum UnternehmensR, § 327a AktG Rn. 38.
[352] Habersack in Emmerich/Habersack, KonzernR, § 327a Rn.18.
[353] Fuhrmann/Simon, WM 2002, 1211, 1212.

des Squeeze-Out-Beschlusses so zu verzögern, daß der Beschluß nicht mehr eingetragen werden kann, wenn der Hauptaktionär – angesichts der oft langen Verfahrensdauer, die seit langem beklagt wird - inzwischen Aktien veräußert und dadurch seine Stellung als Hauptaktionär verliert. Auch in der Gesetzesbegründung und den sonstigen Gesetzesmaterialien findet sich kein Anhaltspunkt dafür, daß der Hauptaktionär noch zur Zeit der Eintragung ins Handelsregister 95 % der Aktien innehaben muß. Daher ist davon auszugehen, daß ein Absinken der Beteiligungsquote nach dem Hauptversammlungsbeschluß unschädlich ist.[354]

5. Beschränkung der Rechte des Hauptaktionärs

a) Allgemeine Treuepflicht

Ein Aktionär könnte unter Treuepflichtgesichtspunkten gehindert sein, bei Abwägung seiner Interessen und derjenigen der übrigen Aktionäre, insbesondere bei nicht börsennotierten Gesellschaften und lange bestehenden Verbindungen der Gesellschafter, von der Ausschlußmöglichkeit nach § 327a Abs.1 AktG Gebrauch zu machen. Bei Verletzung der Treuepflicht kommt ein die Anfechtung begründender Rechtsmissbrauch in Betracht.[355]

Mit Rücksicht auf die Struktur der Aktiengesellschaft hatte die frühere Rechtsprechung insbesondere des Bundesgerichtshofs grundsätzlich das Bestehen rechtlicher Beziehungen persönlicher Art zwischen den Gesellschaftern verneint, die die Grundlage für die Ausschließung eines Aktionärs bilden könnten.[356] Demgegenüber hatte die Literatur überwiegend seit längerem – wenn auch mit unterschiedlicher Begründung, vor allem unter dem Gesichtspunkt des Minderheitenschutzes[357] und des Bestehens einer Sonderverbindung[358] - das Bestehen einer allgemeinen Treuepflicht auch zwischen den Aktionären angenommen[359] und sie sogar teilweise als gewohnheitsrechtlich etabliert bezeich-

---

[354] Hasselbach in Kölner Komm.z. UnternehmensR, § 327a Rn.38;
Sieger/Hasselbach, ZGR 2002, 120, 138/ 139; Nirk Hdb.AG I Rz. 2633.

[355] Markwardt, BB 2004, 277, 282.

[356] BGH, Urt.v.27.10-1955 – II ZR 310/53, BGHZ 18, 350, 365;
BGH, Urt.v.16.2.1976 – II ZR 61/74, JZ 1976, 561, 562;
zur Entwicklung der Rechtsprechung im einzelnen Henze in FS für Kellermann, S. 141 ff.

[357] U.a. Lutter, JZ 1976, 225, 226, 231; Lutter, JZ 1976 561, 562;
Hüffer, AktG, § 53a Rn.14; Wiedemann, JZ 1976, 392, 393 f.

[358] So u.a. Zöllner in Kölner Komm./.AktG, § 243 Rn.195; K. Schmidt, GesR, § 20 IV;
Raiser, KapGesR, § 12 Rn.40 ff; Grunewald. GesR, 2 C Rn. 37ff.

[359] Habersack in Emmerich/Habersack, KonzernR, vor § 311 Rn.5; Berding, WM 2002, 1149,1150; Lutter, JZ 1976, 562, 563; Lutter ZHR 153 (1989), 446, 471; Lutter, ZHR 162 (1998), 164, 167f; Eisenhardt, GesR, S.368 ff ; Hüffer, AktG, § 53a Rn.2; Henze, ZHR 1962 (1998), 186 ff ; Grunewald, GesR, S.298.

net.[360] Die Rechtsprechung hat sich dieser Beurteilung inzwischen weitgehend angeschlossen.[361] Der Bundesgerichtshof ist von seiner früheren Betrachtungsweise mit dem Hinweis darauf abgegangen, daß die Verneinung der Treuepflicht auf einer Überbewertung der körperschaftlichen Struktur der Aktiengesellschaft beruht habe. Das Bestehen einer Sonderverbindung der Mitglieder untereinander sowie mitgliedschaftliche Treuepflichten der Aktionäre seien auch im Verhältnis zu den Mitaktionären mit Rücksicht darauf zu bejahen, daß ein Gesellschafter die Möglichkeit habe, die gesellschaftsbezogenen Interessen der Mitgesellschafter zu beeinträchtigen. Als Gegengewicht sei eine gesellschaftsrechtliche Pflicht anzunehmen, auf diese Interessen Rücksicht zu nehmen.[362] Auszugehen ist daher davon, daß die Ausübung von Mitgliedschaftsrechten, die Interessen von Mitaktionären verletzen könnten, unter dem Vorbehalt der Vereinbarkeit mit der inzwischen allgemein anerkannten Treuepflicht steht,[363] die als Inbegriff von Verhaltensschranken zu verstehen ist.[364]

Nach der Konzeption des Gesetzes unterliegen Hauptversammlungsbeschlüsse über die Durchführung eines Squeeze Out grundsätzlich keiner materiellen Inhaltskontrolle,[365] da für ein Squeeze-Out-Verfahren außer der Erreichung des Quorums von 95% durch den Hauptaktionär keine weiteren Voraussetzungen erforderlich sind.[366] Den Minderheitsaktionären wird daher vom Gesetzgeber kein mitgliedschaftliches Interesse mehr zugestanden. Bei angemessener Abfindung der vermögensrechtlichen Interessen ist deshalb grundsätzlich kein Verstoß gegen die dem Hauptaktionär gegenüber den Minderheitsaktionären bestehende Treuepflicht anzunehmen.[367] Dies schließt es aber nicht aus, daß auf Grund besonderer Umstände im Einzelfall doch ein Treuepflichtverstoß vorliegt. Treuepflichtverstöße kommen in Betracht, wenn ein Hauptaktionär in illoyaler Weise seine Rechtsstellung erlangt, insbesondere die Squeeze-Out-Voraussetzungen in unredlicher Weise geschaffen hat (s.oben S. 70 ff.). Treuepflichtverstöße können auch bei Verletzung erhöhter Rücksichtspflichten, bei Verstößen gegen das Verbot widersprüchlichen Verhaltens[368] und Verwirkung

---

360 Lutter, ZHR 162 (1998), 164,166.

361 BGH Urt. v.20.3.1995 – II ZR 205/94, NJW 1995, 1739, -1741 (Girmes); BGH, Urt.v.22.6.1992 – II ZR 178/90, NJW 1992, 3167, 3171; BGH, Urt.v.1.2.1988 – II ZR 75/87, NJW 1988, 1579, 1581 (Linotype).

362 BGH, Urt.v.1.2.1988 – II ZR 75/87, NJW 1988, 1579, 1581, 1582; BGH, Urt.v. 20.3.1995 – II ZR 205/94, NJW 1995, 1739,1740.

363 Dreher, ZHR 157 (1993), 150, 153.

364 so auch Hüffer in FS f. Steindorff, S. 59, 74

365 Vetter, AG 2002, 176,186; Henze in :Bericht über die Diskussion, RWA-Forum, Gesellschaftsrecht 2001,353,356; Bolte, DB 2001, 2587, 2588; Krieger, BB 2002, 53, 55.

366 Kiem, RWS-Forum 20, 2001, 329, 339; Grunewald, ZIP 2002, 18, 21; Krause, NJW 2002, 705, 715 Fn.114.

367 Ebenso Hamann, S. 168

368 vgl. Grunewald, ZIP 2002, 18, 22; Fleischer, ZGR 2002, 757, 784, 785.

eines Rechtes anzunehmen sein.[369] In derartigen Fällen liegen Eingriffe in mitgliedschaftsrechtliche Rechte der übrigen Aktionäre vor, die nicht durch die vorgesehene Abfindung der vermögensrechtlichen Interessen ausgeglichen werden.[370] Hauptversammlungsbeschlüsse, die auf Treuepflichtverletzungen beruhen, können fehlerhaft[371] und damit anfechtbar[372] sein. Im einzelnen ist zu berücksichtigen:

aa) Verbot widersprüchlichen Verhaltens

Umstritten ist, ob ein Squeeze-Out-Beschluß wegen Verstoßes gegen die Treuepflicht missbräuchlich und deshalb anfechtbar sein kann, wenn der Hauptaktionär gegen das Verbot widersprüchlichen Verhaltens (venire contra factum proprium, § 242 BGB) verstoßen hat.[373] Es wird die Auffassung vertreten,[374] Aktionäre, die der Hauptaktionär etwa kurz vor der Beschlussfassung über einen Squeeze Out zum Erwerb von Aktien veranlasst hat, seien nicht schutzbedürftiger als Aktionäre, die bereits mit bis zu 5 % an der Aktiengesellschaft beteiligt gewesen seien. Bei der Prüfung, ob ein venire contra factum proprium vorliegt, darf jedoch - etwa bei der Veranlassung zum Erwerb von Aktien - nicht undifferenziert allein diese Verhaltensweise abstrakt betrachtet werden. Vielmehr sind auch die Begleitumstände des Einzelfalles zu berücksichtigen, insbesondere die Art der Herbeiführung des Erwerbs und der Umfang des dadurch hervorgerufenen Vertrauens.

Ein Hauptaktionär verstößt dann gegen Treu und Glauben, wenn er sich durch die Ausübung seines Rechts zu seinem eigenen früheren Verhalten, auf das die Minderheitsaktionäre gerade vertraut haben, in Widerspruch setzt, wenn das schutzwürdige Vertrauen auf eine bestimmte Rechtsausübung oder deren Unterlassung gerichtet ist,[375] und der andere Teil im Hinblick hierauf bestimmte Dispositionen getroffen hat.[376] Solche Verstöße können in vielfältiger Weise geschehen. So ist ein Hauptaktionär gehindert, einen Squeeze Out durchzuführen, nachdem er die Minderheitsaktionäre kurz zuvor für eine Gesellschaftsgründung gewonnen oder zur Teilnahme an einer Kapitalerhöhung veranlaßt hat,[377] wenn dadurch der Eindruck einer dauerhaften Kapitalanlage erweckt wurde, die er nun

---

[369] Fleischer, ZGR 2002, 757, 785, 786.
[370] Hamann, S. 168/169.
[371] Berding, WM 2002, 1149,1151; Hamann, S. 168; Fleischer, ZGR 2002, 757, 784, 785.
[372] Allg. zur Anfechtbarkeit von HV-beschlüssen bei Treuwidrigkeit Marsch-Barner, ZHR 157 (1993),172, 188; Lutter/Grunewald, AG 1989,109,114f.; Timm, WM 1991, 481, 486.
[373] S. hierzu Fleischer, ZGR 2002, 785.
[374] Markwardt, BB 2004, 277, 286.
[375] Fleischer, ZGR 2002, 757, 787; allg. MüKo/BGB-Roth, § 242 Rn. 324 ff; Singer, S. 256 f.
[376] Palandt-Heinrichs, BGB, § 242 Rn.56.
[377] Fleischer, ZGR 2002, 757, 785; ähnlich Grunewald, ZIP 2002, 18, 22.

kurzfristig verhindert. Durch einen Squeeze Out tritt bei den ausgeschlossenen Minderheitsaktionären nicht nur – wie bisweilen angenommen - eine Enttäuschung emotionaler Erwartungen,[378] sondern in der Regel auch ein Schaden in Gestalt von Reinvestitionskosten und möglichen Steuernachteilen ein.[379] Ein Verstoß gegen das Verbot widersprüchlichen Verhaltens bietet demnach einen Grund zur Anfechtung des Hauptversammlungsbeschlusses.

bb) Treuepflichtwidriger Zeitpunkt eines Squeeze Out

Der Zeitpunkt der Durchführung eines Squeeze-Out-Verfahrens kann für die Gesellschafter von erheblicher Bedeutung sein. Entgeht Minderheitsaktionären etwa infolge des Ausschlusses gerade zu einem bestimmten Zeitpunkt eine besondere Geschäftschance und fließt der Wertzuwachs deshalb allein dem Hauptaktionär zu, dann könnte – wenn dieser Umstand der Grund für einen Squeeze Out zum entsprechenden Zeitpunkt war – ein treupflichtwidriges Handeln vorliegen.[380]

So kommt bei übertragenden Auflösungen (§§ 179a, 262 Abs.1 Nr.2 AktG) – die bereits auf S. 38-40 im einzelnen dargestellt sind - ein Treuepflichtverstoß wegen Durchführung der Auflösung zur „Unzeit“ in Betracht, da sich ein Treuepflichtverstoß grundsätzlich auch aus der Wahl des Zeitpunktes für die Maßnahme ergeben kann.[381] Allerdings hat der BGH zur Auflösung einer Kapitalgesellschaft die Ansicht vertreten, daß eine Gesellschaft grundsätzlich unter Beendigung des Gesellschaftszweckes aufgelöst werden könne und der Mehrheitsgesellschafter auf diese Weise sein Kapital freisetzen dürfe. Der entsprechende Hauptversammlungsbeschluß könne nicht daraufhin überprüft werden, ob er sachlich gerechtfertigt sei. Ein solcher Gesellschafterbeschluß bedürfe nur der im Gesetz vorgesehenen Mehrheit, an weitergehende Voraussetzungen sei seine Wirksamkeit nicht gebunden.[382] Ein Minderheitsgesellschafter habe jedoch die Möglichkeit, einen Schaden, der ihm bei einer Auflösung „zur Unzeit“ entsteht, im Wege des Schadensersatzanspruchs geltend zu machen.[383] Nach der Gegenmeinung bedarf jede Grundlagenentscheidung - wie eine Gesellschaftsauflösung – einer Kontrolle hinsichtlich einer angemessenen Rücksichtnahme auf Minder-

[378] vgl. Stellungnahme des DAV-Handelsrechtsausschusses, NZG 1999, 850.
[379] Fleischer, ZGR 2002, 757, 786.
[380] Hamann, S. 178.
[381] Winter, S. 161; Ulmer in FS Möhring, 1975, S.295/306 f; Hamann, S. 179; Martens, GmbHR 1984, 265, 270.
[382] BGH, Urt.v.1.2.1988 – II ZR 75/87, BGHZ 103, 184, 189, 190 (Linotype).
[383] BGH, Urt.v.1.2.1988 – II ZR 75/87, BGHZ 103, 184, 189 (Linotype).

heitsinteressen,[384] so daß auch ein derartiger Beschluß sachlich gerechtfertigt sein müsse.[385]

Fraglich ist jedoch, ob derartige Erwägungen, wie sie für die übertragende Auflösung angestellt werden – gleich welchen man sich anschließt-, überhaupt auf Squeeze-Out-Verfahren angewandt werden können. Zwischen übertragender Auflösung und Squeeze Out bestehen erhebliche Unterschiede. Bei einer übertragenden Auflösung wird das Gesellschaftsvermögen nach Berichtigung der Verbindlichkeiten an die Aktionäre verteilt, so daß die Minderheitsaktionäre infolge Verteilung lediglich der Liquidationsmasse nicht an der künftigen positiven Entwicklung des vom Mehrheitsgesellschafter fortgeführten Unternehmens teilhaben.[386] In einem Squeeze-Out-Verfahren wird dagegen eine Barabfindung gewährt, die auch hinsichtlich ihrer Höhe nach § 327b Abs.1 S.1 AktG die Verhältnisse der Gesellschaft im Zeitpunkt der Beschlußfassung berücksichtigen muß, also auch zukünftige Ertragschancen,[387] wenn ihre Wurzeln vor dem Stichtag des § 327b Abs.1 S.1 AktG liegen (sog. Wurzeltheorie).[388] Daher kommt grundsätzlich ein Treuepflichtverstoß wegen Durchführung eines Squeeze-Out-Verfahrens zur Unzeit nicht in Betracht, weil der Schutz der Minderheitsaktionäre hinreichend dadurch gewährleistet ist, daß § 327b Abs.1 S.1 AktG hinsichtlich der Höhe der Barabfindung auf den Zeitpunkt der Beschlußfassung abstellt.[389]

cc) Verwirkung der Rechte des Hauptaktionärs

Auf dem Grundsatz des Verbots widersprüchlichen Verhaltens beruht auch die Verwirkung.[390] Sie ist ein Fall der unzulässigen Rechtsausübung infolge Zeitablaufs wegen widersprüchlichen Verhaltens.[391] Ein Recht ist verwirkt, wenn es vom Berechtigten längere Zeit nicht geltend gemacht worden ist und die Gegenseite sich bei einer Beurteilung nach objektiven Gesichtspunkten auf Grund des

---

384 Martens in FS f, Robert Fischer, 1979, S. 437, 445 f ; Martens, GmbHR 1984, 265, 270.

385 Wiedemann, ZGR 1980, 147, 156-158.

386 BGH, Urt.v.1.2.1988 – II ZR 75/87, BGHZ 103, 184,189 (Linotype); Hamann, S. 179.

387 So allg. für die Ermittlung von Abfindungen zu Grunde zu legenden Werten, Bilda in MüKo AktG, § 305 Rn.64 ff, 69;_Hüchting, , S.30 ff; Hamann, S.180.

388 So auch hinsichtlich der Abfindung bei Beherrschungs- und Gewinnabführungsverträgen: BGH, Beschl.v. 4.3.1998 – II ZR 5/97, BGHZ 138, 136/139f; OLG Zweibrücken, Beschl. v. 9.3.1995 – 3 W 133 u. 145/92 – St.Gobain/Grünzweig-, AG 1995, 421/422; OLG Düsseldorf, Beschl. v. 19.10.1999 – 19 W 1/96 AktE – Hoffmanns Stärkefabriken, AG 2000, 323 ; OLG Celle, Beschl.v. 31.7.1998 – 9 W 128/97, AG 1999, 128, 129; BayObLG, Beschl.v.20.3.2000 – 3 Z BR 124/99 – Aerospace, ZIP 2000, 885,886; Hüffer, AktG § 305 Rn.23;_Seetzen, WM 1994, 45, 46; Emmerich/Habersack,KonzernR,§ 305 Rn. 57.

389 Hamann, S.180.

390 Roth in MüKo /BGB,§ 242, Rn. 424; Larenz, SchuldR, Bd.I , § 10 II.

391 Palandt-Heinrichs,BGB § 242 Rn.87.

Verhaltens des Berechtigten darauf einrichten durfte und auch eingerichtet hat, daß dieser das Recht auch in Zukunft nicht geltend machen werde,[392] also das Recht illoyal verspätet ausgeübt wird.[393]

Fraglich kann sein, ob die Grundsätze der Verwirkung auch für die Durchführung von Squeeze-Out-Verfahren gelten, da der Gesetzgeber keine festen Zeitgrenzen für das Ausschlußbegehren bestimmt hat. Dies schließt – da es sich um einen alle Rechtsbereiche beherrschenden Grundsatz handelt - die Annahme der Möglichkeit einer Verwirkung bei Vorliegen der übrigen Voraussetzungen aber nicht aus.[394] Der Gesichtspunkt der Verwirkung kann im Rahmen des § 327a AktG Bedeutung erlangen, etwa wenn der Hauptaktionär nach Erreichen der 95%-Schwelle unangemessen lange Zeit verstreichen läßt, ehe er zu erkennen gibt, daß er einen Squeeze Out durchzuführen beabsichtigt. Allerdings wird z.T. die Ansicht vertreten,[395] die Annahme einer Verwirkung würde eine ungerechtfertigte Beschränkung unternehmerischen Ermessens darstellen. Die Durchführung eines Squeeze Out hänge von vielen Umständen ab, auf die der Hauptaktionär nicht immer Einfluß habe.

Im Rahmen der Beurteilung, ob eine Verwirkung anzunehmen ist, muß neben dem ungebührlich langen Zeitablauf entscheidend auf den Umfang des in Anspruch genommenen Vertrauens und die Schutzbedürftigkeit der jeweiligen Minderheitsaktionäre abgestellt werden, die im Einzelfall zu ermitteln und bei denen vielfältige Gestaltungsmöglichkeiten denkbar sind. Bei Berücksichtigung der beiderseitigen Interessen im Spannungsfeld zwischen Hauptaktionär und Minderheitsaktionären kann nicht allein auf die Belange des Hauptaktionärs abgestellt werden. Wesentlich ist, ob die Minderheitsaktionäre bei im wesentlichen unveränderter Lage darauf vertrauen durften, der Hauptaktionär werde ihren Ausschluß nicht betreiben. So kommt eine Verwirkung insbesondere bei Gesellschaften mit einem „geschlossenen Gesellschafterkreis“ vor,[396] etwa wenn ein Minderheitsaktionär, der im Rahmen einer derartigen Gesellschaft zudem wesentliche Funktionen ausübt, andere lohnende Kapitalanlagen unterläßt in der dem Hauptaktionär bekannten Erwartung, er werde stets an dieser Gesellschaft beteiligt bleiben.

---

[392] Larenz/Wolf, AT, § 16 Rn.59; Fleischer, ZGR 2002, 757, 786; BGH, Urt.v.16.6.1982 – IVb ZR 709/80, BGHZ 84, 280,281; BGH, Urt.v.20.10.1988–VII ZR, BGHZ 105,290,298.
[393] Palandt-Heinrichs, BGB, § 242 Rn.87; BGH, Urt.v. 27.6.1957 – II ZR 15/56, BGHZ 25, 47, 51, 52; BGH, Urt.v.29.2.1984 – VIII ZR 310/82, NJW 1984, 1684.
[394] Fleischer, ZGR 2002, 757, 786.
[395] Markwardt, BB 2004, 277, 286.
[396] in diesem Sinne auch Kiem, RWS-Forum 20, Gesellschaftsrecht 2001, S.329, 340; Fleischer, ZGR 2002, 757, 786.

dd) Unredlicher Erwerb der Rechtsstellung als Hauptaktionär

Hat sich ein Rechtsinhaber seine Stellung als Hauptaktionär auf unredliche Weise verschafft, dann kann die Geltendmachung eines aus dieser Position folgenden Rechts einen Verstoß gegen Treu und Glauben darstellen.[397] Ein auf einem derartigen Verstoß beruhender Squeeze-Out-Beschluß kann deshalb anfechtbar sein.[398]

Wie oben (S. 56 ff.) dargestellt, führt nicht jede gezielte Art der Herbeiführung der Squeeze-Out-Voraussetzungen zur Annahme, dass der Hauptaktionär seine Rechtsstellung auf unredliche Weise erlangt hat. Hat jedoch ein Mehrheitsaktionär die zur Durchführung eines Squeeze Out erforderliche Schwelle von 95 % der Aktien z.B. durch eine Kapitalerhöhung mit Bezugsrechts-ausschluß unter Nennung unzutreffender materieller Voraussetzungen erreicht und war dabei in Wirklichkeit einziger Zweck, anschließend ein Squeeze-Out-Verfahren durchzuführen, dann lag – wie oben (S. 57-59) ausgeführt – kein hinreichender Grund für die Kapitalerhöhung vor. Ist der Kapitalerhöhungsbeschluß aber nicht angefochten worden, weil den übrigen Aktionären die alleinige Zielsetzung der Kapitalerhöhung – dem Mehrheitsaktionär die Erreichung der 95%-Schwelle zum Zwecke der anschließenden Durchführung eines Squeeze Out zu erreichen - zuvor nicht bekannt war, ist dieser Beschluß also wirksam und der frühere Mehrheitsaktionär nunmehr Hauptaktionär i.S. des § 327a Abs.1 AktG, dann fragt sich, ob er infolge Erfüllung der formalen Voraussetzungen nunmehr erfolgreich ein Squeeze-Out-Verfahren durchführen kann. Das gleiche Problem stellt sich, wenn auf sonstige Weise die Voraussetzungen für einen Squeeze Out in rechtsmissbräuchlicher Weise geschaffen wurden – etwa durch Übertragung von Aktien auf einen Treuhänder, eine Holdinggesellschaft oder eine GbR –, dabei aber von vornherein geplant war, diese Voraussetzungen nur vorübergehend bis zur Durchführung des Squeeze Out herbeizuführen, sie danach alsbald rückgängig zu machen und die Aktien auf den Treugeber oder die einzelnen Mitglieder einer GbR zurückzuübertragen (s. oben S. 63 ff.). Die Ausnutzung einer auf rechtsmissbräuchliche Weise erlangten formalen Stellung als Hauptaktionär stellt einen Treuepflichtverstoß gegenüber den Minderheitsaktionären dar. Für ausgeschlossene Minderheitsaktionäre besteht daher die Möglichkeit der Anfechtung des Squeeze-Out-Beschlusses wegen treuwidrigen Verhaltens des Hauptaktionärs.[399]

Allerdings dürfte es für Minderheitsaktionäre in der Regel außerordentlich schwierig sein, nachzuweisen, daß die Maßnahme, auf Grund derer der Hauptaktionär die 95 %-Schwelle erreicht hat, von vornherein nur als vorübergehende

---

[397] vgl. BGH, Urt.v. 29.5.1954 – II ZR 223/3, BGHZ 13, 346, 348.
[398] So im Ergebnis auch Grunewald,ZIP 2002,18,22; Gesmann-Nuissl, WM 2002,1205,1210f.
[399] Grunewald, ZIP 2002, 18, 20; Fleischer, ZGR 2002, 757, 785.

geplant und die Rückgängigmachung nach Durchführung des Squeeze Out schon von Anfang an vorgesehen war. Die Erfahrung des Lebens begründet jedoch häufig die hohe Wahrscheinlichkeit eines gewissen Ablaufs, also einen Erfahrungssatz, d.h. eine Vermutung für einen bestimmten Geschehensablauf.[400] Bei einem engen zeitlichen Zusammenhang, z.B. zwischen Formwechsel und Squeeze Out, besteht daher eine Vermutung dafür, daß der Formwechsel der Vorbereitung des Squeeze Out diente. Auch daß sonstige Maßnahmen, die einem Aktionär die Stellung eines Hauptaktionärs verschafft hatten, kurz nach Durchführung eines Squeeze Out rückgängig gemacht werden, etwa durch Rückgabe von Aktien durch den Treuhänder an den Treugeber, dürfte in der Regel den Schluß zulassen, daß dies von vornherein geplant war. Deshalb sind zugunsten der betroffenen Minderheitsaktionäre insoweit Erleichterungen in der Darlegungs- und Beweislast anzunehmen.[401]

b) Besondere Treuepflichten

aa) Familiengesellschaften

Im Rahmen der Erörterungen im Vorfeld der Einführung der Squeeze-Out-Regelung wurde eine Beschränkung der Ausschließungsmöglichkeit unter dem Gesichtspunkt der Treuepflicht innerhalb nichtbörsennotierter Gesellschaften, insbesondere bei sog. Familiengesellschaften, gefordert.[402] Eine solche Einschränkung enthält die sodann Gesetz gewordene Regelung der §§ 327a ff AktG jedoch nicht. Es fragt sich gleichwohl, ob bei sog. Familiengesellschaften, deren Gesellschafterkreis - oft in Form von Familienstämmen - über lange Zeit unverändert bleibt, besondere Treuepflichten bestehen. Allein das Bestehen familiärer oder sonstiger persönlicher Beziehungen, die zu einvernehmlichem Verhalten, aber auch zu Spannungen führen können, begründet in der Regel keine erhöhten Treuepflichten, die der Durchführung eines Squeeze Out entgegenständen.[403] Besondere Umstände des Einzelfalls können jedoch die Annahme einer erhöhten Treuepflicht rechtfertigen, die einen Hauptaktionär an der Durchführung eines Squeeze Out hindern,[404] so z.B. die jahrelange einvernehmliche Beteiligung eines Minderheitsaktionärs an der Geschäftsführung eines „Familienunternehmens."

---

[400] Baumbach/Lauterbach, ZPO - Hartmann, Anh. § 286 Rn.14.

[401] So auch Krieger, BB 2002, 52, 62; Fleischer, ZGR 2002, 757, 787.

[402] Habersack, ZIP 2001, 1230, 1235.

[403] So auch Gesmann-Nuissl,WM 2002, 1205, 1206; Hamann, S.185; Grunewald, ZIP 2002, 18,22.

[404] Hamann, S.185.

bb) Lange Gesellschaftszugehörigkeit

Denkbar ist, daß sich auf Grund langjähriger Gesellschaftszugehörigkeit, insbesondere bei nicht börsennotierten Gesellschaften, eine gesteigerte Treuepflicht entwickelt, die die Durchführung eines Squeeze-Out-Verfahrens als treuwidrig erscheinen läßt. Mit der Einführung der Möglichkeit eines Squeeze Out ist jedoch die Voraussetzung dafür geschaffen worden, Minderheitsaktionäre ohne jede weitere sachliche Rechtfertigung auszuschließen, sofern der Hauptaktionär die formale Schwelle von 95 % des Grundkapitals erreicht hat. Der Gesetzgeber hat das Squeeze-Out-Verfahren trotz der im Vorfeld geführten Diskussion[405] in gleichem Maße für börsennotierte und nicht börsennotierte Aktiengesellschaften eingeführt, so daß grundsätzlich hinsichtlich der Treuepflicht keine Differenzierung zwischen beiden Arten von Gesellschaften vorgenommen werden kann. Da eine lange Verbindung der Gesellschafter bei nicht börsennotierten Gesellschaften eher die Regel als die Ausnahme ist, kann grundsätzlich die Möglichkeit eines Squeeze Out nicht allein wegen langer Gesellschaftszugehörigkeit von Minderheitsaktionären eingeschränkt werden. Eine Einschränkung kommt nur dann in Betracht, wenn darüber hinausgehende besondere Umstände vorliegen,[406] auf Grund derer die Minderheitsaktionäre damit rechnen konnten, langfristig Gesellschafter zu bleiben. Das kann etwa der Fall sein, wenn der Hauptaktionär sie unter Hinweis auf die erwartete weitere langfristige Beteiligung veranlaßt hat, ihre Aktien in Zeiten besonders hoher Börsenkurse nicht an andere zu veräußern.

cc) Mitarbeiterbeteiligungen

Bei Mitarbeiterbeteiligungsprogrammen stellt sich die Frage, ob ein Squeeze Out im Falle von Mitarbeiterbeteiligungen durch Aktien oder Aktienoptionen treuwidrig wäre mit der Folge, daß der Hauptaktionär gehindert sein könnte, von seinen Rechten gemäß §§ 327a ff AktG Gebrauch zu machen.

Die Einführung von Mitarbeiterbeteiligungsprogrammen war in den letzten Jahren – vor den inzwischen eingetretenen Börsenturbulenzen - verstärkt worden, wobei in der Öffentlichkeit besonders die Aktienoptionsprogramme von SAP, Daimler Benz, Deutscher Bank und Volkswagen bekannt geworden sind.[407] Die Ausgabe von sog. Belegschaftsaktien und Aktienoptionen soll einen finanziellen Anreiz bieten, um das Engagement und die Identifikation aller Mitarbeiter mit dem Unternehmen zu verstärken.[408] Insbesondere Aktienoptionen sollen eine

---

[405] z.B.Habersack, ZIP 2001, 1230, 1235; Drygala, AG 2001, 291, 297, 298.
[406] So auch Krieger, BB 2002, 53, 55.
[407] Kohler, ZHR 161 (1997), 246, 250 f.
[408] Schuster, PersF 1988, 606, 608.

stärkere Motivation des Vorstandes und des Managements[409] für das Konzept des Shareholder Value,[410] also eine Steigerung des Unternehmenswertes und damit auch der Aktienkurse, bewirken. Für die Kapitalgesellschaft besteht dabei der Vorteil u.a. darin, daß sie für diese Vergütungskomponente keine Barmittel aufwenden muß.

Die in der Vergangenheit gestiegene Bedeutung der Mitarbeiterbeteiligungsprogramme in der Bundesrepublik Deutschland zeigt sich z.B. darin, daß im Jahre 1987 1.070.000 Mitarbeiter an ihren Unternehmen beteiligt waren, davon fast 900.000 mit Aktien,[411] - bei der Siemens AG sogar über 100.000[412] und damit 65 % der damaligen Belegschaft.[413] Im Jahre 1996 hielten – ohne Telekom – bereits 1.600.000 Belegschaftsaktionäre Aktienkapital von ca. 14 Mrd. DM; hinzu kamen allein beim Börsengang der Telekom im November 1996 rund 156.000 Belegschaftsaktionäre mit ca. 760.000.000 DM Kapitalbeteiligung.[414] Durch derartige Beteiligungen könnte für den Hauptaktionär gegenüber den Belegschaftsmitgliedern eine höhere Treuepflicht als gegenüber anderen bloß kapitalmäßig interessierten nicht der Belegschaft angehörenden Minderheitsaktionären bestehen. Eine erhöhte Treuepflicht könnte ferner aus dem Arbeitsverhältnis infolge gesteigerter Fürsorgepflichten folgen.

War der Hauptaktionär an der Kapitalbeschaffung für Mitarbeiteraktien überhaupt nicht beteiligt, z.B. wenn er seine Anteile erst nach Ausgabe der Mitarbeiteraktien erworben hat, so scheidet bereits deshalb die Annahme einer gesteigerten Treuepflicht aus.[415] Was die arbeitsrechtliche Fürsorgepflicht anbelangt, die der Durchführung eines Squeeze-Out-Verfahrens bei solchen Minderheitsaktionären entgegenstehen könnte, die ihre Aktien im Rahmen von Mitarbeiterbeteiligungsprogrammen erworben haben, ist zu berücksichtigen, daß das Arbeitsverhältnis nicht zum den Squeeze Out betreibenden Hauptaktionär, sondern zu der Gesellschaft besteht.[416] Ihr und nicht dem Hauptaktionär obliegt daher die Fürsorgepflicht.[417] Allein wegen des Mitarbeiterverhältnisses eines Minderheitsaktionärs zur Gesellschaft und der darauf beruhenden Fürsorgepflicht hat der Hauptaktionär somit keine im Vergleich zu den übrigen Minderheitsaktionären erhöhte Treuepflicht.[418] Nicht zu verkennen ist auch, daß bei Belegschaftsaktionären, die ihre Aktien im Rahmen von Mitarbeiterbeteiligungsprogrammen er-

---

409 Hüffer, ZHR 161 (1997), 214, 216.
410 Menichetti, DB 1996, 1688 f.; Schilling, BB 1997, 373, 375; Schneider, ZIP 1996, 1769.
411 Fischer, 13.DStbT, 89, 93.
412 Gamillscheg, ArbR, S.213.
413 Rabe von Pappenheim, PersF 1987, 521f.
414 Kohler, ZHR 161 (1997) 246.
415 Hamann, S. 187, Fn, 86.
416 Vgl.allg. Schaub, ArbeitR Hdb, S.135, Rn.2; Hamann, S. 187.
417 Schaub, ArbeitR Hdb, S.1152 Rn. 4.
418 Hamann, S. 187.

worben haben, in aller Regel der finanzielle Anreiz deutlich im Vordergrund steht. Da aber bei einem Squeeze Out ein angemessener finanzieller Ausgleich geschaffen wird, liegt grundsätzlich bei Durchführung eines Squeeze Out auch gegenüber Belegschaftsaktionären schon deshalb kein Treuepflichtverstoß vor.

Bei Aktienoptionen, die im Rahmen einer bedingten Kapitalerhöhung nach § 192 Abs.2 Nr.3 AktG Arbeitnehmern oder Mitgliedern der Geschäftsführung gewährt worden sind, kommt eine Erhöhung der emotionalen Bindung der Belegschaftsmitglieder an die Gesellschaft in Betracht. Solange die Optionen jedoch nicht ausgeübt sind und bisweilen ganz offen ist, ob sie überhaupt jemals ausgeübt werden, kann keine einem Squeeze Out entgegenstehende Treuepflicht des Hauptaktionärs angenommen werden,[419] weil noch nicht einmal mitgliedschaftliche Rechte begründet wurden. Insoweit steht - insbesondere bei „virtual stocks" – der Gesichtspunkt der Vergütung und damit der finanzielle Aspekt im Vordergrund, da es den Belegschaftsmitgliedern in erster Linie nicht um eine mitgliedschaftliche Beteiligung, sondern um eine Steigerung des Vermögenswertes geht. Hinsichtlich dieses Wertes wird jedoch bei Durchführung eines Squeeze Out – soweit die Optionen nicht ohnehin bestehen bleiben (s. dazu S. 86-91) - ein voller Ausgleich durch einen Barabfindungsanspruch gewährt.[420]

Eine erhöhte Treuepflicht kann aber im Einzelfall bei Vorliegen weiterer besonderer Umstände in Betracht kommen, so wenn der Hauptaktionär das zur Begebung der Mitarbeiteraktien erforderliche Kapital gerade durch sein Abstimmungsverhalten in der Hauptversammlung mitgeschaffen, er auf die Mitarbeiter entsprechend eingewirkt und ihm die erhöhte Motivation und Identifikation der Mitarbeiter mit dem Unternehmen durch Einführung eines Mitarbeiterbeteiligungsprogrammes zumindest mittelbar zum Vorteil gereicht hat.

II. Minderheitsaktionäre

Ebenso wie sich die Frage, wer als Hauptaktionär zu qualifizieren ist, nicht für alle Fallgestaltungen ohne weiteres an Hand des Gesetzestextes klar beantworten läßt, sondern dabei die oben (S. 56 ff.) genannten Rechtsprobleme zu Tage treten, ergeben sich auch bei der Feststellung, wer als Minderheitsaktionär i.S. des § 327a Abs.1 S.1 AktG anzusehen ist, bei mehreren Fallgestaltungen Probleme. So fragt sich, ob Aktionäre, deren Beteiligungen dem Hauptaktionär zugerechnet werden (§§ 327a Abs.2, 16 Abs.2 AktG), als Minderheitsaktionäre anzusehen sind.

---

[419] Hamann, S.199.
[420] Hamann, S.199.

Nach dem Wortlaut des § 327a Abs.1 S.1 AktG sind alle Aktionäre außer dem Hauptaktionär Minderheitsaktionäre, da es dort heißt, daß die Hauptversammlung einer Aktiengesellschaft auf Verlangen des Hauptaktionärs die Übertragung der Aktien „der übrigen Aktionäre (Minderheitsaktionäre)" beschließen kann. Fraglich ist, ob dies nach dem Sinn des Gesetzes auch für solche Aktionäre gilt, die dem Hauptaktionär gemäß § 327a Abs.2 AktG i.V. m. § 16 Abs.4 AktG diese Stellung vermitteln.[421] Müßte der Hauptaktionär auch Aktionäre abfinden, deren Beteiligungen ihm nach § 16 Abs.4 AktG zugerechnet werden, dann würde dies oft höhere Kosten verursachen als das z.B. im Anwendungsbereich der Eingliederung notwendige „Umhängen von Beteiligungen," das durch § 327a Abs.2 AktG gerade vermieden werden soll.[422] Hinzu kommt, daß sonst bisweilen deutlich mehr als 5 % abgefunden werden müßten, was nicht dem Sinn des Gesetzes entsprechen würde. In der Gesetzesbegründung zu § 327a Abs.2 AktG heißt es demgemäß auch, aus der vorgesehenen Zurechnung ergebe sich, daß Aktionäre, deren Aktien dem Hauptaktionär zugerechnet werden, schon begrifflich nicht Minderheitsaktionäre i.S. des Absatzes 1 seien.[423] Deshalb ist von einer mißverständlichen Formulierung der gesetzlichen Regelung auszugehen, weil Aktionäre, deren Aktien dem Hauptaktionär nach § 16 Abs.4 AktG „zugerechnet" werden, nicht als Minderheitsaktionäre anzusehen sind.[424] Da sich ein Squeeze-Out-Verfahren nur gegen außenstehende Aktionäre richten kann, betrifft ein derartiges Verfahren sie nicht.[425]

Ebenfalls nicht ausdrücklich gesetzlich geregelt ist, ob eine Gesellschaft, die eigene Aktien hält und deren Hauptaktionär ein Squeeze-Out-Verfahren durchführen will, als Minderheitsaktionär anzusehen ist. Dies hätte u.a. für die Berechnung der Höhe der Barabfindung sowie der Gewährleistung der Zahlung durch ein Kreditinstitut gemäß § 327b Abs.3 AktG Bedeutung. Der Handelsrechtsausschuß des Deutschen Anwaltvereins hatte eine Regelung vorgeschlagen, nach der eigene Aktien der Gesellschaft nicht auf den Hauptaktionär übergehen sollten.[426] In der Begründung des Entwurfs zu § 327e Abs.3 AktG wird jedoch allgemein - ohne konkret auf das Problem einzugehen - ausgeführt, daß mit der Eintragung die Mitgliedschaftsrechte der Minderheitsaktionäre kraft Gesetzes auf den Hauptaktionär übergehen.[427] In der Annahme, „Minderheitsaktionäre" bedeute im Gegensatz zum Hauptaktionär die „übrigen Aktionäre," wird teilweise die Auffassung vertreten, die eigenen Aktien der Gesellschaft gingen auf den Hauptaktionär über, weil die Gesellschaft als „Minderheitsaktionär" an-

---

[421] verneinend Sieger/Hasselbach, ZGR 2002, 120, 135.
[422] Sieger/Hasselbach, ZGR 2002, 120, 136.
[423] BT-Drs. 14/7034, S. 72.
[424] Sieger/Hasselbach, ZGR 2002, 120, 136
[425] Gesman-Nuissl, WM 2002, 1205, 1206; Krieger, BB 2002, 53, 55; Begr.RegE, BR-Drucks. 574/01, S.183.
[426] Vgl. Vorschlag d. DAV z. § 327d Abs.3 S.1 AktG, NZG 1999, 850, 852.
[427] RegBegr BT-Drucks.14/7034, S.73.

zusehen sei.[428] Außerdem wird argumentiert, da nach der Gesetzesbegründung[429] „wie bei der Mehrheitseingliederung die Mitgliedschaftsrechte auf den Hauptaktionär" übergingen, sei die Rechtslage derjenigen bei der Mehrheitseingliederung ähnlich.[430] Im übrigen sei es sinnvoll, daß der bisherige Hauptaktionär zum Alleinaktionär werde.[431]

Das Verfahren des Squeeze Out weist zwar Ähnlichkeiten mit der Mehrheitseingliederung auf, doch können die dafür maßgebenden Gesichtspunkte nicht ohne weiteres bei dem neuen Rechtsinstitut des Squeeze Out angewandt werden. So gehen z.B. nach § 320a S.1 AktG bei der Eingliederung alle Aktien, die sich nicht in der Hand der Hauptgesellschaft befinden, auf diese über. Die Eingliederung endet gemäß § 327 Abs.1 Nr.3 AktG, wenn sie nicht mehr alle Aktien hält. Eine derartige Regelung ist für das Squeeze-Out-Verfahren nicht getroffen worden. Dies steht einem undifferenzierten Vergleich hinsichtlich des Überganges eigener Aktien der Gesellschaft gemäß § 320a AktG entgegen.

Bereits Aufbau und Sinn des Gesetzes lassen nicht den Schluß zu, daß eine Gesellschaft, die eigene Aktien hält, als Minderheitsaktionärin anzusehen ist[432] mit der Folge, daß diese Aktien im Falle eines Squeeze Out auf den Hauptaktionär übergehen. Darüber hinaus sprechen gegen die Annahme des Übergangs eigener Aktien der Gesellschaft auch wirtschaftliche Gesichtspunkte, die gerade für die Neuregelung von Bedeutung waren. So müßte im Falle des Überganges solcher Aktien auch diese Aktionärin „abgefunden" werden, was wirtschaftlich wenig sinnvoll wäre, zumal die Höhe der Abfindung bei einem – von anderen Aktionären betriebenen – Spruchverfahren jahrelang umstritten sein könnte. Nicht außer Acht zu lassen ist ferner, daß der Hauptaktionär ggf. auch noch eine – möglicherweise umfangreiche - Gewährleistung durch ein Kreditinstitut für die – wirtschaftlich wenig sinnvolle – Verpflichtung zur Zahlung der Barabfindung gemäß § 327b Abs.3 AktG beibringen müßte.

B. Auswirkungen des Squeeze-Out-Beschlusses auf Umwandlungsansprüche

Ungeklärt ist die – gesetzlich nicht ausdrücklich geregelte- Auswirkung eines Squeeze Out auf Wandelschuldverschreibungen und Optionsrechte hinsichtlich ihres Fortbestandes oder einer Umwandlung in Barabfindungsansprüche.[433]

---

[428] Hüffer, AktG, § 327b Rn.2; Habersack, ZIP 2001, 1230, 1236; Geibel/Süßmann, WpÜG, Art.7 § 327e Rn.24.
[429] RegBegr BT-Drucks.14/7034, S.73.
[430] Fleischer, ZGR 2002, 757, 775; Habersack, ZIP 2001, 1230, 1236.
[431] Hüffer, AktG, 5. Aufl., § 327b Rn.2.
[432] So auch:Hasselbach in Kölner Komm.z.UnternehmensR,§ 327a Rn.30-32.
[433] Krieger, BB 2002, 53, 61; Ph.Baums, WM 2001,1843, 1847 ff.

Bei Wandelschuldverschreibungen gemäß § 221 Abs.1 S.1 AktG handelt es sich um Schuldverschreibungen, durch die den Gläubigern ein Umtausch- oder Bezugsrecht auf Aktien eingeräumt wird. Bei ihnen und sonstigen noch nicht ausgeübten Optionsrechten stellt sich im Falle eines Squeeze Out die – auch für die Praxis bedeutsame - Frage, ob derartige Rechte unverändert bestehen bleiben[434] oder sich in einen Barabfindungsanspruch gegen den Hauptaktionär umwandeln.[435] Dabei kann fraglich sein, ob dies für alle Bezugsrechte gilt oder Differenzierungen hinsichtlich des Umfangs der Bezugsrechte zu machen sind. Die Meinungen im Schrifttum zu diesem Problem sind geteilt.

Es wird die Auffassung vertreten,[436] ein Squeeze Out wirke sich nicht auf Bezugsrechte aus. Würden die Bezugsrechte nach dem Minderheitenausschluß ausgeübt, so habe die Gesellschaft sie zu bedienen. Die Inhaber solcher Rechte seien im übrigen weder am Ausschlußverfahren beteiligt, noch könnten sie ein Spruchverfahren betreiben, so daß es unangemessen wäre, ihre Rechte untergehen zu lassen und durch einen nicht überprüfbaren Anspruch auf Barabfindung zu ersetzen.

Nach der Gegenmeinung[437] entstünde ein erhebliches Störpotential, wenn Inhaber von Wertpapieren diese auch nach Durchführung des Squeeze Out noch in Aktien umtauschen könnten. Es sei mit dem vom Gesetzgeber durch die Einführung der Möglichkeit eines Squeeze Out verfolgten Ziel, dem Hauptaktionär die Stellung eines Alleinaktionärs der Gesellschaft zu verschaffen, kaum vereinbar, wenn dieser infolge der Ausübung von Options- und Wandlungsrechten gezwungen wäre, ggf. sogar mehrfach einen erneuten Ausschluß von Minderheitsaktionären durchzuführen. Ferner sei zu berücksichtigen, daß die Inhaber solcher Rechte regelmäßig kein anerkennenswertes Interesse am Erwerb von Aktien einer Gesellschaft hätten, die sie bei einem erneuten Squeeze Out sofort wieder verlieren würden. Deshalb sei § 327a Abs.1 AktG auf den Ausschluß der Inhaber von Options- und Wandlungsrechten entsprechend anzuwenden und es dem Hauptaktionär zu ermöglichen, deren Rechte gegen Zahlung einer angemessenen baren Entschädigung entweder selbst zu erwerben oder zum Erlöschen zu bringen, wobei sich die Bezugsrechte, falls kein ausdrücklicher Beschluß gefaßt werde, kraft Gesetzes in einen Zahlungsanspruch gegen den Hauptaktionär umwandelten.

---

[434] So Schüppen, WPg 2001, 958, 975f; Ph.Baums, WM 2001, 1843, 1849.

[435] Krieger, BB 2002, 53, 61; Ehricke/Roth, DStR 2001, 1120, 1122; Fleischer, ZGR 2002, 757, 776; Stellungnahme des Handelsrechtsausschusses d. DAV v.April 2001, NZG 2001, 420, 431; Grzimek in Geibel/Süßmann, WpÜG, Art.7 § 327e Rn.31/32.

[436] So z.B. Steinmeyer/Häger, WpÜG, § 327e AktG rn.33 m.w.N; Ph. Baums, WM 2001, 1843, 1847 ff.

[437] So z.B. Hasselbach in Kölner Komm.z.UnternehmensR, § 327e Rn.21 f m.w.N.; Wilsing/Kruse, ZIP 2002, 1465 ff.; Nirk, Hdb.AG I Rz.2672; Quandt, S. 139ff; Schlitt/Seiler/Singhof, AG 2003,254, 268 jedenfalls für Wandelschuldverschreibungen .

Nach einer weiteren Ansicht[438] dürfen sich Options- und Wandlungsrechte grundsätzlich nicht mehr gegen die Gesellschaft richten, weil sonst die bedingt Berechtigten besser stünden als die Aktionäre und ggf. auch ein erneutes Squeeze-Out-Verfahren erforderlich würde. Entsprechend der Rechtslage bei der Eingliederung sei davon auszugehen, daß derartige Rechte nunmehr gegen den Hauptaktionär in Form eines Barabfindungsanspruchs fortbeständen, allerdings nur soweit Bezugsrechte auf Aktien maximal in Höhe von 5 % des Grundkapitals bestehen.

Das Schicksal von Wandlungs- und Aktienoptionsrechten ist gesetzlich nicht geregelt, obwohl hinsichtlich dieser Rechte ein Regelungsbedarf besteht. Aus den veröffentlichen Gesetzgebungsmaterialien ergibt sich kein Hinweis darauf, daß der Gesetzgeber bewußt die Wirkungen des § 327e AktG – den Übergang der Aktienrechte der Minderheitsaktionäre auf den Hauptaktionär mit der Eintragung des Übertragungsbeschlusses in das Handelsregister – ausschließlich auf die Aktienrechte im eigentlichen Sinne beschränken, nicht jedoch auch auf Wandlungs- und Aktienoptionsrechte erstrecken wollte.

Ebenso kann nicht angenommen werden, daß die Durchführung eines Squeeze Out – trotz des Schweigens des Gesetzes – auf den Bestand von Wandlungs- und Optionsrechten mit Rücksicht auf die Zielsetzung der §§ 327a ff AktG - die es einem Hauptaktionär ermöglichen sollen, Alleinaktionär zu werden - ohne jeden Einfluß sein sollte. Das Ziel, Alleinaktionär zu werden, würde jedoch im Ergebnis nicht erreicht, wenn es die Inhaber von Bezugs- und Optionsrechten in der Hand hätten, nach Durchführung eines Squeeze Out durch Ausübung ihrer Rechte Minderheitsaktionäre zu werden. Denn dies hätte die Folge, daß das bereits durchgeführte Squeeze-Out-Verfahren, soweit es die Stellung des inzwischen zum Alleinaktionär gewordenen Hauptaktionärs betrifft, im Ergebnis seine Wirkung verlöre. Wenn nunmehr wieder mehrere Aktionäre vorhanden wären, ergäben sich die gleichen Schwierigkeiten wie zuvor – etwa wegen erhöhter Kosten infolge hohen Formalaufwands oder des Auftretens sog. „räuberischer Aktionäre." Deshalb ist von einer planwidrigen Regelungslücke auszugehen.[439]

Wegen der Ähnlichkeit des Squeeze-Out-Verfahrens mit der Mehrheitseingliederung nach § 320 AktG kommt eine Lösung wie bei diesem Rechtsinstitut in Betracht. Die Hauptversammlung einer Aktiengesellschaft kann die Eingliederung der Gesellschaft in eine andere Aktiengesellschaft beschließen, wenn sich alle Aktien in der Hand der zukünftigen Hauptgesellschaft befinden (§ 319 Abs.1 AktG) oder Aktien, auf die wenigstens 95 % des Grundkapitals entfallen (§ 320 Abs.1 AktG).

---

[438] Habersack in Emmerich/Habersack, KonzernR, § 327 b Rn.7.
[439] So auch Wilsing/Kruse, ZIP 2002, 1465, 1468.

Bei einer Mehrheitseingliederung gehen alle Aktien, die sich nicht in der Hand der Hauptgesellschaft befinden, auf diese über (§§ 320 Abs.1, 320a AktG). Die Aktionäre, die ihre Mitgliedschaftsrechte verlieren, sind durch eine angemessene Abfindung zu entschädigen (§ 320b Abs.1 AktG). Die Eingliederung soll jedoch nicht daran scheitern, daß sich noch eine kleine Minderheit von Aktien in den Händen bekannter oder unbekannter Aktionäre befindet. Die Wirkung einer Eingliederung auf Optionsrechte, die von der später eingegliederten Gesellschaft begründet wurden, ist aber ebenfalls nicht gesetzlich geregelt.

Insoweit wurde zunächst die Auffassung vertreten,[440] daß eine Eingliederung Bezugsrechte nicht betreffe, so daß der Erwerb von Aktien durch Bezugsberechtigte nach § 327 Abs.1 Nr.3 AktG zum Ende der Eingliederung führe. Eine derartige Lösung würde jedoch ein vom Gesetzeszweck nicht vorgesehenes Ergebnis haben, eine sichere Eingliederung bis zum Ablauf der Wandlungs- und Optionsfristen praktisch undurchführbar machen und wäre im übrigen für die Aktionäre nicht zumutbar.[441] Es ist auch kein hinreichender Grund ersichtlich, warum Inhaber von Rechten, die nur einen Anspruch auf den zukünftigen Erwerb der Aktionärsstellung gewähren, größeren Bestandsschutz genießen sollten als die aus der Gesellschaft ausscheidenden Aktionäre, die bereits Mitgliedschaftsrechte innehatten, diese Rechte aber verlieren.[442]

Nach nunmehr überwiegender Meinung wird wegen der vergleichbaren Interessenlage im Falle der Begebung von Optionsrechten, die sich auf nicht mehr als 5 % des Grundkapitals beziehen, das Modell der Mehrheitseingliederung unter angemessener Abfindung der Minderheitsaktionäre entsprechend angewandt.[443] Daher gehen bei der Mehrheitseingliederung jedenfalls die Ansprüche derjenigen Inhaber von Umtausch- und Bezugsrechten, die sich auf nicht mehr als 5 % des Grundkapitals der Gesellschaft beziehen, gegen die eingegliederte Gesellschaft unter; sie werden analog §§ 320a, 320b AktG durch entsprechende Rechte gegen die Hauptgesellschaft ersetzt.[444] Die Bezugsberechtigten erhalten analog § 320b Abs.1 S,1 AktG einen Anspruch auf angemessene Abfindung gegen die Hauptgesellschaft.[445]

---

[440] Großkomm.AktG- Würdinger, § 320 Anm.25 zur Wandelschuldverschreibung; Geßler/Hefermehl-Semler, AktG, § 327 Rn.9.

[441] so auch Martens, AG 1992, 209, 210 f.

[442] BGH, Urt. v. 2.2.1998 – II ZR 117/97, WM 1998, 654, 655; Noack, EWiR § 320b AktG 1/98, 483,484.

[443] BGH, Urt.v.9.2.1998 – II ZR 374/96, WM 1998, 654, 656

[444] Habersack in Emmerich/Habersack, KonzernR, § 320b Rn.8; Martens AG 1992,209,211ff; BGH, Urt.v.2.2.1998–II ZR 117/97, NJW 1998, 2146; a.A. OLG Hamm, AG 1994, 376 f.

[445] BGH, Urt.v.2.2.1998 – II ZR 117/97, WM 1998, 654, 655; Noack, EWiR § 320b AktG 1/98, S. 483,484; Krieger in Münchener Hdb GesR, Bd.IV, § 63 Rn.21; Hamann, S.190; Hüffer, AktG, § 320b Rn.4 (§ 23, 36 Abs.1 UmwG analog).

Dieses Ergebnis berücksichtigt hinreichend die wirtschaftlichen Belange der Inhaber von Options- und Wandlungsrechten, da nach durchgeführter Eingliederung für Aktien der eingegliederten Gesellschaft kein Markt mehr besteht, weil die Hauptgesellschaft Alleinaktionärin der eingegliederten Gesellschaft ist.[446] Im übrigen entspricht die Umwandlung solcher Rechte in Ansprüche auf Umtausch gegen die Hauptgesellschaft auch deshalb den Interessen jedenfalls derjenigen Bezugsrechtsinhaber, deren Rechte sich auf nicht mehr als 5 % des Grundkapitals beziehen, weil bei Ausübung der Rechte und Bezug von Aktien der eingegliederten Gesellschaft die Eingliederung gemäß § 327 Abs.1 Nr.4 AktG zwar sofort enden würde, aber sogleich wieder durchgeführt werden könnte.[447]

Die Situation bei Durchführung eines Squeeze-Out-Verfahrens ist derjenigen bei einer Mehrheitseingliederung vergleichbar, so hinsichtlich der Höhe der Schwelle von 95 %, des Übergangs der Aktien und der Lage der Inhaber von Wandelschuldverschreibungen und Optionsrechten. Der Gesetzgeber ermöglicht es im Interesse der Stärkung der unternehmerischen Entfaltungsmöglichkeiten nur einem Hauptaktionär, der Aktien in Höhe von mindestens 95 % des Grundkapitals hält, ein Squeeze-Out-Verfahren durchzuführen. Es wäre daher ebenso wie bei der Mehrheitseingliederung nicht sachgerecht, Bezugsrechte bis zur Höhe von 5 % bestehen zu lassen, weil bei deren Ausübung sogleich ein neues Squeeze-Out-Verfahren durchgeführt werden könnte. Daher ist - in vergleichbarer Weise wie bei der Mehrheitseingliederung – jedoch in Analogie zur Regelung in §§ 327a Abs.1 S.1, 327e Abs.3 AktG davon auszugehen, daß sich solche Rechte aus Wandelschuldverschreibungen und Optionsrechte, die bis zu 5% des Grundkapitals betreffen, in Barabfindungsansprüche umwandeln.[448]

Während die Umwandlung von Bezugsrechten, die sich auf bis zu 5 % des Grundkapitals beziehen, in Barabfindungsansprüche sachgerecht ist, erscheint das rechtliche Schicksal von Bezugsrechten, die sich auf über 5 % des Grundkapitals beziehen, zweifelhaft. In die Erwägungen einzubeziehen ist insoweit, daß eine Grundkapitalbeteiligung anderer Aktionäre von mehr als 5% der Durchführung eines Squeeze-Out-Verfahrens entgegengestanden hätte. Allerdings ist nicht immer sicher, daß die Rechte aus Wandelschuldverschreibungen und Optionsrechte später auch in einem derartigen Umfang ausgeübt werden.[449] Insbesondere bei Aktienoptionen, die häufig jahrelang laufen, ist nicht vorhersehbar, in welchem Umfang von ihnen Gebrauch gemacht wird. Das für die Umwandlung von Bezugsrechten, die sich auf nicht mehr als 5 % des Grundkapitals beziehen, verwendete Hauptargument, es könne bei Ausübung der Bezugsrechte

---

[446] Martens, AG 1992, 209, 213.

[447] BGH, Urt. v. 2.2.1998 – II ZR 117/97, WM 1998, 654, 655; Martens, AG 1992, 209, 213; Hamann, S.190.

[448] So auch Grunewald ZIP 2002, 18; Hamann, S.191; Fleischer, ZGR 2002, 757, 779; Krieger, BB 2002, 53, 61; Angerer, BKR 2002, 260, 266.

[449] Wilsing/Kruse, ZIP 2002, 1465, 1469.

dann sogleich ein neuer Squeeze Out durchgeführt werden, greift jedoch bei Bezugsrechten, die 5% überschreiten, grundsätzlich nicht durch, weil bei der Ausübung von Bezugsrechten, die über 5 % des Grundkapitals betreffen, kein Squeeze Out mehr durchgeführt werden kann. Die Rechtslage ist also insoweit nicht derjenigen vergleichbar, daß Bezugsrechte nur bis zum Umfang von 5 % des Grundkapitals ausgeübt werden können. Daher ist davon auszugehen, daß sich Bezugsrechte, die sich auf Anteile von mehr als 5 % des Grundkapitals beziehen, bei Durchführung eines Squeeze Out nicht in Barabfindungsansprüche umwandeln. Eine derartige Annahme widerspricht auch nicht der Intention des Gesetzgebers, denn bei Bezugsrechten in dieser Größenordnung kann nicht mehr von einem „Einsammeln" des „restlichen," sich nicht in der Hand des Hauptaktionärs befindlichen Kapitals gesprochen werden. Daher können Bezugsrechte mit derartigem Volumen trotz Durchführung eines Squeeze-Out-Verfahrens weiterhin geltend gemacht werden.[450]

C. Probleme bei der Barabfindung

Für das Entstehen des Abfindungsanspruchs der ausgeschlossenen Minderheitsaktionäre bedarf es keines Vertrages, sondern der aus §§ 327a Abs.1 S.1, 327b, 327e Abs.3 AktG folgende Anspruch entsteht kraft Gesetzes mit der Eintragung des Übertragungsbeschlusses im Handelsregister.[451] Er wird aber erst mit Einreichung der Aktien der Minderheitsaktionäre beim Hauptaktionär fällig oder bei nicht körperlich verbrieften Aktien dann, wenn die Minderheitsaktionäre deren Übertragung auf den Hauptaktionär bei einer von ihm bestimmten Stelle bewirken.[452] Denn für den anderen Teil muß sichergestellt sein, daß ein die Abfindung Verlangender auch Aktieninhaber ist.[453]

§§ 327a ff AktG enthalten Vorschriften über die für den Fall eines Squeeze Out vorgesehene Barabfindung. Die in diesem Zusammenhang auftretende Problematik wird durch sie jedoch nicht hinreichend geregelt. Fragen, die insbesondere die Höhe der Abfindung sowie die Gewährleistung der Erfüllung durch Kreditinstitute nach § 327b Abs.3 AktG betreffen, sind weiter offen.

---

[450] So auch Grunewald, ZIP 2002, 18; Krieger, BB 2002, 53,61;Hamann, S.193, 194; Angerer, BKR 2002, 260.

[451] Begr.RegE , BR-Drs.574/01, S.186; Habersack in Emmerich/Habersack, KonzernR, § 327e Rn.10; Hüffer, AktG, § 327b Rn.6; Sieger/Hasselbach, ZGR 2002, 120, 145.

[452] Sieger/Hasselbach, ZGR 2002, 120, 145; a.A: Würdinger in Großkomm/ AktG, § 320 AktG, Anm.15: Fälligkeit erst mit Bekanntmachung im Handelsregister, § 10 Abs.2 HGB.

[453] LG Stuttgart, Urt.v.3.5.1997 –25 O 703/96, DB 1997,1661 zu § 305 AktG.

I. Bewertungsfragen

Nach § 327a Abs.1 S.1 AktG muß die Höhe der Barabfindung angemessen sein und die Verhältnisse der Gesellschaft im Zeitpunkt der Beschlußfassung berücksichtigen (§ 327 b Abs.1 S.1 AktG). Dabei ist ein voller wirtschaftlicher Ausgleich erforderlich, der jedenfalls nicht unter dem Verkehrswert der gehaltenen Aktien liegen darf.[454] Untersuchungen im Zeitraum von 1980 bis 1992[455] und im Jahre 2002[456] haben jedoch ergeben, daß sich angebotene Barabfindungen von den jeweiligen Marktpreisen der Aktien deutlich unterschieden. Dies dürfte u.a. daraus resultieren, daß die angebotenen Barabfindungen auf Ergebnissen von Unternehmensbewertungen beruhten, während die Aktienkurse im maßgeblichen Beurteilungszeitraum teilweise erheblichen Schwankungen unterworfen waren. Allerdings sind nach den bisherigen Erkenntnissen eindeutige finanzielle Benachteiligungen wohl die Ausnahme,[457] da Hauptaktionäre den Zwangsauskauf aus der Gesellschaft für die übrigen Aktionäre meist durch deutliche Kursaufschläge attraktiv gestalten, um langandauernde Spruchverfahren mit schwer vorhersehbarem Ergebnis zu vermeiden.

1. Wahl der Bewertungsmethode

Von erheblicher Bedeutung für die Höhe der Barabfindung ist die Wahl der anzuwendenden Bewertungsmethode. Sie ist gesetzlich nicht vorgeschrieben. Auch in der Begründung des Gesetzentwurfs, in dem es heißt, bei der vorgesehenen Entschädigung sei „eine volle wirtschaftliche Kompensation erforderlich, die jedenfalls nicht unter dem Verkehrswert der gehaltenen Aktien liegen darf,“[458] finden sich insoweit keine Erwägungen, auf welche Art und Weise sowie unter Berücksichtigung welcher Faktoren der zutreffende Wert ermittelt werden soll.

Unabhängig davon, welche Bewertungsmethode anzuwenden ist – worauf im folgenden (S. 92-96) eingegangen wird -, stellt sich zunächst die Frage, ob es überhaupt einen „wahren, objektiven“ Wert gibt, der auf Grund einer bestimmten Methode sicher ermittelt werden kann.[459] Dies ist jedoch – da grundsätzlich bei jeder Wertermittlung Schätzungen und Prognosen zu beachten sind - zu ver-

---

[454] Begr.RegE, BT-Drs. 14/7034, S.72 unter Hinweis auf die Rechtspr. des BVerfG, insbesondere in seinem Urteil v.27.4.1999-1 BvR 1613/94, BVerfGE 100, 289, 302 ff.; Müller/Rödder, Hdb.AG, § 25 Rn.226.
[455] Rühland, WM 2000. 1884, 1885.
[456] S. insoweit Helmis, ZBB 2003, 161, 165.
[457] Helmis, ZBB 2003, 161, 167 Fn.34.
[458] Begr.Ges.E, BR-Drs. 574/01, S.183.
[459] verneinend Busse von Colbe in FS Lutter, S. 1053, 1056.

neinen, weil kein objektiver Unternehmenswert existiert.[460] Es kann daher nur versucht werden, Näherungswerte zu finden. Da zur Ermittlung der Angemessenheit der Barabfindung der Wert der Aktien festzustellen ist, muß insoweit eine Unternehmensbewertung durchgeführt werden,[461] wobei unter Berücksichtigung der wertbildenden Faktoren festzustellen ist, welcher Wert sich – trotz letztlich verbleibender Unwägbarkeiten – ergibt. Die Betriebswirtschaftslehre geht davon aus, daß der Unternehmenswert auch vom Bewertungszweck bestimmt wird, also jeweils eine besondere Funktion erfüllt,[462] so daß z.B. bei einer Unternehmensbewertung aus Anlaß eines Kaufs der ermittelte Wert einen Entscheidungswert insofern darstellt, als für den Käufer eine Preisobergrenze und für den Verkäufer eine Preisuntergrenze besteht.[463] Ein unparteiisch ermittelter, den fairen Interessenausgleich bezweckender Unternehmenswert, der eine konfliktlösende Funktion haben soll, wird demgemäß auch als Schieds- oder Arbitriumswert bezeichnet.[464] Er ist kein allgemein gültiger oder objektiver Wert, sondern ein Wert, der sowohl vom Käufer als auch vom Verkäufer akzeptiert werden kann.[465]

Bei Unternehmensbewertungen ist zwischen Einzelbewertungsverfahren und Gesamtbewertungsverfahren zu unterscheiden. Bei den Einzelbewertungsverfahren, zu denen das Substanzwert- und das Liquidationsverfahren gehören, werden die Bestandteile eines Unternehmens betrachtet. Beim Substanzwertverfahren wird von der Fortführung des Unternehmens ausgegangen und der Wert der Unternehmensbestandteile mit den Beschaffungspreisen angesetzt,[466] während beim Liquidationswertverfahren der Zerschlagungswert angesetzt wird, so daß Liquidationswert der Wert ist, der sich bei einer Veräußerung der Vermögensgegenstände, d.h. einer Bewertung zu Verkaufspreisen, nach Abzug der Schulden ergibt.[467]

Die Gesamtbewertungsverfahren, zu denen in erster Linie das Ertragswertverfahren und die Discounted Cash Flow-Verfahren (DCF-Methode) gehören, berücksichtigen dagegen den Wert des Unternehmens als ganzes, wobei die künftigen Erwerbschancen in die Betrachtung einbezogen werden; der Wert bemißt sich danach, welcher Gewinn erzielbar ist.[468] Grundgedanke des Ertragswertverfahrens ist, daß der Unternehmenswert durch den künftigen Erfolg des Unter-

---

[460] Piltz, Unternehmensbewertung , S.8; Mattes / Graf von Maldeghem, BKR 2003, 531, 532.
[461] Ehricke/Roth, DStR 2001,1120,1122; Geibel/Süßmann,WpÜG,Art.7 § 327b Rn.13.
[462] Mattes / Graf von Maldeghem, BKR 2003, 531, 532.
[463] Steinmeyer/Häger,WpÜG,§ 327b Rn.8; Graf von Maldeghem,BKR 2003, 531, 532.
[464] Graf von Maldeghem, BKR 2003, 531, 532; Piltz,Unternehmensbewertung, S.11.
[465] Peemöller, DStR 1993, 409.
[466] Mattes / Graf von Maldeghem, BKR 2003, 531, 533.
[467] Piltz, Unternehmensbewertung, S.31;
Mattes / Graf von Maldeghem, BKR 2003, 531, 533.
[468] Mattes / Graf von Maldeghem,aaO;Eisolt, DStR 2002, 1145, 1149 f.

nehmens bestimmt wird.[469] Die Ertragswertmethode geht von Annahmen aus, die Prognosen für die zukünftige Entwicklung ermöglichen, bezieht also bei der Ermittlung des Unternehmenswertes die künftigen nachhaltigen Erträge mit ein.[470]

Eine Anknüpfung an den bloßen Buchwert oder die Anwendung von Substanzwertverfahren werden in der Regel nicht zur Ermittlung einer angemessenen Abfindungshöhe führen.[471] Der Buchwert als fiktiv in den Büchern geführter Wert korrespondiert nur selten mit der tatsächlichen Situation des Unternehmens. Der Wert der Unternehmensanlagen läßt sich zwar relativ gut nach der Substanzwertmethode ermitteln, jedoch entsteht dadurch nur eine „Momentaufnahme," die künftige Entwicklungen nicht berücksichtigt und auch nur unzureichend die in diesem Augenblick für das Unternehmen bestehende Markt- und insbesondere Konkurrenzsituation in Rechnung stellt. Sie ist daher in aller Regel für die Ermittlung des Verkehrswertes ungeeignet, da dieser Wert sich auch an der für das jeweilige Unternehmen bestehenden Prognose orientiert.

Demgegenüber berücksichtigt die Ertragswertmethode die künftigen Erwerbschancen und trägt dabei insbesondere dem Umstand Rechnung, daß die Aktionäre als Anleger vor allem an einem möglichen Unternehmenswachstum interessiert sind und daher auch die künftige Entwicklung in Rechnung stellen. Deshalb wird die Höhe einer Abfindung regelmäßig nach der Ertragswertmethode ermittelt,[472] die – ohne daß dies hier vertieft werden soll – als sog. pauschale, analytische oder Kombinationsmethode zur Anwendung gelangt.[473]

Die Ertragswertmethode – auf die wegen der Einzelheiten der Ermittlung des Zukunftsertrags als (betriebs-) wirtschaftliche Frage im Rahmen dieser Arbeit nicht näher eingegangen werden wird - ist allgemein als geeignetes Verfahren zur Ermittlung von Unternehmenswerten anerkannt.[474] Eine Unternehmensbewertung nach dieser Methode ist verfassungsrechtlich unbedenklich.[475]

---

469 Piltz, Unernehmensbewertung, S.16.
470 Mattes / Graf von Maldeghem, aaO.
471 Geibel/Süßmann, WpÜG, Art.7 § 327b Rn.21, 22.
472 Kallmeyer, AG 2000, 59, 60; Sieger/Hasselbach, ZGR 2002, 120, 147; Rühland, WM 2000, 1884, 1885; vgl.auch BGH, Beschl.v. 21.7.2003 -II ZB 17/01, WuB II A. § 304 AktG 1.04 mit Anm.Hennrich/Schubert.
473 Aha, AG 1997, 26, 29; Hüffer, AktG, § 305 Rn. 19.
474 BVerfG, Beschl.v.27.4.1999 – 1 BvR 1613/94, BVerfGE 100, 289,307; OLG Celle, Beschl.v.31.7.1998 – 9 W 128/97, NZG 1998, 987; BayObLG, Beschl.v.29.9.1998–3 Z BR 159/94, BayObLGZ 1998, 231, 235; OLG Düsseldorf, Beschl. v.7.6.1990 – 19 W 13/86, AG 1990, 490, 491; OLG Frankfurt, Beschl. v.24.1.1989 – 20 W 477/86, AG 1989, 442; Quandt, S. 152ff m.w.N.; Sieben in FS für Havermann, S.713, 715; Peemöller, DStR 1993, 409,410; Hüffer, AktG, § 305 Rn.19; Steinmeyer/Häger, WpÜG, § 327b Rn.31; Grzimek in Geibel/Süßmann, WpÜG, § 327b Rn. 14 f.; Eisolt, DStR 2002, 1145,1149;

Den Discounted Cash-Flow-Verfahren, die in Deutschland erst etwa seit dem letzten Jahrzehnt angewandt werden, liegt im Grundsatz das gleiche Konzept wie dem Ertragswertverfahren zu Grunde,[476] jedoch werden dabei die Gewinne auf Zahlungsgrößen umgestellt, wobei der Cash Flow als Differenz zwischen Einzahlungen und Auszahlungen eines Unternehmens bezeichnet wird.[477] Es sind die künftigen Netto-Kassenüberschüsse nach Steuern zu berücksichtigen, wobei der diskontierte freie Cash-flow abzüglich der Schulden den Unternehmenswert ergibt.[478]

Wegen der großen Bedeutung der Wahl einer bestimmten Bewertungsmethode für die Höhe des Abfindungsanspruchs stellt sich die Frage, ob eine Bewertung erfolgreich mit der Begründung angegriffen werden kann, ihr liege nicht die „richtige" Bewertungsmethode zugrunde, ob also die richtige Art der Unternehmensbewertung als Tat- oder als Rechtsfrage zu betrachten ist. Insofern könnte man daran denken, daß Bewertungsfragen, die innerhalb konkreter Rechtsverhältnisse bestimmte Rechtsfolgen auslösen, auch Rechtsprobleme sind.[479] So ist z.B. bei der Beurteilung des Unternehmenswertes die Bestimmung der künftigen Entnahmen der zu beurteilenden Gesellschaft ein ökonomisches Bewertungsproblem, dessen Einschätzung ggf. einem Gutachter auf Grund seiner besonderen Sachkunde obliegt.[480] Bekanntermaßen weichen aber Sachverständige oft in nicht unerheblichem Maße in den von ihnen gefundenen Ergebnissen von einander ab, wenn unterschiedliche Bewertungsmethoden gewählt wurden. Es könnte daher sachgerecht sein, die Frage, ob die „richtige" Bewertungsmethode gewählt worden ist, auch als Rechtsfrage anzusehen[481] mit der Konsequenz, daß bereits die Anwendung einer „falschen" Methode einen Rechtsfehler mit der Folge einer unrichtigen Entscheidung darstellen würde.

Es gibt jedoch keine rechtlich vorgeschriebene oder allein anerkannte Methode für die Bewertung von Handelsunternehmen, zumal dies auch einer wissenschaftlichen Fortentwicklung der Bewertungsmethoden, die sich im Laufe der Zeit verändert haben, entgegenstehen würde. Auf Grund der gewonnenen Erfahrungen hat sich jedoch die Anwendung gewisser Methoden der Unternehmensbewertung bei bestimmten Fallkonstellationen durchgesetzt. So besteht in der neueren Rechtsprechung die Praxis, bei der Ermittlung des Unternehmenswertes auf Grund der damit gewonnenen weitgehend zuverlässigen Werte allein auf die

---

Koppensteiner in Kölner Komm / AktG, § 327b Rn.7, § 305 Rn.75 ff.

475 BVerf, Beschl.v.27.4.1999 – 1 BvR 1613/94, BVerfGE 100, 289, 307.

476 Mattes / Graf von Maldeghem, BKR 2003, 531, 534; Sieben, FS f Havermann, S.713, 736.

477 Mattes / Graf von Maldeghem, BKR 2003, 531, 535.

478 Piltz, Unternehmensbewertung, S.18 f.

479 So auch Hüffer, AktG, § 305 Rn.17; Großfeld, Bewertung, S.8 ff.

480 Ränsch, AG 1984, 202, 205.

481 Ränsch, AG 1984, 202, 205 ff, 212.

Ertragswertmethode abzustellen.[482] Daher bedarf die Anwendung einer anderen Bewertungsmethode im Einzelfall einer besonderen Begründung, um nachvollziehen zu können, ob sachgerechte Gründe für die Wahl einer anderen Bewertungsmethode vorliegen.

Es unterliegt somit im Streitfall dem pflichtgemäßen Urteil der mit der Bewertung befaßten Fachleute, unter den in der Betriebswirtschaftslehre und –praxis angewandten Verfahren das im Einzelfall geeignete auszuwählen. Das Gericht hat ggf. darüber zu befinden, ob der Ermittlung des Unternehmenswertes entsprechend der heute herrschenden Auffassung die Ertragswertmethode zu Grunde zu legen ist oder ob es angesichts besonderer Umstände des zur Entscheidung anstehenden Rechtsstreits geboten ist, von einer anderen Methode auszugehen.[483] Das Ergebnis der Bewertung, die nach den berufsständischen Regeln zur Unternehmensbewertung vorzunehmen ist,[484] hat das Gericht sodann frei zu würdigen.[485]

2. Bedeutung des Börsenkurses

Die Frage, ob und inwieweit der Börsenkurs bei der Abfindung von Minderheitsaktionären Berücksichtigung finden muß, war seit langem umstritten.[486] Der BGH hielt zunächst eine Berücksichtigung des Börsenkurses bei Bewertungen für ausgeschlossen.[487] Er begründete seine Auffassung damit, daß sich der Börsenwert mit dem wahren Wert der Aktien zwar decken könne, der Börsenkurs könne aber auch niedriger oder höher sein, da er sich aus dem im Augenblick der Kursbildung vorhandenen Verhältnis von Angebot und Nachfrage bilde. Dieses Verhältnis sei aber von der Größe und Enge des Marktes, von zufallsbedingten Umsätzen, von spekulativen Einflüssen und sonstigen nicht wertbezogenen Faktoren wie politischen Ereignissen, Gerüchten, Informationen, psychologischen Momenten oder einer allgemeinen Tendenz abhängig. Diese Sicht wurde im Zusammenhang mit der Ermittlung der Höhe einer Abfindung für Aktionäre lange aufrecht erhalten, da sich die Angemessenheit grundsätzlich nicht

---

[482] BayObLG, Beschl.v.19.10.1995 – 3 Z BR 17/90, AG 1996, 127, 129 – Paulaner; BayObLG, Beschl.v.29.9.1998 – 3 Z BR 159/94, BayObLGZ 1998, 231, 235; LG Frankfurt, Beschl.v. 19.12.1995 -3-03 O 162/88, AG 1996, 187, 188- Nestlé; LG Dortmund, Beschl.v. 18.1.2000 – 20AktE 8/94, ZIP 2001, 739, 741; OLG Celle, Beschl.v.31.7.1998 – 9 W 128/97, NZG 1998, 987; OLG Düsseldorf, Beschl. v.7.6.1990 – 19 W 13/86, AG 1990, 490, 491; OLG Frankfurt, Beschl. v.24.1.1989 – 20 W 477/86, AG 1989, 442; Fleischer, ZGR 1997, 368, 369; Bilda, NZG 2000, 296, 297; Aha, AG 1997, 26, 27.

[483] BGH, Urt.v.16.12.1991 – II ZR 58/91; BGHZ 116, 359, 370 f.

[484] Fuhrmann/Simon, WM 2002, 1211, 1215.

[485] BGH, Urt.v.13.3.1978–II ZR 142/76, NJW 1978,1316,1319 (Kali u. Salz).

[486] Vgl. die eingehende Darstellung bei Luttermann, ZIP 2001, 869 ff.

[487] BGH,Urt.v.30.3.1967 – II ZR 141/64, NJW 1967, 1464.

nach Börsenkursen, sondern nach dem „wirklichen", unter Einschluß stiller Reserven und des inneren Geschäftswerts zu ermittelnden Wert bestimme.[488] Nur vereinzelt wurde in der Rechtsprechung auf den Börsenkurs abgestellt, wenn andere Möglichkeiten zur Feststellung eines Unternehmenswertes ausschieden.[489]

Vor allem in der Literatur hatten sich aber zahlreiche Stimmen seit langem dafür ausgesprochen, den Börsenkurs zu berücksichtigen, schon weil ein Abzufindender, der seine Anteile verkauft hätte, jedenfalls als Gegenwert einen Betrag in Höhe des Börsenkurses erhalten hätte,[490] der Börsenkurs einen idealtypisch gebildeten, täglich aktualisierten Verkehrswert widerspiegele[491] oder jedenfalls den Wert von Anteilen nicht weniger sicher wiedergebe, als es nach der Ertragswertmethode ermittelt werden könne.[492] Gerade der Börsenkurs sei daher gesellschaftsrechtlich maßgeblich.[493]

Das Bundesverfassungsgericht hatte zu der Problematik der Höhe der Abfindung eines zwangsweise ausscheidenden Aktionärs bereits in der „Feldmühle"-Entscheidung[494] aus dem Jahre 1962 ausgeführt, daß er für den Verlust seiner Rechtsposition voll entschädigt werden müsse, aber nicht näher dargelegt, wie der Wert zu bestimmen ist. Es hatte jedoch darauf hingewiesen, daß der Ausscheidende im Hinblick auf Art. 14 GG das erhalten solle, was seine Beteiligung an dem Unternehmen wert ist. Denn während Art. 14 Abs.3 S.3 GG für eine Enteignung durch den Hinweis auf die Abwägung zwischen den Interessen der Allgemeinheit und der Beteiligten eine geringere als die volle Entschädigung zulasse, fehle jeder Grund für eine solche Abwägung im Verhältnis zwischen Gleichstehenden, vor allem dann, wenn der Großaktionär die den Entschädigungsanspruch begründenden Maßnahmen, die in seinem eigenen Interesse liegen, selbst herbeigeführt habe.

Das BVerfG ist in der „DAT/Altana"-Entscheidung aus dem Jahre 1999[495] näher auf die Bedeutung des Börsenkurses für die Ermittlung des Anteilswerts eingegangen. Es hat u.a ausgeführt, Auslegung und Anwendung verfassungsrechtlich zulässiger Inhalts- und Schrankenbestimmungen des Eigentums im Aktienrecht

---

488 BGH, Urt.v.13.3.1978 – II ZR 142/76, BGHZ 71, 41,51 – Kali und Salz -.
489 So BayObLG, Beschl.v.29.9.1998 – 3 Z BR 159/94, ZIP 1998, 1872, 1875 mit Anm. Luttermann, EWiR 1998, 965
490 So bereits 1938 Rieger, JW 1938, 3016 ff.; Busse von Colbe, AG 1964, 263 ff; Drukarczyk, AG 1973, 357, 365; Wenger, ZIP 1993, 321, 329; zur Problematik des Bör senkurses und des Unternehmenswertes auch Großfeld, BB 2000, 261 ff..
491 Rodloff, DB 1999, 1149, 1150.
492 Steinhauer, AG 1999, 299 ff, 307, 308.
493 Luttermann, ZIP 1999, 45; Luttermann, EWiR 1998, 965 f; Luttermann, JZ 1999, 945 ff.
494 BVerfG, Urt. v. 7.8.1962 – 1 BvL 16/60, BVerfGE 14, 263, 283 f.
495 BVerfG. Beschl.v.27.4.1999–1 BvR 1613/94 , BVerfGE 100, 289, 302 ff.

seien zwar Sache der Zivilgerichte, sie müßten aber Art.14 Abs.1 GG Rechnung tragen. Da die verfassungsrechtlich geforderte „volle“ Entschädigung nicht unter dem Verkehrswert liegen dürfe, könne dieser bei börsennotierten Unternehmen nicht ohne Rücksicht auf den Börsenkurs festgesetzt werden. Der Vermögensverlust des Minderheitsaktionärs stelle sich für ihn als Verlust des Verkehrswerts der Aktie dar, der mit dem Börsenkurs regelmäßig identisch sei. Da der Verkehrswert aber die Untergrenze der von Art.14 Abs.1 GG geforderten vollen Entschädigung bilde, stehe es mit diesem Grundrecht nicht in Einklang, eine Barabfindung festzusetzen, die niedriger als der Börsenkurs sei, zumal sich auch sonst – so z.B nach §§ 385, 1221, 1235 Abs.2, 1295 BGB, § 376 Abs.2,3 HGB - der Wert verkaufter Gegenstände, die einen Markt oder Börsenpreis haben, danach bemesse und auch im Steuerrecht gemäß § 11 Abs.1 BewG als Wert der niedrigste am Stichtag amtlich notierte Kurs zu Grunde zu legen sei. Das BVerfG hält allerdings eine Unterschreitung des Börsenkurses für möglich, wenn der Kurs ausnahmsweise nicht den Verkehrswert widerspiegelt. Eine Überschreitung des Börsenkurses sieht das BVerfG als verfassungsrechtlich unbedenklich an.

Diese Entscheidung ist z.T. auf Ablehnung gestoßen. So wurde u.a. darauf hingewiesen,[496] daß im Vorfeld geplanter Maßnahmen der Börsenkurs wesentlich durch den Aufkauf von Aktien seitens des Mehrheitsaktionärs bestimmt werde, was ein Ansteigen des Börsenkurses bewirke. Darin komme aber nicht der Wert der Aktie zum Ausdruck, sondern der Nutzen, den der Mehrheitsaktionär zu erzielen hoffe. Die Chance, daß bei einem späteren Verkauf der Aktien ein über dem entsprechenden Unternehmenswert liegender Börsenwert erreicht werde, sei keine durch Art. 14 Abs.1 GG geschützte Rechtsposition. Außerdem sei der Minderheitsaktionär auch hinsichtlich des zum Zeitpunkt der Hauptversammlung erhöhten Wertes nicht schutzwürdig, weil er diesen Wert bewußt nicht realisiert habe.

Inzwischen hat der Bundesgerichtshof auf einen Vorlagebeschluß des OLG Düsseldorf[497] unter Hinweis auf die Rechtsprechung des Bundesverfassungsgerichts hervorgehoben, daß die Aktionäre unter Berücksichtigung des Verkehrswertes der Aktien abzufinden seien und daß als volle Entschädigung grundsätzlich mindestens der Börsenwert der Aktie als Barabfindung gezahlt werden müsse.[498]

Bei der Beurteilung der Bedeutung des Börsenkurses (vgl. zu den Einzelheiten die Kapitel „Aktienhandelsvolumen“, S. 99-101 sowie „Stichtag und Referenzzeitraum“, S. 101-105) für den Abfindungsanspruch ist davon auszugehen,

---

[496] Riegger, DB 1999, 1889, 1890.
[497] OLG Düsseldorf, Beschl.v.25.5.2000 – 19 W 1/93 AktE (DAT/Altana), DB 2000, S.1854.
[498] BGH, Beschl.v.12.3.2001 – II ZB 15/00, ZIP 2001, 734, 736.

daß die Börse in der Regel unter Berücksichtigung der aktuellen Erkenntnisse des Marktes die Ertragskraft eines Unternehmens zuverlässiger beurteilt, als dies Interessenten allein grundsätzlich möglich ist, da sich Angebot und Nachfrage danach richten und der Börsenkurs sodann den Marktwert widerspiegelt. Zu diesem Wert wäre es jedem Aktionär grundsätzlich möglich, den darin verkörperten Wert durch Verkauf der Aktie zu realisieren, so daß eine Abfindung unterhalb dieses Wertes in der Regel kein Äquivalent für den wirtschaftlichen Verlust durch Übergang der Aktien auf den Hauptaktionär darstellt.

Bei der Bemessung der Abfindung ist ein voller wirtschaftlicher Ausgleich erforderlich. Daher ist zunächst der Verkehrswert nach einer anerkannten Bewertungsmethode, insbesondere nach dem Ertragswertverfahren, zu ermitteln. Jedoch ist generell eine Abfindung unter dem Börsenpreis aus den o.g. Gründen (S. 96 ff.) nicht zulässig. Deshalb ist grundsätzlich von dem Börsenkurs als Untergrenze der Barabfindung auszugehen. Die Bestimmung des maßgeblichen Börsenkurses ist jedoch mit Problemen verbunden, auf die nachfolgend eingegangen wird.

a) Aktienhandelsvolumen

Ist nach inzwischen überwiegender Meinung auch in der Rechtsprechung bei der Bewertung grundsätzlich als Untergrenze der Börsenkurs anzusehen,[499] so fragt sich, ob bei Ermittlung der angemessenen Abfindung aus Anlaß eines Squeeze Out für die Berücksichtigung des Börsenkurses ein bestimmtes Aktienhandelsvolumen Voraussetzung ist.

Es wird die Auffassung vertreten,[500] bei Durchführung eines Squeeze-Out-Verfahrens befänden sich im Hinblick auf § 327a Abs.1 S.1 AktG, wonach der Hauptaktionär mindestens 95% der Aktien innehaben muß, zu wenig Aktien im Streubesitz. Daher spiegele – sofern überhaupt ein effektiver Aktienhandel feststellbar ist - der Kurs der Aktie kein aussagekräftiges Bild von Angebot und Nachfrage wider. Der insoweit gebildete Börsenkurs liefere keinen verläßlichen Maßstab für den wahren Wert der Aktien. Deshalb ist zu überlegen, ob man einen regelmäßigen Börsenhandel und ein Mindesthandelsvolumen als erforderliche Voraussetzungen für die Berücksichtigung des Börsenkurses anzusehen hat.

---

[499] vgl.BVerfG, Beschl.v.27.4.1999 – 1 BvR 1613/94 WM 1999, 1666, 1670; BGH, Beschl. v.12.3.2001- II ZB 15/00, WM 2001, 856, 858; Fuhrmann/Simon, WM 2002, 1211, 1215.

[500] Vetter, ZIP 2000,1817, 1822; Quandt S. 195; Habersack, ZIP 2001, 1230, 1238.

Weder das BVerfG[501] noch der BGH[502] haben sich in ihren grundlegenden Entscheidungen zur Frage des Erfordernisses eines regelmäßigen Börsenhandels geäußert. Zum Teil wird in der Literatur ein „regelmäßiger" Börsenhandel nur dann angenommen, wenn an mindestens jedem zweiten Börsentag ein Handel stattfindet, was z.B. bei den DAX 100-Werten der Fall ist.[503] Eine hinreichende Marktbreite wird z.T. verneint, wenn nicht mehr als 5 % des Aktienkapitals für den Börsenkurs zur Verfügung stehen,[504] was dazu führen würde, daß bei einem Squeeze-Out-Verfahren nie auf den Börsenkurs abzustellen wäre, weil die Minderheitsaktionäre nicht mehr als 5 % der Aktien innehaben.

Hinsichtlich der Frage, wie regelmäßig Aktienumsätze stattgefunden haben müssen, damit die Kurse der Berechnung der Abfindung zugrunde gelegt werden können, sind Regelungen in die Überlegungen mit einzubeziehen, die mit dem zu beurteilenden Sachgebiet in engem Zusammenhang stehen und deren Rechtsgedanken auch bei der Frage der Berücksichtigung des Börsenkurses sinnvoll angewandt werden können. So hat nach § 5 Abs.4 WpÜG-AngebotsVO[505] der inländische Börsenkurs außer Betracht zu bleiben, wenn für die betreffenden Aktien während der letzten drei Monate an weniger als einem Drittel der Börsentage Börsenkurse festgestellt wurden oder mehrere nacheinander festgestellte Börsenkurse um mehr als 5 % voneinander abweichen. Im Interesse eines einheitlichen und widerspruchsfreien Systems der Abfindungsbewertung bietet es sich an, dies im Rahmen des § 327a AktG mitzuberücksichtigen.[506]

Bei der Bewertung kommt eine Unterschreitung des Börsenkurses ausnahmsweise in Betracht, wenn der Kurs nicht den Wert der Aktie widerspiegelt.[507] Das ist jedoch bei einer „Marktenge" grundsätzlich noch nicht der Fall, da typischerweise gerade bei günstigen Aussichten eines Unternehmens wenige Verkäufer und damit geringe Umsätze zu verzeichnen sind. Allerdings kann eine Marktenge im umgekehrten Sinne beachtlich sein, wenn diese einem Aktionär den Verkauf seiner Aktien zum Börsenpreis faktisch unmöglich macht, was bei anstehendem Squeeze Out kaum jemals der Fall sein dürfte, da hier der Hauptaktionär im Vorfeld des Ausschlußbeschlusses regelmäßig die freien Aktien „einsammeln" dürfte. Demgemäß kann bei einem Squeeze Out eine Marktenge kein die Beachtlichkeit des Börsenkurses tangierendes Kriterium sein, es sei

501 BVerfG, Beschl.v.27.4.1999 – 1 BvR 1613/94 (DAT/Altana), BVerfGE 100, 289 ff.
502 BGH, Beschl. v.12.3.2001–II ZB 15/00 (DAT/Altana), DB 2001, 734 ff.
503 Wilm, NZG 2000, 234, 238.
504 Fleischer, ZGR 2002, 757, 781.
505 Verordnung über den Inhalt der Angebotsunterlage, die Gegenleistung bei Übernahmeangeboten und Pflichtangeboten und die Befreiung von der Verpflichtung zur Veröffentlichung und zur Abgabe eines Angebots vom 27.12.2001 (BGBl. I S.4263).
506 Ebenso Vetter, DB 2001, 1347, 1351; Krieger, BB 2002, 53, 56.
507 BVerfG, Beschl.v.27.4.1999 – 1BvR 1613/94, BVerfGE 100, 288, 309.

denn, diese Konstellation wird von der einen oder anderen Seite für rechtswidrige Kursmanipulationen ausgenutzt, was zu einer Unbeachtlichkeit dieser Kurse bzw. einem rechnerischen Ausgleich führen muß. Der BGH hat es daher ausdrücklich abgelehnt, einen Handel an mindestens jedem zweiten Tag zu fordern und ein Mindesthandelsvolumen, etwa von 3-5 %, zu verlangen.[508] Anders stellt sich die Lage bei Bildung des Durchschnittskurses dar, wenn nur selten und unregelmäßig Umsätze stattfanden. Hier kann kein aussagekräftiger Börsenkurs ermittelt werden, wenn „über einen längeren Zeitraum" praktisch kein Handel stattgefunden hat.[509] Jedoch ist vor der ultima ratio der Unbeachtlichkeit eines solchen Kurses eine Verlängerung des Betrachtungszeitraums von drei auf sechs oder mehr Monate vor der Hauptversammlung vorzugswürdig – insbesondere dann, wenn im Vorfeld ein Übernahmeangebot seitens des Hauptaktionärs stattgefunden hat.

Weitere Schwierigkeiten können sich dadurch ergeben, daß sich der Entscheidung des BGH nicht hinreichend sicher entnehmen läßt, welcher Kurs – etwa der Schlußkurs oder der jeweilige Durchschnittskurs - maßgebend ist und inwieweit auf die Notierung im amtlichen Handel, geregelten Markt oder im Freiverkehr abzustellen ist.

Grundsätzlich unerheblich ist die Frage des Marktsegments, weil hieraus in der Regel keine unternehmenswertrelevanten Fakten zu entnehmen sind. Da die Preisfindung an der Börse ein fortlaufender Prozeß ist, kann es zudem für die Findung eines angemessenen Unternehmens-/Abfindungswertes nur auf den Durchschnittskurs eines längeren Zeitraums ankommen, da es ansonsten zwangsläufig zu – nicht gewollten – Zufallsergebnissen in der Bewertung kommen könnte.[510]

b) Stichtag und Referenzzeitraum

§ 327b Abs.1 S.1 AktG sieht nur vor, daß die Höhe der Barabfindung die Verhältnisse der Gesellschaft im Zeitpunkt der Beschlußfassung ihrer Hauptversammlung „berücksichtigen" muß. Stichtag und Referenzzeitraum stehen jedoch in einer gewissen Wechselbeziehung. Wird etwa als Stichtag der Tag der Hauptversammlung gewählt, dann kann schon bis dahin der wahre Wert der Aktien durch das inzwischen in Gang gesetzte Squeeze-Out-Verfahren beeinflußt werden.

---

508 BGH, Beschl.v. 12.3.2001 – II ZB 15/00, ZIP 2001, 734, 738.
509 BGH, Beschl.v. 12.3.2001 – II ZB 15/00, ZIP 2001, 734, 736.
510 So auch Luttermann, ZIP 2001, 869, 872.

Die Bekanntmachung der Übertragung der Aktien als Gegenstand der Tagesordnung hat jedoch bereits die vom Hauptaktionär festgelegte Barabfindung zu enthalten (§ 327c Abs. 1 Nr.2 AktG), also den Betrag, mit dem Minderheitsaktionäre je Aktie für den Verlust ihrer Rechte entschädigt werden sollen.[511] Zur Zeit der Vorbereitung der Hauptversammlung kann der aktuelle Wert am Tage der späteren Hauptversammlung aber nicht sicher festgestellt werden, weil er nur prognostisch einzuschätzen wäre. Daher muß für die Bekanntmachung der Höhe der Abfindung im Rahmen der Vorbereitung der Hauptversammlung (§ 327a Abs.1 Nr.2 AktG) eine Bewertung unter Berücksichtigung der bisher bekannten Umstände vorgenommen werden, die evtl. später im Hinblick auf eine inzwischen eingetretene Wertveränderung zu korrigieren ist.

Wird als Stichtag für die Berechnung auf einen nahen Zeitpunkt vor Bekanntgabe der Abfindungskonditionen abgestellt, dann dürften sich kaum Wertveränderungen gegenüber der davor liegenden Zeit wegen des erst bevorstehenden Squeeze-Out-Verfahrens ergeben. Es würde sich jedoch nur um eine von Zufälligkeiten abhängende „Momentaufnahme" handeln, die nicht den wahren Wert des Unternehmens widerspiegeln muß. Es ist daher sinnvoll, für die Berechnung nicht auf einen Stichtag abzustellen, sondern auf einen Referenzzeitraum.[512]Von erheblicher Bedeutung ist ferner die Länge des der Ermittlung des Wertes zu Grunde zu legenden Referenzzeitraumes. In der Vergangenheit wurden dazu sehr unterschiedliche Auffassungen vertreten. So wurde z.B. von einem Bezugszeitraum für die Ermittlung des Durchschnittskurses von weniger als einem Jahr ausgegangen;[513] auch Referenzzeiträume bis zu drei Jahren wurden erwogen[514] oder ein Referenzzeitraum von drei Monaten angenommen.[515] Soweit für die Bemessung der Abfindung ein dreimonatiger Referenzzeitraum zu Grunde gelegt wird, ist zum Teil für dessen Beginn auf den Zeitpunkt des Bekanntwerdens der Information über die vorgesehenen Abfindungskonditionen abgestellt worden.[516]

Das BVerfG[517] hat in seiner Entscheidung vom 22.4.1999 (DAT/Altana) zum Ausdruck gebracht, daß sich die Länge des zu Grunde zu legenden Referenzzeitraums nicht aus der Verfassung ableiten lasse und die Bemessung des Referenzzeitraums dem Festlegungsermessen der Zivilgerichte überlassen. Der BGH vertritt die Auffassung,[518] nach den verfassungsrechtlichen Vorgaben kämen für die

---

[511] Hüffer, AktG, § 327c Rn.2.
[512] Vgl. insoweit Hüffer, AktG, § 305 Rn. 24 d m.w.H.
[513] OLG Stuttgart, Beschl.v.4.2.2000 – 4 W 15/98, BB 2000, 1313.
[514] Luttermann, ZIP 2001, 869,872.
[515] BGH v. 12.3.2001 – II ZB 15/00, DStR 2001, 754, 757; regelmäßig für einen dreimonatigen Zeitraum auch Stilz, ZGR 2001, 875, 900.
[516] OLG Dortmund, Beschl.v.18.11.2000–20 AktE 8/94, ZIP 2001, 739, 742.
[517] BVerfG, Beschl.v.27.4.1999 – 1 BvR 1613/94 -.BVerfGE 100, 289,309 f.
[518] BGH v. 12.3.2001 – II ZB 15/00, DStR 2001, 754, 757 zu §§ 304, 305 AktG

Festsetzung der angemessenen Barabfindung sowohl der Börsenkurs zum Stichtag der Hauptversammlung als auch ein auf den Stichtag bezogener Durchschnittskurs in Betracht, der aus den für einen bestimmten Zeitraum festgestellten Kursen gebildet werde. Mit Rücksicht darauf, daß eine Beeinflussung des Börsenkurses bei Zugrundelegung des Stichtagsprinzips nicht auszuschließen sei, stellt der BGH aus Gründen der Rechtssicherheit auf einen auf einen Stichtag bezogenen dreimonatigen Durchschnittskurs unmittelbar vor der Hauptversammlung ab.[519]

Ermöglicht die Anzahl frei zirkulierender Aktien eine aussagekräftige Marktpreisbildung, dann kann nach der Rechtsprechung grundsätzlich von einem dreimonatigen Referenzzeitraum ausgegangen werden,[520] da sich in einem derartigen Zeitraum in der Regel ein hinreichendes Bild vom Wert einer Aktie gewinnen lasse, zumal ein derartiger Referenzzeitraum auch durch die Regelung in § 5 Abs.4 WpÜG-Angebots-VO gerechtfertigt werde. Der Ansatz von nur drei Monaten ist aber bei den häufig zu beobachtenden Kursschwankungen zu knapp bemessen.[521] Dies wird insbesondere bei vergleichsweise geringem Freefloat angenommen, so daß der Referenzzeitraum länger als drei Monate sein sollte,[522] weil sonst keine genügenden Anhaltspunkte für einen verläßlichen Wert vorliegen. Eine sicherere Bewertungsgrundlage, die den Interessen des Hauptaktionärs und der Minderheitsaktionäre besser Rechnung trägt, ließe sich bei Zugrundelegung eines wenigstens sechsmonatigen Referenzzeitraumes gewinnen.

Von wesentlicher Bedeutung ist aber nicht nur die abstrakte Länge eines Referenzzeitraums, sondern auch der konkret zugrunde zu legende Zeitraum. Insbesondere die Ansicht, daß ein dreimonatiger Referenzzeitraum für die Ermittlung des durchschnittlichen Börsenpreises vor dem Tag der Hauptversammlung ende,[523] wirft Probleme auf.[524] So muß der Hauptaktionär - obwohl der Referenzzeitraum zu diesem Zeitpunkt noch nicht abgelaufen ist - bereits bei der Einberufung der Hauptversammlung gemäß § 327c Abs.3 AktG die Höhe der Barabfindung bekanntgeben, also eine Prognose hinsichtlich der Verhältnisse am Tage der Hauptversammlung anstellen, die sich später als unzutreffend erweisen kann. Es wäre daher sachgerechter, den Referenzzeitraum nicht bis zum Tage der Hauptversammlung, sondern etwa bis zum Tage der Einberufung zu bemes-

---

unter Hinweis auf Piltz, ZGR 2001, 185, 200f.

[519] BGH v. 12.3.2001–II ZB 15/00, DStR 2001,754,757 zu §§ 304,305 AktG.

[520] vgl. BGH, Beschl.v.12.3.2001 – II ZB 15/00, ZIP 2001, 734 (DAT/Altana); mit Bespr. Stiltz, ZGR 2001, 875.

[521] Luttermann, EWiR § 304 AktG 1/01, 1027; EWiR § 305 AktG 951.

[522] Fleischer, ZGR 2002, 757; i. d. Sinne auch Vetter, DB 2001, 1347, 1351.

[523] BGH,Beschl.v.12.3.2001–II ZB 15/00 (DAT/Altana), ZIP 2001, 734, 737.

[524] Vetter, DB 2001, 13471353; Bungert, BB 2001,1163, 1166 meint sogar, der BGH stelle die Praxis vor Rätsel.

sen. Da nach Auffassung des BVerfG die Verfassung nicht vorgibt, wie der Stichtag festzusetzen ist,[525] könnte auf einen Durchschnittskurs im Vorfeld der Bekanntgabe[526] zurückgegriffen werden, um etwaige Kursmanipulationen nach der Squeeze-Out-Ankündigung zu vermeiden. Demgemäß wird die Auffassung vertreten,[527] maßgeblicher Bezugszeitpunkt für die Referenzperiode sei der letzte Börsenhandelstag, bevor die Gesellschaft den geplanten Squeeze Out öffentlich bekannt mache. Der Wortlaut des § 327b Abs.1 S.1 AktG könne zwar gegen eine derartige Lösung sprechen, es bestehe aber der Verdacht, daß man sich im Gesetzgebungsverfahren über die Konsequenzen nicht im Klaren gewesen sei.

Nach der eindeutigen gesetzlichen Regelung müssen jedoch die Verhältnisse der Aktiengesellschaft im Zeitpunkt der Beschlussfassung in der Hauptversammlung berücksichtigt werden (§ 327 b Abs.1 S.1).[528] Man könnte, um die Notwendigkeiten und Vorteile beider Ansätze – Berücksichtigung der Verhältnisse der Gesellschaft im Zeitpunkt der Beschlussfassung über den Squeeze Out und die größere Aussagekraft der Kurse in einem Referenzzeitraum – zu verbinden, von einem längeren Referenzzeitraum als bisher üblich – nämlich von sechs Monaten gerechnet bis zum Tage der Hauptversammlung - ausgehen. Das würde bedeuten, daß bei der Einladung eine anteilige Rückrechnung vorzunehmen wäre, die sodann erforderlichenfalls durch „Nachberechnung" unter Berücksichtigung der Entwicklung zwischen Einladung und Hauptversammlung angepasst werden müsste, worauf noch eingegangen wird (S 105 ff.).
Umstritten ist weiter – abgesehen vom Referenzzeitraum-, von welchem Börsenkurs – einem Durchschnittskurs oder dem Höchstkurs im Referenzzeitraum - auszugehen ist. Insoweit werden ebenfalls unterschiedliche Ansichten vertreten. So wird es teilweise als sachgerecht angesehen, auf einen Durchschnittskurs abzustellen,[529] teilweise auf den höchsten in den letzten 6 Monaten vor der Hauptversammlung erzielten Börsenkurs.[530] Das Abstellen auf einen bestimmten Kurs, wie den Höchstkurs oder den Kurs am Tage der Hauptversammlung, birgt die Gefahr in sich, daß dieser Kurs auf Grund besonderer Umstände die jeweilige Höhe erreicht hat und daß er deshalb nicht den Unternehmenswert hinreichend widerspiegelt. Nach einer Delisting-Entscheidung ist z.B. der Aktienkurs regelmäßig rückläufig, so daß sich die durch den Hauptaktionär zu zahlende Abfindung an dem gesunkenen Börsenpreis orientieren würde.[531] Da die Preisfindung ein fortlaufender schwankender Prozeß ist, wäre nicht sachgerecht, die Abfindung nach einem Stichtags- oder Höchstkurs zu bemessen, weil es sonst zu

---

[525] BVerfG. Beschl.v.27.4.1999 – 1 BvR 1613/94, BVerfGE 100, 289, 309.
[526] So z.B Wilken, ZIP 1999, 1443, 1444 bei Strukturänderungsmaßnahmen.
[527] Quandt, S. 326.
[528] Vgl. BGH, Beschl. v. 12.3.2001 – II ZB 15/00, DStR 2001, 754, 757 zur identischen Regelung des § 305 Abs.3 S.2 AktG.
[529] So BGH, Beschl. v. 12.3.2001 – II ZB 15/00, ZIP 2001, 734, 737.
[530] Ehricke/Roth, DStR 2001, 1120, 1123; Schiessl, AG 1999, 442, 451.
[531] Beck/Hedtmann, BKR 2003, 190, 199.

Zufalls- oder manipulierten Ergebnissen kommen kann.[532] Es bietet sich vielmehr an, um einen verläßlicheren Wert zu erhalten, der Berechnung den Durchschnittskurs während eines längeren Zeitraums bis zum Tage der Hauptversammlung, an dem der Squeeze Out beschlossen wird, zu Grunde zu legen. Demgemäß stellt auch der BGH nunmehr aus Gründen der Rechtssicherheit auf einen Durchschnittskurs ab.[533]

c) Veränderungen des Barabfindungsangebots bis zur Hauptversammlung

Probleme können sich – wie bereits oben (S. 101 ff.) bei Erörterung des Stichtages und Referenzzeitraumes angesprochen - wegen der Festlegung der Barabfindung bereits längere Zeit vor Einberufung der Hauptversammlung,[534] in der der Squeeze Out beschlossen werden soll, ergeben. Die entsprechende Erklärung ist in dem Verlangen des Hauptaktionärs nach § 327a Abs.1 S.1 AktG enthalten.[535] Das Abfindungsangebot ist allerdings – ebenso wie bei einem Eingliederungsbeschluß[536] nicht Gegenstand des Squeeze-Out-Beschlusses selbst, sondern nur eine gesetzliche Voraussetzung der Beschlußfassung. Die Bedeutung des Abfindungsangebots liegt nicht darin, den Minderheitsaktionären eine Grundlage für ihr Abstimmungsverhalten zu geben, da es bei den Beteiligungsverhältnissen auf ihre Stimmen letztlich nicht ankommt. Die ordnungsgemäße Ankündigung des Abfindungsangebots soll vielmehr den Minderheitsaktionären möglichst frühzeitig eine Entscheidung ermöglichen, ob sie die Angemessenheit der angebotenen Abfindung gerichtlich überprüfen lassen wollen.[537]

Das Fehlen eines Abfindungsangebots, seine Mangelhaftigkeit oder seine nicht ordnungsgemäße Bekanntgabe können aber zur Anfechtbarkeit des Beschlusses führen (vgl. §§ 124 Abs.4, 243 Abs.1, 320 Abs.6 S.3 AktG). Spätestens ab Bekanntmachung der Tagesordnung (§§ 121, 124 AktG) kann die Festlegung der Höhe der Barabfindung jedoch grundsätzlich nicht mehr geändert werden, ohne einen Anfechtungsgrund hinsichtlich eines gleichwohl gefaßten Beschlusses zu schaffen.[538] Zu berücksichtigen ist indes, daß die Vorschriften über die Festlegung der Barabfindung dem Schutz der Minderheitsaktionäre dienen. Dies bedeutet, daß eine Erhöhung des Abfindungsangebots in der Hauptversammlung, die wegen zwischenzeitlich gestiegenen Börsenkurses geboten ist[539] und

---

[532] Ebenso Luttermann, ZIP 2001, 869, 872.
[533] BGH, Beschl.v.12.3.2001 – II ZB 15/00, ZIP 201, 734 ff.
[534] Geibel/Süßmann, WpÜG, Art.7, § 327b Rn. 3.
[535] Hüffer, AktG, § 327 b Rn.6.
[536] BGH, Urt.v.27.5.1974 – II ZR 109/72, AG 1974, 320, 322.
[537] BGH, Urt.v.27.5.1974 – II ZR 109/72, AG 1974, 320, 322.
[538] Hüffer, AktG, § 327 b Rn.6.
[539] Krieger, BB 2002, 53, 56; Angerer, BKR 2002, 260, 264.

die die Aktionäre besser als zuvor stellt - entsprechend der zur Mehrheitseingliederung vertretenen Auffassung[540] - trotz § 124 Abs.4 AktG zulässig[541] ist. Eine solche Lösung dürfte für einen Hauptaktionär auch sinnvoll sein, um das Risiko der Durchführung eines Spruchverfahrens zu vermindern.[542]

Ergibt sich jedoch nach der Bekanntgabe des Abfindungsangebots bis zur Hauptversammlung eine negative Entwicklung, die auf das Squeeze-Out-Verfahren zurückzuführen ist, dann sollte eine entsprechende Entwicklung des Börsenkurses nicht zum Nachteil der Minderheitsaktionäre berücksichtigt werden, wenn sie durch den ein derartiges Verfahren betreibenden Hauptaktionär verursacht worden ist. Zwar wird nicht stets ohne weiteres ersichtlich sein, worauf eine negative Kursentwicklung nach Bekanntgabe des Abfindungsangebots zurückzuführen ist, da sie auch auf anderen Faktoren beruhen kann. Man kann jedoch von einer tatsächlichen – vom Hauptaktionär zu widerlegenden – Vermutung ausgehen, daß ein etwaiges Sinken des Börsenkurses durch die Bekanntgabe beeinflußt worden ist, wenn beides in unmittelbarem Zusammenhang steht und in dem vorangegangenen mehrmonatigen Referenzzeitraum keine derartige Kursentwicklung zu erkennen war.

Kommt es zu einer Herabsetzung der Höhe der Barabfindung erst in der Hauptversammlung, dann wird gegen das Gebot zur rechtzeitigen Information der Minderheitsaktionäre gemäß § 327c Abs.1 Nr.2 AktG verstoßen. Daher darf bei einer Veränderung der Bewertungsgrundlagen zum Nachteil der Minderheitsaktionäre der Übertragungsbeschluß zur Vermeidung einer Anfechtung nicht in der anberaumten Hauptversammlung gefaßt werden.

II. Gewährleistung durch Kreditinstitute (§ 327b Abs.3 AktG)

Nach § 327b Abs.3 AktG hat der Hauptaktionär vor Einberufung der Hauptversammlung dem Vorstand die Erklärung eines in Deutschland zum Geschäftsbetrieb befugten Kreditinstituts zu übermitteln, durch das dieses die Gewährleistung für die Erfüllung der Verpflichtung des Hauptaktionärs übernimmt, den Minderheitsaktionären die festgelegte Barabfindung für die übergegangenen Aktien zu zahlen. Diese Erklärung, die nicht der Aufnahme in den Hauptversammlungsbeschluß bedarf, da sie nicht die materiell-rechtlichen Folgen des Aus-

---

[540] Geibel/Süßmann, WpÜG, Art.7, § 327b Rn. 5; Hüffer, § 320 Rn7; BGH, Urt.v.27.5.1974 – II ZR 109/72, AG 1974, 320, 322; OLG Celle, Urt.v. 28.6.1972 – 9 U 155/71, WM 1972, 1004, 1009.

[541] Gesmann-Nuissl, WM 2002, 1205, 1208.

[542] Geibel/Süßmann, WpÜG, Art.7, § 327b Rn. 5.

schlusses betrifft,[543] wirft Probleme hinsichtlich ihrer Rechtsnatur sowie des Umfangs der Gewährleistung auf.

Die Rechtsnatur der Erklärung ist strittig, für die Verwirklichung der Rechte des Aktionärs aber von erheblicher Bedeutung. Aus der allgemeinen Formulierung des § 327b Abs.3 AktG, die kein bestimmtes Rechtsinstitut bezeichnet, läßt sich kein sicherer Schluß auf die Rechtsnatur der Erklärung ziehen. In Betracht kommt eine selbständige Garantieerklärung, deren Anspruchsinhaber die ausgeschiedenen Aktionäre sind.[544] Die Erklärung des Kreditinstituts würde dann das unwiderrufliche Angebot auf Abschluß eines Garantievertrages darstellen, das die Minderheitsaktionäre konkludent durch Geltendmachung des Zahlungsanspruchs annehmen.[545] Man könnte auch daran denken, daß die Gewährleistung durch eine Bürgschaft erbracht werden kann.[546] Andererseits wird die Erklärung z.T. als Zahlungsgewährleistung sui generis bezeichnet[547] und angenommen, daß den Minderheitsaktionären kein unmittelbarer Anspruch gegenüber dem Kreditinstitut zustehe, sondern sie von dem Kreditinstitut Erfüllung des Abfindungsanspruchs erst verlangen können, wenn sie erfolglos gegen den Hauptaktionär vollstreckt haben.[548]

In der Gesetzesbegründung heißt es insoweit, durch die vorgesehene „Bankgarantie" solle den Minderheitsaktionären „zusätzlich ein unmittelbarer Anspruch gegen ein Kreditinstitut eingeräumt" werden.[549] Im Gesetzestext wird allerdings die Formulierung „Bankgarantie" nicht verwendet. Eine selbständige Garantieerklärung, die der Sicherung einer Verbindlichkeit des Auftraggebers der Bank – hier des Hauptaktionärs – gegenüber den daraus Begünstigten – hier den Minderheitsaktionären – dient, und bei der für die Inanspruchnahme der Bank der formelle Garantiefall ausreicht, also die bloße Aufforderung durch den Begünstigten, genügt daher jedenfalls nach der Intention des Gesetzgebers den Anforderungen des § 327b Abs.3 AktG.

Mangels Festlegung auf ein bestimmtes Sicherungsmittel kommen neben einer Bankgarantie auch andere Sicherungsmittel in Betracht, wobei fraglich sein kann, welche den Anforderungen des § 327b Abs.3 AktG entsprechen. Was eine Sicherung durch Bankbürgschaft anbelangt, so ist im Hinblick darauf, daß § 327b Abs.3 AktG eine unverzügliche Zahlung vorsieht, davon auszugehen, daß der ausscheidende Aktionär nicht gezwungen sein soll, zunächst eine Zwangsvollstreckung gegen den Hauptaktionär durchzuführen. Demgemäß

---

[543] Fuhrmann/Simon, WM 2002, 1211, 1216.
[544] Steinmeyer/Häger, WpÜG, § 327b AktG, Rn.61.
[545] Steinmeyer/Häger, WpÜG, § 327b AktG, Rn.62.
[546] Sieger/Hasselbach, ZGR 2002, 120, 144.
[547] Fuhrmann/Simon, WM 2002, 1211, 1215.
[548] Fuhrmann/Simon, WM 2002, 1211, 1215.
[549] BT-Drs. 14/7034, S.72.

müßte es sich um eine selbstschuldnerische Bürgschaft (§ 771 BGB) handeln,[550] was aber von Rechts wegen der Fall ist, da Kreditinstitute Handelsgeschäfte betreiben und deshalb gemäß § 349 HGB die Einrede der Vorausklage ausgeschlossen ist. Ebenso reichen ein Schuldbeitritt gemäß § 311 Abs.1 BGB oder ein abstraktes Schuldversprechen (§ 780 BGB) zur Erfüllung der Voraussetzungen des § 327b Abs.3 AktG aus,[551] wobei – weil § 327 b Abs.3 AktG keine bestimmte Form vorsieht - die für das jeweilige Rechtsinstitut geltenden Formen (z.B. §§ 766 S.1, 780 BGB) einzuhalten sind.[552] Da nach dem Sinn des § 327b Abs.1 AktG, wie er sich unter Berücksichtigung der Gesetzesbegründung[553] erschließt, den Minderheitsaktionären ein zusätzlicher unmittelbarer Anspruch gegen das Kreditinstitut eingeräumt werden soll, kommt als Sicherungsmittel auch ein echter Vertrag zu Gunsten Dritter zwischen dem Hauptaktionär und einem Kreditinstitut nach § 328 BGB in Betracht.[554]

Problematisch ist der Umfang der erforderlichen Gewährleistung durch die Bank, insbesondere, ob sie nur die vom Hauptaktionär festgesetzte Barabfindung oder auch die in § 327b Abs.2 AktG vorgesehenen Zinsen ab Bekanntmachung der Eintragung des Übertragungsbeschlusses in das Handelsregister sowie eine etwa im Spruchverfahren bestimmte Zuzahlung sichert.[555] Den Interessen der ausscheidenden Minderheitsaktionäre würde durch eine Gewährleistung, die auch die Zinsen sowie evtl. das Ergebnis eines Spruchverfahrens umfaßt, am ehesten Rechnung getragen. Dadurch würde der Gefahr einer bewußt zu niedrigen Festsetzung der Barabfindung und der entsprechend zu niedrigen Bankgarantie vorgebeugt.[556]

Das Gesetz stellt jedoch in § 327b Abs.3 AktG auf die Gewährleistung des Anspruchs ab, die „festgelegte“ Barabfindung zu zahlen, wobei die Festlegung nach § 327b Abs.1 AktG dem Hauptaktionär obliegt, während erst § 327f Abs.1 S.2 AktG die Möglichkeit der Bestimmung der angemessenen Barabfindung durch das Gericht vorsieht. Ebenso wird die Verzinsung nicht durch den Hauptaktionär bestimmt, sondern sie ist in § 327b Abs.2 AktG vorgesehen. Bereits der Gesetzesaufbau spricht also dafür, daß die Erklärung sich nur auf die vom Hauptaktionär festgelegte Barabfindung bezieht.[557] Auch im Gesetzgebungsver-

[550] Singhof/Weber, WM 2002, 1158,1168; Angerer, BKR 2002, 260, 264; Gesmann-Nuissl, WM 2002, 1205, 1208.

[551] OLG Düsseldorf, Urt.v. 14.1.2005 – I – 16 U 59/04, AG 2004, 203, 296.

[552] Geibel/Süßmann-Grzimek, Art.7, § 327b AktG, Rn.45.

[553] BR-Drs. 574/01, S.184.

[554] So auch Hüffer, AktG, § 327b Rn.10.

[555] Sieger/Hasselbach, ZGR 2002, 120, 150, 151; LG Frankfurt/M., Urt.v. 9.3.2004 – 3/5 O.107/03, NZG 2004, 672, 675.

[556] So auch Sieger/Hasselbach, ZGR 2002,120, 151.

[557] Ebenso im Erg. OLG Düsseldorf, Urt.v. 14.1.2005 – I – 16 U 59/04, AG 2005, 293, 296; Koppensteiner in Kölner Komm. AktG, § 327b Rn.12.

fahren war keine andere Intention erkennbar. Soweit es sich um die Zinsen handelt, wird zwar z.T. ohne nähere Begründung angenommen,[558] sie müßten von der Gewährleistungserklärung umfaßt werden. Der Gesetzesaufbau und -wortlaut sprechen aber gegen diese Annahme.[559]

Soweit es etwaige im Spruchverfahren zuerkannte Zuzahlungen anbelangt, wird die Ansicht vertreten, daß eine Gewährleistung der Bank für einen eventuell erst nach vielen Jahren in unbekannter Höhe zu zahlenden Betrag sehr aufwendig wäre.[560] Dies allein ist jedoch kein hinreichendes Argument, da es dem Hauptaktionär überlassen bleibt, ob er ein Squeeze-Out-Verfahren betreibt und er ggf. Sorge dafür zu tragen hätte, daß die Minderheitsaktionäre, die ihre Anteilsrechte auf sein Betreiben verlieren, eine ihren Abfindungsanspruch hinreichend sichernde Gewährleistung erhalten. Zu berücksichtigen ist jedoch, daß unbegrenzte Bankbürgschaften von den Kreditinstituten grundsätzlich ohnehin nicht übernommen werden. Es ist daher nicht anzunehmen, daß in § 327b Abs.3 AktG eine Gewährleistung auch für Ansprüche, die sich erst auf Grund des Ergebnisses des Spruchverfahrens ergeben, vorgesehen ist.[561] Die so bestehende Sicherungslücke zu Lasten der Minderheit muß nach der derzeitigen Rechtslage hingenommen werden,[562] zumal die Minderheitsaktionäre vor einer willkürlich vom Hauptaktionär zu niedrig festgesetzten Barabfindung durch die Prüfung durch den unabhängigen vom Gericht bestellten Prüfer geschützt sind (§ 327c Abs.2 S. 2, 3 AktG).[563]

Nicht geregelt ist, ob die Gewährleistung im Interesse des Hauptaktionärs befristet werden kann. Eine Befristungsmöglichkeit könnte man im Hinblick darauf annehmen, daß der Barabfindungsanspruch mit der Eintragung des Übertragungsbeschlusses im Handelsregister (§ 327e Abs.3 AktG) entsteht. Die Gewährleistung müsste daher nur so lange gelten, bis die Aktienurkunden eingeliefert und die Barabfindung ausgezahlt worden ist.[564] Der Barabfindungsanspruch eines ausgeschlossenen Minderheitsaktionärs entsteht gemäß § 327e Abs.3 AktG zwar mit der Eintragung des Übertragungsbeschlusses im Handelsregister, es kann jedoch bis zur Eintragung zu erheblichen Verzögerungen kommen. So kann infolge Anfechtung des Übertragungsbeschlusses eine Registersperre eintreten (§§ 327e Abs.2, 319 Abs.5 AktG). Es dürfte deshalb in einem solchen Fall nicht selten längere Zeit dauern, bis auch ein sich an eine Anfechtungsklage

---

[558] Singhof/Weber, WM 2002, 1158, 1168.
[559] So auch Happ-Gross, AktR, S.1718.
[560] Stellungnahme des Handelsrechtsaussch. des DAV,NZG 2001,1003,1008.
[561] Ebenso Fuhrmann/Simon, WM 2002, 1211, 1216;
Gesmann-Nuissl, WM 2002, 1205, 1208; Dißars, BKR 2004, 389, 391.
[562] Stellungnahme des Handelsrechtsausschusses des DAV, NZG 2001, 1003, 1008;
OLG Düsseldorf, Beschl.v.29.6.2005 – I-15 W 38/05, AG 2005, 654, 656.
[563] Dißars/ Kocher, NZG 2004, 856,857;v. Schnurbein, AG 2005, 725, 729f.
[564] dieser Ansicht: Fuhrmann/Simon, WM 2002, 1211, 1216.

anschließendes Spruchverfahren abgeschlossen ist und es zur Auszahlung der Abfindung kommt. Nach dem Sinn der Gewährleistungsregelung, sicherzustellen, daß die Abfindung tatsächlich gezahlt wird, kommt daher eine zeitliche Befristung nicht in Betracht. Allerdings kann eine Gewährleistung für einen langen, unbestimmten Zeitraum den Hauptaktionär mit erheblichen Kosten belasten. Es bietet sich für ihn deshalb an, die Abfindungsbeträge, wegen derer die Gewährleistung durch eine Bank gegeben worden ist, unter Verzicht auf die Rücknahme zu hinterlegen, um von der Pflicht zur Gewährleistung durch die Bank frei zu werden.[565]

III. Abfindungsergänzungsanspruch

Nicht ausdrücklich gesetzlich geregelt war zunächst, ob auch frühere Aktionäre, die bereits gegen eine ursprünglich festgesetzte geringere Abfindung aus der Gesellschaft ausgeschieden waren, ohne selbst ein Spruchverfahren durchzuführen, eine Zahlung bis zur Höhe der durch das Gericht – in dem von anderen Aktionären betriebenen Spruchverfahren - festgesetzten Abfindung verlangen können. Dies war – hinsichtlich der Sicherung von Aktionären bei Beherrschungs- und Abführungsverträgen – umstritten.[566] Die Frage ist nunmehr durch Art. 1 § 13 S.2 des Spruchverfahrensneuordnungsgesetzes[567] gelöst. Eine Entscheidung im Spruchverfahren wirkt für und gegen alle, und zwar auch für diejenigen Anteilsinhaber, die bereits gegen die ursprünglich angebotene Abfindung ausgeschieden sind. Die Vorschrift knüpft an die Regelungen in § 306 Abs.2 i.V.m. § 99 Abs.5 S.1,2 AktG, § 311 UmwG an und stellt entsprechend der bisher schon überwiegenden Auffassung klar, daß auch frühere Anteilsinhaber einen Anspruch auf Anpassung bis zur Höhe einer gerichtlich heraufgesetzten Abfindung haben.[568]

D. Anfechtbarkeit von Hauptversammlungs-Beschlüssen wegen Fehlern im Laufe von Squeeze-Out-Verfahren

Nach § 241 AktG kann ein Hauptversammlungsbeschluß aus den dort genannten Gründen nichtig sein. Er kann auch nach § 243 Abs.1 AktG wegen Verletzung des Gesetzes oder der Satzung angefochten werden. Auf die allgemeinen Nichtigkeits- oder Anfechtungsgründe soll in diesem Zusammenhang nicht näher eingegangen werden. Zu erwähnen ist jedoch, daß, wie bereits erörtert, das

---

[565] ebenso Fuhrmann/Simon, WM 2002, 1211, 1216.
[566] Haase, AG 1995, 7, 12 f.; vgl. zum Meinungsstand auch Hüffer, AktG, § 305 Rn.32.
[567] Gesetz vom 12.6.2003, BGBl. I, 838.
[568] Begr.Ref.E zu § 13 , BT-Drs. 15/371, S.17.

Nichterreichen der erforderlichen Mehrheit von 95 % für die Durchführung eines Squeeze-Out-Verfahrens nicht zur Nichtigkeit des Übertragungsbeschlusses, sondern nur zu dessen Anfechtbarkeit führt. Ebenso können Treuepflichtverstöße die Anfechtung begründen, wenn sie zu einem nicht gerechtfertigten Eingriff in die Rechtstellung der Minderheitsaktionäre führen.

Soweit es sich um Verstöße verfahrensrechtlicher Art handelt, lassen die getroffenen Regelungen eine Reihe von Fragen offen.

I. Auslegung von Unterlagen von der Einberufung der Hauptversammlung an, § 327c Abs.3 AktG

Von der Einberufung der Hauptversammlung an sind nach § 327c Abs.3 Nr.2 u.a. die Jahresabschlüsse und Lageberichte für die letzten drei Geschäftsjahre zur Einsicht der Aktionäre auszulegen. Umstritten ist, ob damit die drei letzten Geschäftsjahre gemeint sind, für die bereits Jahresabschlüsse vorliegen oder nach den handelsrechtlichen Bilanzierungsvorschriften bereits Jahresabschlüsse vorliegen müssten, oder die drei Geschäftsjahre vor der Hauptversammlung. Das OLG Hamburg[569] vertritt die Auffassung, die Fassung des § 327 c Abs.3 AktG lasse sowohl eine rein zeitliche Auslegung zu, wonach die Jahresabschlüsse der letzten drei kalendermäßig vergangenen Geschäftsjahre auszulegen sind, als auch die Auslegung, daß nur die Geschäftsabschlüsse gemeint seien, die bereits aufgestellt, geprüft und festgestellt seien oder festgestellt sein müßten.

Zu §§ 49 Abs.2 und 63 Abs.1 Nr.2 UmwG, die hinsichtlich der Verschmelzung von der Einberufung der Hauptversammlung an die Auslegung der Jahresabschlüsse der an der Verschmelzung beteiligten Rechtsträger für die letzten drei Geschäftsjahre vorsehen, wird die Ansicht vertreten,[570] die Pflicht zur Auslegung gelte nur, soweit entsprechende Jahresabschlüsse nach den handelsrechtlichen Vorschriften zu erstellen waren und erstellt sind. Dies wird auch zu § 327c Abs.3 Nr.2 AktG angenommen mit Rücksicht auf die sonst vorhandene Beschränkung der Gesellschaft in der zeitlichen Gestaltung der Beschlussfassung.[571] Angenommen wird auch, daß, falls der Jahresabschluß für das letzte vor der Einberufung der Hauptversammlung abgeschlossene Geschäftsjahr am Tage der Einberufung noch nicht erstellt ist, und nach den handelsrechtlichen Vorschriften (§ 264 Abs.1 S.1 HGB) zu diesem Zeitpunkt auch noch nicht aufge-

---

[569] OLG Hamburg, Urt.v.11.4.2003 – 11 U 215/02, NZG 2003, 539, 542.mit Anm. Gesmann-Nuissl, WuB II A § 327a AktG 1.03.
[570] Kallmeyer, UmwG, § 49 Rn.2 u. § 63 Rn.3; Grunewald in Lutter , UmwG, § 63 Rz.3; J. Vetter, NZG 1999, 925, 928;
teilweise einschränkend.: Rieger in Widmann/Mayer; UmwR, § 63 Rz.13.
[571] Mallmann, EWiR 2003,1, § 327a AktG.

stellt sein musste, dieses Geschäftsjahr nicht mitgerechnet wird.[572] In diesem Falle seien die Jahresabschlüsse aus den drei diesem vorangehenden Geschäftsjahren auszulegen.[573] Demgegenüber wird betont,[574] zwar sei auf die letzten drei vor dem Tag der Einberufung der Hauptversammlung abgeschlossenen Geschäftsjahre abzustellen, für die eine Pflicht zur Aufstellung von Jahresabschlüssen und Lageberichten bestanden habe. Es komme aber nicht darauf an, ob sie erstellt worden seien, so daß sie ggf. nachgeholt werden müßten. Nach einer weiteren Ansicht sind die Jahresabschlüsse und Lageberichte, die aufzustellen waren, auszulegen, und zwar auch solche, die freiwillig, d.h. vor Ablauf der Frist des § 264 Abs.1 S.1 HGB, tatsächlich auf- und festgestellt worden sind.[575]

Die in § 327 c Abs.3 Nr.2 AktG vorgeschriebene Vorlage der Jahresabschlüsse und Lageberichte der letzten drei Geschäftsjahre soll die umfassende Information der Minderheitsaktionäre sicherstellen. Sie dient dazu, ihnen die Überprüfung der Angemessenheit der vom Hauptaktionär angebotenen Abfindung zu ermöglichen und ist für ihre Entscheidung von Bedeutung, ob ein Spruchverfahren durchgeführt werden soll.[576] Mit Rücksicht auf diesen Schutzzweck sowie angesichts des eindeutigen Wortlauts des § 327c Abs.3 Nr.2 AktG und der gleichlautenden Gesetzesvorschrift in § 293f Abs.1 Nr.2 AktG ist die Regelung dahin zu verstehen, daß die Geschäftsabschlüsse und Lageberichte gemeint sind, die aufgestellt, geprüft und festgestellt sind oder handelsrechtlich hätten aufgestellt werden müssen.[577] Es reicht nicht aus, dem Informationsbedürfnis der Minderheitsaktionäre durch Fragen und Auskünfte in der Hauptversammlung zu entsprechen.[578] Auch bei Abwägung der Interessen des Hauptaktionärs an der Durchführung eines Squeeze Out und der Minderheitsaktionäre an der Kenntnis des in der Regel besonders wichtigen Abschlusses des gerade vergangenen Jahres ist es entgegen z.T. vertretener Ansicht[579] erforderlich, daß mit der Einberufung einer Squeeze-Out-Hauptversammlung notfalls gewartet werden muß, bis der Jahrsabschluß des letzten Geschäftsjahres gemäß § 264 Abs.1 S.2 HGB aufgestellt worden ist.

---

572 Gesmann-Nuissl, WuB II A. § 327a AktG 1.03 m.w.N.

573 Hasselbach in Kölner Komm.z. UnternehmenR, § 327c Rn.30;

574 J.Vetter, NZG 1999, 925, 929; Hasselbach in Kölner Komm.z. UnternR, § 327c Rn.30.

575 Emmerich/Habersack, KonzernR, § 327c Rn.14.

576 Wartenberg, AG 2004, 539, 540

577 So auch:Heidel, AktR,§ 327c Rn.7; Hüffer, AktG, § 327c Rn. 6, § 293 f Rn. 3; Geibel/Süßmann, WpÜG, § 327c AktG Rn.37.

578 So aber Dißars, BKR 2004, 389, 391, für den Fall, daß Jahresabschlüsse n. den handelsrechtl. Bilanzierungsvorschriften noch nicht vorliegen müßten.

579 Wartenberg, AG 2004, 539, 541.

II. Verspätete Übermittlung der Gewährleistungserklärung

Vor Einberufung der Hauptversammlung hat der Hauptaktionär gemäß § 327b Abs.3 AktG dem Vorstand eine Erklärung zu übermitteln, durch die ein Kreditinstitut die Gewährleistung für die Erfüllung der Verpflichtung des Hauptaktionärs zur Zahlung der Barabfindung übernimmt. Übermittelt der Hauptaktionär jedoch die Erklärung nicht rechtzeitig, so fragt sich, welche Folgen eintreten. Man könnte daran denken, daß dann keine Befugnis des Vorstandes zur Einberufung der Hauptversammlung nach § 121 Abs.2 AktG vorläge und dieser Einberufungsmangel zur Nichtigkeit des in der Hauptversammlung gleichwohl gefaßten Beschlusses nach § 241 Nr.1 AktG führen würde. Der Vorstand darf ohne Vorliegen der Gewährleistungserklärung die Hauptversammlung nicht einberufen, und ein Verstoß kann seine Mitglieder nach § 93 Abs.2 AktG z.B. wegen sonst nicht entstandener Kosten schadensersatzpflichtig machen.[580] Es liegt jedoch ein nicht zur Nichtigkeit des Hauptversammlungsbeschlusses führender Verfahrensverstoß vor, der die Anfechtbarkeit des Hauptversammlungsbeschlusses begründen kann.[581] Die Verspätung ist für einen Beschluß nicht kausal, wenn die Gewährleistungserklärung bis zur Beschlußfassung vorliegt.[582] Bei Fehlen der Gewährleistungserklärung ist ein Ausschließungsbeschluß wegen Verletzung des Gesetzes nach § 243 Abs.1 AktG anfechtbar.[583] Die Regelung des § 327b Abs.3 AktG soll sicherstellen, daß jedenfalls in der Hauptversammlung und nicht erst später die Gewährleistungserklärung vorliegt. Die Aktionäre sollen auch prüfen können, ob sie den gesetzlichen Vorgaben entspricht.

E. Anfechtbarkeitsbeschränkung von Hauptversammlungsbeschlüssen

Wegen des nicht selten vorkommenden Mißbrauchs von Anfechtungsmöglichkeiten und der daraus folgenden oft erheblichen Verzögerung bei der Umsetzung von Hauptversammlungsbeschlüssen sind in der Vergangenheit immer wieder Möglichkeiten der Einschränkung der Anfechtbarkeit derartiger Beschlüsse diskutiert worden.[584] Eine Neuregelung des aktienrechtlichen Anfechtungs- und Organhaftungsrechts, insbesondere der Klagemöglichkeiten von Aktionären, ist deshalb auch Gegenstand der Verhandlungen des 63. Deutschen Juristentages 2000 gewesen.[585]

---

[580] Hüffer, AktG, § 327b Rn.9.
[581] ebenso Krieger, BB 2002, 53, 58.
[582] Singhof/Weber, WM 2002, 1158, 1167; Krieger, BB 2002, 53, 58.
[583] So auch Hüffer, AktG, § 327b Rn.9; Krieger, BB 2002, 53, 58; Schüppen, WPg 2001, 958, 975 Fn.64.
[584] Schwarz, ZRP 2000, 330.
[585] Verhandlungen des 63.DJT, Bd.II/1 , Teil O.

I. Allgemeine Einschränkung des Anfechtungsrechts

Die Anfechtbarkeit von Squeeze-Out-Beschlüssen nach § 327f Abs.1 AktG ist bereits gesetzlich eingeschränkt. Sie kann nicht auf § 243 Abs.2 AktG, also den Versuch der Erlangung von Sondervorteilen durch den Hauptaktionär, oder darauf gestützt werden, daß die durch den Hauptaktionär festgelegte Barabfindung nicht angemessen ist (§ 327f Abs.1 S.1 AktG). Als Anfechtungsgründe kommen aber z.B. die unzutreffende Berechnung der 95%igen Beteiligung des Hauptaktionärs oder das Fehlen der Gewährleistung eines Kreditinstituts gemäß § 327b Abs.3 AktG in Betracht.[586] Auch eine Anfechtung wegen Mißachtung von Einberufungsvorschriften ist grundsätzlich zulässig,[587] ebenso, soweit es sich um verweigerte Auskünfte handelt, sofern die verweigerte Auskunft den Beschlußgegenstand betrifft.[588]

Durch das am 1. November 2005 in Kraft getretene Gesetz zur Unternehmensintegrität und Modernisierung des Anfechtungsrechts (UMAG)[589] sind u.a. weitere Regelungen zur Verhinderung rechtsmissbräuchlicher Anfechtungsklagen durch Einschränkung der Anfechtungsbefugnis sowie der Anfechtungsgründe getroffen worden.

1. Anfechtungsbefugnis

Bisher war in § 245 Nr.1 AktG die Anfechtungsbefugnis in der Weise geregelt, daß anfechtungsbefugt jeder in der Hauptversammlung erschienene Aktionär war, wenn er gegen den Hauptversammlungsbeschluß Widerspruch zur Niederschrift erklärt hatte. Bisweilen wurden jedoch nach Bekanntmachung der Tagesordnung von sog. räuberischen Aktionären gezielt Aktien erworben, um nach Widerspruch in der Hauptversammlung Anfechtungsklagen zu erheben. Daher ist die Anfechtungsbefugnis durch das UMAG eingeschränkt worden. Nach der Neufassung des § 245 Nr.1 AktG ist eine Anfechtungsbefugnis nur noch gegeben, wenn der Aktionär die Aktien schon vor der Bekanntmachung der Tagesordnung erworben hatte, weil derjenige weniger schutzbedürftig erscheint, der nach Bekanntmachung der Tagesordnung Aktien kauft in Kenntnis dessen, welche Beschlüsse zu erwarten sind.[590]

---

[586] Angerer, BKR 2002, 260, 266.
[587] BGH, Urt.v.17.11.1997 – II ZR 77/97, GmbHR 1998, 136, 137; BGH, Urt.v.30.3.1987 – II ZR 180/86, ZIP 1987, 1117, 1119.
[588] Hüffer, AktG, § 131 Rn. 44.
[589] BGBl. I 2005, 2802.
[590] So Gesetzesbegründung, BT-Drs.15/5092, S.27.

2. Anfechtungsgründe

Nach § 243 Abs.1 AktG kann ein Beschluß der Hauptversammlung wegen Verletzung des Gesetzes oder der Satzung angefochten werden. Ein häufiger Anfechtungsgrund war bisher die Einschränkung des Rede- und Fragerechts der Aktionäre.[591] Um den Ablauf von Hauptversammlungen zu straffen und zugleich die Zahl von Anfechtungen zu vermindern, ist durch das UMAG § 131 Abs.2 AktG in der Weise ergänzt worden, daß die Satzung oder die Geschäftsordnung den Versammlungsleiter ermächtigen kann, das Frage- und Rederecht zeitlich angemessen zu beschränken. Ferner ist der Katalog der Gründe, wegen derer der Vorstand eine Auskunft verweigern darf, erweitert worden. Nach § 131 Abs.3 Nr.7 AktG kann der Vorstand – im Hinblick auf das durch § 127a AktG neu geschaffene „Aktionärsforum"[592] - nunmehr eine Auskunft in der Hauptversammlung auch dann verweigern, soweit sie bereits über mindestens sieben Tage vor Beginn der Hauptversammlung und in der Hauptversammlung durchgängig auf der Internetseite der Gesellschaft zugänglich ist.

II. Abfindungswertbezogene Informationsmängel

Soweit es um die Barabfindung geht, war bisher nicht eindeutig geklärt, ob in Squeeze-Out-Verfahren bei abfindungswertbezogenen Informationsmängeln ein Anfechtungsrecht bestand[593] oder die Minderheitsaktionäre nach § 327f Abs.1 AktG allein auf das Spruchverfahren verwiesen waren.[594] Dieses Problem hatte eine besondere Bedeutung, da die Verletzung von Informationspflichten der am häufigsten geltend gemachte Anfechtungsgrund war.[595]

Anfechtungsklagen von Minderheitsaktionären sind – abgesehen von § 243 Abs.2 AktG – nach dem Wortlaut des § 327f Abs.1 S.1 AktG ausgeschlossen, soweit sie darauf gestützt werden, daß die durch den Hauptaktionär festgelegte Barabfindung nicht angemessen ist. Man konnte daher der Auffassung sein, daß, sofern den Minderheitsaktionären Informationen nicht zur Verfügung gestellt werden, die ausschließlich die Beurteilung der Angemessenheit des Ausgleichs betreffen, die Erhebung einer Anfechtungsklage ebenfalls ausgeschlossen sei.

[591] Krieger, ZHR 163, (1999), 343, 358.

[592] Die inzwischen erlassene Aktionärsforumsverordnung (AktFoV), BGBl. I 2005, 3193, ist am 1.12.2005 in Kraft getreten.

[593] So OLG Hamm,Beschl.v. 17.3.2005–27 W 3/05, OLGR Hamm 2005, 310; LG Frankfurt/M., Urt.v. 31.3.2004 – 3-02 O 97/03, EWiR § 327a AktG 2/04 mit Anm. Fleischer/Fuchs.

[594] Sieger/Hasselbach, ZGR 2002, 120, 160; Aha, BB 2003, 2310; OLG Köln, Beschl.v.6.10.2003 – 18 W 35/03, BB 2003, 2307, 2308; LG Hamburg, Urt.v.13.1.2003 – 415 O.140/02, EWiR § 327a AktG 3/03 mit Anm. Wilsing.

[595] Marsch-Barner, Verhandlungen des 63.DJT, Bd. II, 055, 062.

Denn die diesbezüglichen Streitfragen stehen in sachlichem Zusammenhang mit dem Spruchverfahren,[596] und mißbräuchliche Anfechtungsklagen sollten insoweit ausgeschlossen werden.[597] Bei Zulassung der Anfechtbarkeit von Beschlüssen wegen abfindungswertbezogener Informationsmängel hätten die Minderheitsaktionäre die Möglichkeit gehabt, die mit einem Squeeze-Out-Verfahren beabsichtigten Maßnahmen durch Erhebung von Anfechtungsklagen zu hemmen. Da eine Anfechtung von Hauptversammlungsbeschlüssen bei der Verweigerung von Auskünften, die den Beschlussgegenstand betreffen, aber grundsätzlich zulässig war,[598] bedurfte es besonderer Gründe, um einen Ausschluß der Anfechtbarkeit von Hauptversammlungsbeschlüssen gerade bei abfindungswertbezogenen Informationsmängeln annehmen zu können. Allein der Umstand, daß Streitfragen über abfindungswertbezogene Informationsmängel in sachlichem Zusammenhang mit der im Spruchverfahren zu entscheidenden Frage der Höhe der angemessenen Abfindung standen, vermochte die Annahme eines Ausschlusses der Anfechtbarkeit ohne ausdrückliche gesetzliche Regelung nicht zu rechtfertigen.

Es wurde daher – auch zur Vermeidung rechtsmißbräuchlicher Anfechtungsklagen – im Hinblick auf die Rechtsprechung des BGH[599] zum Umwandlungsrecht die Ansicht vertreten, daß eine Anfechtung wegen behaupteter Verletzungen des Auskunfts- und Fragerechts zur Angemessenheit des Barabfindungsangebots ausgeschlossen sei. Solche abfindungswertbezogenen Informationsmängel seien ausschließlich im Spruchverfahren zu prüfen,[600] zumal sonst das Ziel, zügige Strukturveränderungen bei gleichzeitiger wirtschaftlicher Entschädigung der Aktionäre zu gewährleisten, kaum erreicht werde. Demgegenüber wurde bezweifelt, ob es angesichts der gesetzlichen Regelung möglich sei, allein wegen der Zielsetzung des neu eingeführten Squeeze-Out-Verfahrens die vom BGH zu einem andersartigen Rechtsinstitut entwickelten Grundsätze hierauf zu übertragen.[601] Auszugehen sei davon, daß die Regelungen in § 212 UmwG und § 327f Abs.1 AktG – was das Problem der Anfechtbarkeit von Hauptversammlungsbeschlüssen anbelangt – nicht völlig übereinstimmen. Da die Anfechtung eines

---

[596] Siehe auch Kurzwelly, RWS-Forum 20, Gesellschaftsrecht 2001, S.1, 21.

[597] So Sieger/Hasselbach, ZGR 2002, 120, 160; Vetter, DB 2001, 743, 746; Habersack, ZIP 2001, 1230, 1237; Klöhn, AG 2002, 443, 452.

[598] Hüffer, AktG, § 131 Rn. 44.

[599] BGH, Urt.v.18.12.2000 – II ZR 1/99, DB 2001, 319; BGH, Urt.v.29.1.2001 – II ZR 368/98, DB 2001, 471, 472.

[600] Vetter, DB 2001, 743, 746; Vetter, AG 2002,176, 189; Sieger/Hasselbach, ZGR 2002, 121, 160; Hirte, ZHR 167 (2003), 8, 26, 27, 34; Sinewe, DB 2001, 690; Wilsing/Kruse, DB 2002, 1539. 1543; Henze, RWS-Forum 20, Gesellschaftsrecht 2001, S.39, 45 ist grundsätzlich der Auffassung, die Belange der ausscheidenden Gesellschafter würden hinreichend dadurch berücksichtigt, daß sie - ggf. im Spruchverfahren - für ihren Verlust einen vollen Wertausgleich erhielten, so daß es keiner Anfechtungsklage bedürfe.

[601] Auch Henze, ZIP 2002, 97, 108, geht nicht von einer uneingeschränkten Übertragbarkeit dieser Rechtsprechung auf alle Rechtsinstitute aus.

Umwandlungsbeschlusses nach § 212 S. 2 UmwG sogar ausscheide, wenn gar keine Barabfindung angeboten ist, sei in Übereinstimmung mit der Rechtsprechung des BGH[602] anzunehmen, daß das bloße Vorhandensein von Informationsdefiziten keine Anfechtbarkeit begründen könne. Für die Einführung der neuen Regelung des Squeeze Out hätten jedoch nicht die Vorschriften des Umwandlungsgesetzes als Vorbild gedient, sondern die über die Mehrheitseingliederung.[603] Daher seien deren Vorschriften zum Vergleich heranzuziehen. § 320b Abs.2 AktG stimme jedoch fast wörtlich mit der entsprechenden Vorschrift für das Squeeze-Out-Verfahren überein. § 327f Abs.1 S.3 AktG treffe eine Regelung für den Fall, daß eine Anfechtungsklage wegen nicht ordnungsgemäßen Angebots einer Barabfindung nicht erhoben, zurückgenommen oder rechtskräftig abgewiesen worden ist, erachte also eine derartige Anfechtungsklage als zulässig. Daher wurde z.T. eine Anfechtbarkeit auch wegen abfindungswertbezogener Informationsmängel angenommen.[604] Die Frage ist aber umstritten geblieben.[605]

Durch das UMAG ist das Problem der Anfechtbarkeit von Hauptversammlungsbeschlüssen wegen abfindungswertbezogener Informationsmängel auch in Squeeze-Out-Verfahren nunmehr geregelt worden. § 243 Abs.4 AktG in der Neufassung bestimmt, daß auf unrichtige, unvollständige oder unzureichende Informationen in der Hauptversammlung über die Ermittlung, Höhe oder Angemessenheit der Abfindung eine Anfechtungsklage nicht gestützt werden kann, wenn das Gesetz für Bewertungsrügen ein Spruchverfahren vorsieht. Die Vorschrift bestimmt zwar nicht selbst die Anwendbarkeit eines Spruchverfahrens bei abfindungswertbezogenen Beschlussmängeln; derartige Mängel beeinträchtigen aber dann nicht die Wirksamkeit des Hauptversammlungsbeschlusses, wenn ein Spruchverfahren anderweit gesetzlich vorgeschrieben ist wie in § 307 Abs.1 S.2 AktG.[606]

F. Probleme des Freigabeverfahrens

Der Vorstand hat den Squeeze-Out-Beschluß nach § 327e Abs.1 AktG zur Eintragung in das Handelsregister anzumelden und dabei gemäß 327e Abs.2, 319 Abs.5 AktG eine sog. Negativerklärung abzugeben, daß eine Klage gegen die

---

[602] BGH, Urt.v.18.12.2000 – II ZR 1/99, DB 2001, 319;
BGH, Urt.v.29.1.2001 – II ZR 368/98, DB 2001, 471, 472.

[603] Vgl. BR-Drs. 574/01, S.74, 182.

[604] so auch Habersack in Emmerich/Habersack,KonzernR, § 327f AktG Rn.4; Grunewald, ZIP 2002, 18, 21; Gesman-Nuissl, WM 2002, 1205, 1210; LG Frankfurt/M., Beschl.v.14.5.2003- 3-13 O 22/03, DB 2003, 1726; LG Frankfurt/M., Urt.v. 31.3.2004 – 3-02 O 97/03, EWiR § 327a AktG 2/04.

[605] Vgl. Dißars, BKR 2004, 389 392 m.w.N.

[606] BR-Drs.15/5092, S.26.

Wirksamkeit des Beschlusses nicht oder nicht fristgemäß erhoben oder eine solche Klage rechtskräftig abgewiesen oder zurückgenommen worden ist. Durch Erhebung einer Anfechtungsklage kann die Umsetzung eines Squeeze-Out-Beschlusses oft jahrelang verzögert werden kann, weil dadurch eine sog. Registersperre (§§ 327e Abs.2, 319 Abs.5 S.2 AktG) eintritt.[607] Die Registersperre kann erhebliche Schwierigkeiten für den Hauptaktionär und die Gesellschaft verursachen, etwa weil beschlossene Strukturmaßnahmen nicht rechtzeitig durchgeführt werden können.

Allerdings kann eine Registersperre durch ein Freigabeverfahren – oder auch sog. Unbedenklichkeitsverfahren - gemäß §§ 327e Abs.2, 319 Abs.6 AktG überwunden werden. In einem derartigen selbständigen Eilverfahren kann das zuständige Landgericht feststellen, daß die Erhebung der Klage der Eintragung nicht entgegensteht. Ein Freigabebeschluß darf aber nur ergehen, wenn die Klage gegen die Wirksamkeit des Hauptversammlungsbeschlusses unzulässig oder offensichtlich unbegründet ist oder wenn bei Abwägung der Vor- und Nachteile ein vorrangiges Eintragungsinteresse anzunehmen ist (§§ 327e Abs.2, 319 Abs.6 S.2 AktG).

I. Unzulässigkeit oder offensichtliche Unbegründetheit der Anfechtungsklage

Die Feststellung der Unzulässigkeit einer Anfechtungsklage oder der offensichtlichen Unbegründetheit ist nicht selten mit Schwierigkeiten verbunden. Relativ einfach ist in der Regel die Zulässigkeit oder Unzulässigkeit einer Klage festzustellen. Aber auch bei Prüfung der Zulässigkeit einer Anfechtungsklage ergeben sich bisweilen erhebliche Probleme. Die Zulässigkeit ist vollumfänglich und nicht nur summarisch zu prüfen.[608] So hat das Gericht die Prozessfähigkeit als Prozesshandlungsvoraussetzung, bei deren Fehlen eine Klage als unzulässig abzuweisen ist, von Amts wegen zu prüfen.[609] Deren Feststellung kann aber erheblich erschwert sein, etwa wenn als anfechtender Aktionär eine ausländische „Gesellschaft" auftritt, die sich durch ihren vermeintlichen Vorstand vertreten läßt. In einem solchen Fall ist bisweilen zweifelhaft, ob die „Gesellschaft" nach dem für sie maßgebenden Recht – etwa der Republik Tartastan - überhaupt rechtsfähig ist, ggf. wirksam durch ihren „Vorstand" vertreten wird und dieser Prozessvollmacht erteilen kann. Das Gericht muß die Vertretungsbefugnis in jeder Lage des Verfahrens prüfen, also auch, ob der Vertreter in der nach dem maßgebenden Recht vorgeschriebenen Form bestellt worden ist.[610] Außerdem

---

[607] OLG Saarbrücken, Beschl.v. 11.2.2005 – 1 W 293/04, OLGR Saarbrücken 2005, 446 f.

[608] Buchta/Sasse, DStR 2004, 958, 959.

[609] Vgl.Baumbach/Lauterbach, ZPO, § 51, Rn.25.

[610] Vgl.Baumbach/Lauterbach, ZPO, § 51, Rn.25.

fehlt bisweilen auch in Ländern, nach deren Recht Gesellschaften ihre Rechtsfähigkeit grundsätzlich durch Eintragung in staatliche Register erwerben sollen – so in der Mongolei[611] - ein modernes Handelsregister, so daß auf andere Eintragungen bei staatlichen Institutionen, die oft schwierig zu ermitteln sind, zurückgegriffen werden muß.

Unter welchen Voraussetzungen eine Anfechtungsklage bei Annahme ihrer Zulässigkeit als „offensichtlich" unbegründet i.S.v. §§ 327e Abs.3, 319 Abs.6 S.2 Alt.2 AktG anzusehen ist, wird nicht einheitlich beantwortet.[612] Nach Auffassung des BGH[613] hat eine Eintragung im Handelsregister zu unterbleiben, wenn die Entscheidung über die Begründetheit einer Anfechtungsklage von nicht zweifelsfrei zu beantwortenden Rechtsfragen oder von der Bewertung von Tatsachen abhängt, die unterschiedlich gewürdigt werden könnten. Dem folgt ein Teil der Rechtsprechung hinsichtlich des Prüfungsmaßstabes, der an die Feststellung der „offensichtlichen Unbegründetheit" einer Klage anzulegen ist. Es wird angenommen, diese Voraussetzung liege nur dann vor, wenn das Gericht ohne weitere sachliche Ermittlung und ohne schwierige rechtliche Überlegungen zu der Überzeugung gelange, daß die Klage zweifelsfrei unbegründet sei. Wenn jedoch schwierige oder umstrittene Rechtsfragen zu beantworten seien, insbesondere die Parteien und das Gericht sich erst intensiv mit der Gesetzeslage und der Gesetzessystematik auseinandersetzen müssten, sei die Klage jedenfalls nicht „offensichtlich" unbegründet.[614] Nach anderer Ansicht ist für das Merkmal der „Offensichtlichkeit" jedenfalls nicht entscheidend, ob auch schwierige Rechtsfragen gewürdigt werden müssen, da es nicht darauf ankomme, wie schnell eine offensichtliche Unbegründetheit erkannt werde, sondern wie zweifelsfrei eine gefundene Wertung sei, ob also das erkennende Gericht eine andere Beurteilung für nicht oder kaum vertretbar hält.[615]

Bei Auslegung des Begriffs „offensichtlich" ist nicht der Schwierigkeitsgrad der rechtlichen Problematik maßgeblich, da ein Gericht die aufgeworfenen Rechts-

---

[611] Nelle, http :// www.mongolei.de/recht/handelsgesellschaften.htm

[612] vgl. zum Meinungsstand LG Saarbrücken, Beschl.v.28.7.2004 – 7 I O 24/04, NZG 2004, 1012, 1013

[613] BGH, Beschl.v.2.7.1990 – II ZB 1/90, BGHZ 112, 9, 25–„Hypothekenbank-Schwestern."

[614] OLG Frankfurt, Beschl.v.9.6.1997 – 10 W 12/97, ZIP 1997, 1291, 1292; zustimmend Kiem, EWiR 1997, 1039, 1040; OLG Düsseldorf, Beschl. v. 15.3.1999 – 17 W 18/99, ZIP 1999, 793; LG Hanau, Beschl. v. 5.10.1995 – 5 O 183/95, ZIP 1995, 1820, 1821; LG Frankfurt/Main, Beschl.v. 14.5.2003 – 3-13 O 22/03, DB 2003, 1726; dazu ablehnend Veil, ZIP 1996, 1065, 1070.

[615] OLG Hamm, Beschl.v.4.3.1999 – 8 W 11/99, ZIP 1999, 798, 799; zustimmend Veil, EWiR 1999, 521; OLG Frankfurt, Beschl.v.12.3.1998 – 6 U 470/96, AG 1998, 428, 429; OLG Köln, Beschl.v. 6.10.2003 – 18 W 35/03, BB 2003, 2307; OLG Frankfurt/Main, Urt.v.11.4.2003 – 11 U 215/02, NZG 2003, 539, 544; OLG Frankfurt/Main, Urt.v.17.2.1998 – 5 W 32/97, EWiR 1998, 665; dazu Bayer, EWiR 1998, 665.

fragen selbst in einem summarischen Verfahren hinreichend würdigen muß.[616] Es kommt auch nicht auf den Prüfungsaufwand an, sondern nur darauf an, ob eine schwierige Rechtsfrage letztlich unter eingehender Würdigung von Rechtsprechung und Literatur dahin zu beantworten ist, daß sich ein anderes Ergebnis nicht mit überzeugenden Argumenten vertreten lässt und die Klage deshalb zweifelsfrei ohne Erfolgsaussicht ist.[617]

In der ersten Zeit nach Inkrafttreten der §§ 327a ff AktG spielte bei Anfechtungsklagen vor allem die Frage der angeblichen Verfassungswidrigkeit der Squeeze-Out-Regelung eine Rolle. Sie stellte den häufigsten Klagegrund dar.[618] Wie oben (S. 43 ff.) ausgeführt, ist aber in der Einführung der Möglichkeit eines Squeeze Out kein Verstoß gegen verfassungsrechtliche Grundsätze zu sehen. Im Hinblick auf die Rechtsprechung des BVerfG zur Frage des Ausschlusses von Aktionären gegen Barabfindung,[619] die der Gesetzgeber bei Schaffung der Vorschriften über den Squeeze Out berücksichtigt hat,[620] weitere Entscheidungen,[621] die von Anfang an durchweg die Verfassungsmäßigkeit bejaht haben, sowie die h.M. im Schrifttum, die ebenfalls von der Verfassungsmäßigkeit aus-

---

616 Hüffer, AktG, § 319 Rn. 18; OLG Düsseldorf, Beschl.v.16.1.2004 – I-16 W 63/03, EWiR § 327e AktG 1/04 mit zust. Anm. Sustmann; OLG Köln Beschl. v.6.10.2003, BB 2003, 2307; OLG Hamm, Beschl.v. 17.3.2005 – 27 W 3/05, OLGR Hamm 2005, 310; LG München, Beschl.v. 14.8.2003 – 5 HK O 13413/03, ZIP 2004, 167, 168; OLG Frank furt, Urt.v.17.2.1998 – 5 W 32/97, EWiR 1998, 665; zustimmend v.Schnurbein, AG 2005, 725, 728; Bayer, EWiR 1998, 665, 666; so auch grundsätzlich Hasselbach in Kölner Komm/WpÜG, § 327e AktG, Rn.8, der allerdings ggf. auch eine summarische Prüfung als ausreichend ansieht.

617 So auch Brandner/Bergmann, in FS f. Bezzenberger, S.59, 65; Buchta/Sasse, DStR 2004, 958, 959; Gesmann-Nuissl, WuB II A. § 327a AktG 1.04; Dißars, BKR 2004, 389, 394; Fuhrmann/Linnerz, ZIP 2004, 2306, 2307; OLG Düsseldorf, Beschl.v.16.1.2004 – 1-16 W 63/03, ZIP 2004, 359; OLG Frankfurt, Urt.v.17.2.1998 – 5 W 32/97, EWiR 1998, 665; OLG Hamm, Beschl.v. 4.3.1999 – 8 W 11/99, ZIP 1999, 798, 799.

618 Dißars, BKR 2004, 389, 390; v. Schnurbein, AG 2005, 725, 729.

619 BVerfG,Beschl.v.7.8.1962–1 BvL 16/60, BVerfGE 14, 263, 276 f – (Feldmühle); BVerfG, Beschl.v.27.4.1999-1 BvR 1613/94, BVerfGE 100, 289, 301 f – (DAT/Altana); BVerfG, Beschl.v.23.8.2000–1 BvR 68/95 u 1 BvR 147/97, ZIP 2000, 1670f (MotoMeter).

620 vgl. BR-Drs. 574/01, S.75.

621 OLG Köln, Beschl.v.6.10.2003 – 18 W 35/03, BB 2003, 2307, 2309;
OLG Hamburg, Urt.v.11.4.2003 – 11 U 215/02, AG 2003, 441;
OLG Stuttgart, Beschl.v.3.12.2003 – 20 W 6/03, NZG 2004, 146, 149;
LG Osnabrück, Urt.v.5.7.2002 – 13 O. 177/02, AG 2002, 527, bestätigt durch OLG Oldenburg, Beschl.v.30.9.2002 – 1 W 45/02-, AG 2002, 682;
LG Berlin,Urt.v.17.2.2003 – 99 O.111/02, ZIP 2003, 1352;
OLG Düsseldorf v.16.1.2004 – I – 16 W 63/03, AG 2004, 207 ff;
OLG Düsseldorf, Urt.v. 14.1.2005 – I –16 U 59/04, AG 2005, 293;
OLG Düsseldorf, Beschl.v. 29.6.2005– I-15 W 38/05, AG 2005, 654, 655;
OLG Hamm, Beschl.v. 17.3.2005 – 27 W 3/05, OLGR Hamm 2005, 310;
KG, Urt.v. 25.11.2004 – 2 U 44/03, KGR Berlin 2005, 157 ff ;
OLG Stuttgart, Beschl.v.13.5.2005–20 W 9/05, AG 2005, 662,663 m.w.N.

geht,[622] besteht kein Anlaß mehr für die Annahme durchgreifender verfassungsrechtlicher Bedenken. Selbst wenn man also der Auffassung folgen würde, auch bei dem Erfordernis der Beantwortung schwieriger Rechtsfragen liege keine „offensichtliche Unbegründetheit" vor, sind solche Schwierigkeiten jedenfalls hinsichtlich der verfassungsrechtlichen Problematik nicht mehr anzunehmen. Daher wäre eine Anfechtungsklage, die ausschließlich auf die angebliche Verfassungswidrigkeit der Regelungen des Squeeze Out gestützt ist, nach beiden Auffassungen offensichtlich unbegründet, so daß ein Beschluß nach §§ 327e Abs.2, 319 Abs.6 AktG im Freigabeverfahren ergehen und auf diese Weise die Registersperre beseitigt werden könnte.

Schwieriger zu beurteilen ist die Problematik jedoch, soweit es im Rahmen der Prüfung der „offensichtlichen" Unbegründetheit auf die Untersuchung einer eventuellen Rechtsmißbräuchlichkeit des Verhaltens von Aktionären ankommt. Denn ein Rechtsmissbrauch des Anfechtungsklägers führt zum Wegfall seiner Klagebefugnis und deshalb zur Unbegründetheit der Klage.[623] Eine solche Prüfung kommt in Betracht, wenn die Annahme nicht fern liegt - etwa infolge von Erfahrungen in anderen Prozessen oder auf Grund von Erörterungen bei Fachveranstaltungen[624] -, daß der Kläger nicht berechtigte Interessen als Anteilseigner wahrnimmt. Das kann der Fall sein, wenn er das Klagerecht aus sachfremden Erwägungen dazu benutzt, von der Gesellschaft Leistungen zu erlangen, die er eigentlich nicht verlangen kann,[625] etwa als sog. „räuberischer Aktionär." Räuberische Aktionäre nutzen in der Regel zum Schutz von Aktionären erlassene Vorschriften in einer dem Gesetzeszweck widersprechenden Weise, um sich durch Androhung oder Erhebung von Anfechtungsklagen Sondervorteile durch „Abkauf" solcher Klagen zu verschaffen.[626] Die Prüfung, ob Rechtsmissbräuchlichkeit vorliegt, erfordert in einem solchen Fall in der Regel eine sehr umfangreiche Würdigung auch tatsächlicher Umstände, zumal die Indizien für den Mißbrauchswillen noch nicht völlig geklärt sind.[627] Eine derartige Prüfung wird nicht ohne weiteres zur Annahme der „offensichtlichen" Unbegründetheit führen. Zwar sollte im Freigabeverfahren die Möglichkeit genutzt werden, Aktivitäten „räuberischer Aktionäre" alsbald durch entsprechende Entscheidungen in diesem Eilverfahren zu begegnen, zumal der Erlaß eines Freigabebeschlusses das mit derartigen Anfechtungsklagen bezweckte „Erpressungspotential" nahezu

---

[622] Sieger/Hasselbach, ZGR 2002, 120, 126 f; ; Krieger, BB 2002, 53, 54; Stumpf, NJW 2003, 9, 12; Wirth/Arnold, AG 2002, 503, 504 f; Dißars, BKR 2004, 389, 390; Kiem, RWS-Forum Gesellschaftsrecht 2001, S. 329, 331 f;; a.A. Hanau, NZG 2002, 1040, 1042.

[623] BGH, Urt.v.22.5.1989 – II ZR 206/88 „Kochs-Adler," BGHZ 107,296,310 f.;Hüffer, ZGR 2001, 833,858; Hirte, DB 1989, 267 f.

[624] Th.Baums, Gutachten zum 63. Deutschen Juristentag 2000, F 144 ff.

[625] Grunewald in MüKo/AktG, § 319 Rn.33; Hasselbach in Kölner Komm/WpÜG, § 327e Rn.9; sowie beispielhaft OLG Stuttgart, Urt.v.10.1.2001–20 U 91/99, AG 2001, 315, 316.

[626] Th. Baums, Gutachten, S.F 153.

[627] Lutter, EWiR 1990, 851, 852.

obsolet machen und sich in vielen Fällen auch auf das Interesse an der Weiterverfolgung der Hauptsache auswirken dürfte.[628] Diese Zielsetzung kann jedoch nicht dazu führen, im Rahmen des Freigabeverfahrens hinsichtlich der Beurteilung der „offensichtlichen" Unbegründetheit der Anfechtungsklagen vermeintlicher räuberischer Aktionäre andere Maßstäbe anzulegen als sie sonst in gerichtlichen Eilverfahren üblich sind. Es besteht kein überzeugender Grund, insoweit hinsichtlich der etwaigen Annahme der „offensichtlichen" Unbegründetheit zwischen den verschiedenen Eilverfahren zu differenzieren, da die Auswirkungen anderer Eilverfahren für die Betroffenen nicht weniger gravierend sein können. Auch kann Rechtsmissbräuchlichkeit – und damit eine Unbegründetheit der Klage - nicht schon allein deshalb angenommen werden, weil eine Anfechtungsklage durch einen in der Vergangenheit übermäßig als Anfechtungskläger in Erscheinung getretenen Aktionär erhoben wurde. Ein solches Verhalten kann allerdings ggf. im Rahmen eines Anscheinsbeweises mit berücksichtigt werden.[629]

II. Interessenabwägung

Wird in einem Freigabeverfahren die Anfechtungsklage als zulässig, aber nicht als „offensichtlich unbegründet" angesehen, so kann dennoch ein Freigabebeschluß ergehen, wenn das alsbaldige Wirksamwerden des Squeeze Out nach freier Überzeugung des Gerichts unter Berücksichtigung der Schwere der mit der Klage geltend gemachten Rechtsverletzungen zur Abwendung der vom Antragsteller dargelegten wesentlichen Nachteile unter Vornahme einer Interessenabwägung vorrangig erscheint (§ 327e Abs.2 i.V.m. § 319 Abs.6 S.2 AktG). Nicht eindeutig geregelt ist, welche Interessen gegeneinander abzuwägen sind. Die Verweisung auf § 319 Abs.6 S.2 AktG, wo Nachteile für die „Gesellschaft und ihre Aktionäre" genannt sind, kann bedeuten, daß in einem Freigabeverfahren nach Anfechtung eines Squeeze-Out-Beschlusses nur eine Abwägung vorzunehmen ist zwischen dem Interesse der beklagten Gesellschaft und der Aktionäre am Vollzug der Maßnahme und dem Interesse des anfechtenden Minderheitsaktionärs. Die Gesellschaft selbst hat am Vollzug des Squeeze-Out-Beschlusses kein erhebliches eigenes Interesse, da sie durch den Ausschluß der Minderheitsgesellschafter nicht in ihrer Struktur verändert wird. Es kommt deshalb nicht in erster Linie auf das Interesse der Gesellschaft, sondern dasjenige des Hauptaktionärs am Ausschluß der Minderheitsaktionäre an.[630] Berücksichtigt man den Anlaß der Neuregelung, durch die nicht nur die Rechte des Hauptaktionärs gestärkt, sondern auch hohe Kosten für die Vorbereitung von Hauptversammlungen bei Verbleiben von Minderheitsaktionären vermieden werden

[628] So auch Keul, ZIP 2003, 566, 568.
[629] Hasselbach in Kölner Komm / WpÜG, § 327e Rn.9.
[630] So Kiem, RWS-Forum Gesellschaftsrecht 2001, S.329, 345; Hüffer, AktG, § 327e Rn.3.

sollten, dann kann jedoch das Interesse der Gesellschaft nicht ganz außer Acht bleiben.[631] Bei der Abwägung ist daher auch zu berücksichtigen, ob durch eine Verzögerung des Ausschlusses der Minderheitsaktionäre wesentliche Nachteile für die Gesellschaft oder den Hauptaktionär drohen,[632] die im Hinblick auf die Schwere der mit der Anfechtungsklage geltend gemachten Rechtsverletzungen die alsbaldige Eintragung bei einer Abwägung der Vor- und Nachteile als vorrangig erscheinen lassen.[633]

Problematisch ist ferner die Gewichtung der widerstreitenden Interessen. So wird teilweise schon das Interesse des Hauptaktionärs an einer zügigen Durchführung des Squeeze Out gegenüber den Interessen der Minderheitsaktionäre als vorrangig erachtet.[634] Nach anderer Ansicht können wegen der Schwere des Eingriffs in die Mitgliedschaftsstellung der Minderheitsaktionäre etwaige Nachteile des Hauptaktionärs nicht überwiegen.[635] Bei der Abwägung kann allein das typische Interesse des Hauptaktionärs an der weiteren Durchführung des Squeeze-Out-Verfahrens zum baldigen Ausschluß der Minderheitsaktionäre nicht ausreichen.[636] Es wird stets vorliegen, so daß es deshalb nicht der besonderen gesetzlichen Regelung über die Abwägung der unterschiedlichen Interessen im Freigabeverfahren zur Überwindung der Registersperre bedurft hätte. Daher reicht auch die bei erfolgreichem Squeeze Out eintretende Kostenersparnis für die Gesellschaft nicht aus, um den Verlust der Mitgliedschaftsrechte für die Aktionäre aufzuwiegen.[637] Ebenso würde es im Gegensatz zur Zielsetzung des Gesetzes stehen, das Interesse der Minderheitsaktionäre an der Beibehaltung ihrer Mitgliedschaft stets überwiegen zu lassen oder es – wie teilweise angenommen wird[638] - überhaupt nicht zu berücksichtigen. Bei der Abwägung der Belange der Beteiligten ist demgemäß auf Seiten der Minderheitsaktionäre nicht nur abstrakt zu berücksichtigen, daß sie ihre Mitgliedsstellung verlieren, sondern es sind auch der Umfang und ggf. sonstige Umstände ihrer Beteiligung in die Abwägung einzubeziehen. Von wesentlicher Bedeutung ist der Umstand, daß ein Minderheitsaktionär zwar mit der Eintragung des Squeeze-Out-Beschlusses im Handelsregister auf Grund eines Freigabebeschlusses seine Mitgliedschaftsstellung verliert, daß dieser Verlust aber wieder rückgängig gemacht und dem Minderheitsaktionär wieder seine frühere Rechtsstellung eingeräumt werden kann,

---

[631] So im Ergebnis auch Hasselbach in Kölner Komm.z. UnternehmensR, § 327e AktG Rn. 10-12; Steinmeyer/Häger, WpÜG, § 327e AktG Rn.22; Habersack in Emmerich/Habersack, KonzernR, § 327e AktG, Rn.7.

[632] OLG Saarbrücken, Beschl.v. 11.2.2005 – 1 W 293/04, OLGR Saarbrücken 2005, 446 f.

[633] Bork in Lutter, UmwG, § 16 Rn.20 ff. zur Verschmelzung.

[634] Sieger/Hasselbach, ZGR 2002, 120, 159.

[635] Kiem, RWS-Forum Gesellschaftsrecht 2001, S.329, 346; Grunewald, ZIP 2002, 18, 20.

[636] so auch Krieger, BB 2002, 53, 60; OLG Saarbrücken, Beschl.v. 11.2.2005 – 1 W 293/04, OLGR Saarbrücken 2005, 446 f

[637] Buchta/Sasse, DStR 2004, 958, 959.

[638] Hasselbach in Kölner Komm/WpÜG, 2003, § 327e Rn.11.

wenn sich die Anfechtungsklage als erfolgreich erweist (vgl. S. 117 f.). Wegen fehlenden Bestandsschutzes für einen auf Grund eines Freigabebeschlusses und anschließender Eintragung eingetretenen Ausschluß von Minderheitsaktionären kann für einen erfolgreich einen Squeeze-Out-Beschluß anfechtenden Minderheitsaktionär also nur ein vorübergehender Rechtsverlust eintreten.

Für eine positive Freigabeentscheidung ist somit entscheidend, ob besondere Umstände ein gesteigertes Interesse der Gesellschaft oder ihres Hauptaktionärs an dem Vollzug begründen oder im konkreten Fall durch die Verzögerung des Ausschlusses der Minderheitsaktionäre besondere Nachteile zu erwarten sind. Zu berücksichtigen sind daher Schäden, die der Gesellschaft sowie dem Hauptaktionär bei verzögerter Durchführung eines Squeeze Out entstehen können, etwa Kosten, die auf Grund sonst nicht rechtzeitig durchführbarer Maßnahmen verursacht werden. Ein vorrangiges Vollzugsinteresse ist auch anzunehmen, wenn von der Aktiengesellschaft konkrete tiefgreifende Strukturveränderungen beabsichtigt sind, bei denen die Hauptversammlung mitwirken muß,[639] die aber bisher bei Mitwirkung der auszuschließenden Minderheitsaktionäre nicht realisiert werden konnten, oder die Durchführung riskanter Investitionen, die der Vorstand bei Vorhandensein von Minderheitsaktionären nicht wagen möchte.[640] Das kann auch bei erheblichen wirtschaftlichen Nachteilen in der Person des Hauptaktionärs der Fall sein.[641] Denn eine zeitliche Blockade von Maßnahmen ist bei Vorhandensein von Minderheitsaktionären immer möglich, da jeder Aktionär in der Lage ist, durch Anfechtungsklagen die Realisierung von Maßnahmen so zu verzögern, daß erhebliche Schäden eintreten können. Es kann daher ein überwiegendes Interesse der Gesellschaft bestehen, Minderheitsaktionäre auszuschließen, um derartige Gefahren zu vermeiden. Beispielsweise drohten bei dem Zusammenschluß der Energieversorger Vattenfall Europe und der BEWAG infolge der Erhebung von Anfechtungsklagen durch mehrere Kleinaktionäre erhebliche finanzielle Schäden u.a. wegen nicht realisierter Spareffekte und steuerlicher Vorteile bei nicht rechtzeitiger Durchführung der Maßnahme, und zwar der BEWAG in Höhe von ca. 43.200.000 €, Vattenfall Europe in Höhe von 47.000.000 €.[642] Besteht für eine Gesellschaft bei geplanten strukturellen Maßnahmen daher die Gefahr der Blockierung derartiger Maßnahmen durch Minderheitsaktionäre, dann kommt eine Freigabe der Eintragung des Squeeze-Out-Beschlusses in Betracht. Auf diese Weise würde vermieden, daß die Durchführung einer späteren Strukturmaßnahme gehemmt wird.[643] Bei der Abwägung im

---

639 Vetter, AG 2002, 176, 190.

640 Kossmann, NZG 1999, 1198, 1199, der weitere Fallgruppen erwähnt.

641 Ebenso Keul, ZIP 2003, 566, 568 sowie die Begründung des Gesetzentwurfs, BT-Drucks. 14/7034, S.73.

642 Vgl. Der Tagesspiegel v. 21.5.2003, http://www.presseportal.de.

643 Im Falle der Fusion Vattenfall Europe AG mit der BEWAG war dies allerdings zuvor nicht möglich, da Vattenfall an der BEWAG nur mit 89,52 % des Grundkapitals beteiligt war; s. KG, Urt.v.25.10.2004 – 23 U 234/03, www.rws-verlag.de/volltext-2005/zkg42htm.

Rahmen des Freigabeverfahrens ist den konkreten Interessen an der Eintragung des Squeeze-Out-Beschlusses die Schwere der mit der Anfechtungsklage geltend gemachten Rechtsverletzung gegenüber zu stellen.[644] Dabei sind die Bedeutung der verletzten Norm sowie das Ausmaß ihrer Verletzung zu berücksichtigen.[645]

Liegen Mängel vor, die kein bedeutendes Gewicht haben, etwa einfache Verfahrensfehler bei der Vorbereitung und Durchführung der Hauptversammlung, dann ist es bei der Abwägung der Vor- und Nachteile sachgerecht, einen Freigabebeschluß zu erlassen mit der Folge, daß der Hauptversammlungsbeschluß eingetragen werden kann.[646] Wurde bereits zur Behebung von Mängeln ein Bestätigungsbeschluß gemäß § 244 AktG in die Wege geleitet, dann ist bei Abwägung des Aufschubs- und Vollzugsinteresses ebenfalls kein überwiegendes Interesse des Minderheitsaktionärs anzunehmen.[647]

G. Probleme des Spruchverfahrens

Auf das gerichtliche Verfahren für die Bestimmung der Abfindung von Minderheitsaktionären, deren Aktien durch Beschluß der Hauptversammlung auf den Hauptaktionär übertragen worden sind, ist das Spruchverfahrensgesetz anzuwenden (§ 1 Nr.3 SpruchG). Spruchverfahren sind nach den bisherigen Erkenntnissen in knapp 70 % der Squeeze-Out-Verfahren eingeleitet worden.[648]

Die Durchführung gesellschaftsrechtlicher Spruchverfahren - wie sie auch in § 327f Abs.1 S.2 i.V.m. § 306 AktG vorgesehen sind, um Minderheitsaktionären, die einen Anspruch auf angemessene Barabfindung haben, hinreichenden Rechtsschutz zu gewähren – hat in der Vergangenheit eine Reihe von Schwierigkeiten verfahrensrechtlicher Art gezeigt und Anlaß zur Kritik wegen ihrer oft langen Dauer gegeben. Bereits vor Inkrafttreten der §§ 327a ff AktG wurde daher eine Spruchverfahrensneuordnung gefordert, insbesondere die Einführung verfahrensbeschleunigender Maßnahmen,[649] auch im Hinblick auf das Insolvenzrisiko wegen langer Spruchverfahren bei zu geringer angebotener Abfindung.[650] So wurde die Verminderung des Umfangs noch einzuholender Gutachten, die das Verfahren verzögern, und eine stärkere Berücksichtigung vorgerichtlicher Prüfungsberichte möglichst neutraler Sachverständiger angestrebt.

---

644 Grunewald in MüKo/AktG , § 319 Rn.38.
645 Bork in Lutter, UmwG, § 16 Rn.22a.
646 v. Schnurbein, AG 2005, 725, 733.
647 vgl. OLG Stuttgart, Beschl.v.17.12.1996 – 12 W 44/96, ZIP 1997, 75, 77.
648 Dißars, BKR 2004, 389, 390.
649 So schon Beschlüsse des 63. Deutschen Juristentages Leipzig 2000, DB 2000, 2108, 2109; Bilda, NZG 2000, 296 ff.
650 Meilicke, DB 2001, 2387ff.

Durch Schaffung der Möglichkeit des Squeeze Out haben die Schwierigkeiten bei Durchführung von Spruchverfahren, in denen die Angemessenheit der Barabfindung zu ermitteln ist, und die schon bisher bei der Abfindung ausgeschiedener Aktionäre einer eingegliederten Gesellschaft gemäß § 320b Abs.2 S.2 AktG Anwendung fanden, verstärkte Beachtung gefunden. Die Kritik hatte sich bereits in der Vergangenheit vor allem darauf konzentriert, daß die Spruchverfahren im Durchschnitt fünf Jahre dauerten,[651] in nicht wenigen Fällen in zwei Instanzen über zehn Jahre.[652] Dadurch entstand eine Gerechtigkeitslücke, weil die Gesellschaften und Mehrheitsgesellschafter bei Strukturveränderungen schnell über ihr gesellschaftliches Eigentum verfügen konnten, während die Minderheitsgesellschafter auf ausgleichende Leistungen oft jahrelang warten mußten.[653]

Auch das Bundesverfassungsgericht hatte sich daher mit der Dauer von Spruchverfahren zu befassen.[654] Es hat allerdings im konkreten Fall eine Dauer von 7 Jahren auch unter Berücksichtigung der wirtschaftlichen Bedeutung für den Antragsteller als verfassungsrechtlich noch hinnehmbar bezeichnet, zumal sich durch die Gutachtenerstattung Verzögerungen ergeben hatten, die nicht dem Gericht anzulasten waren.

Die Dauer gerichtlicher Verfahren wird dadurch beeinflusst, ob es sich um Verfahren mit Amtsermittlungsgrundsatz handelt, in denen die Gerichte den Sachverhalt aufklären und die entscheidungserheblichen Umstände selbst ermitteln müssen, was mit erheblichem Zeitaufwand verbunden sein kann, oder ob den Parteien die Darlegungs- und Beweislast obliegt, sie also in eigenem Interesse gehalten sind, möglichst bald umfassend vorzutragen und Beweis anzutreten. Nach bisheriger Rechtslage galten für die Durchführung von Spruchverfahren die §§ 1 – 34 FGG und damit auch der Amtsermittlungsgrundsatz, obwohl diese Vorschriften eher für eine verwaltende und fürsorgende Rechtspflege vorgesehen sind. Da das Spruchverfahren der Sache nach als streitiges Verfahren anzusehen ist, wurde es auch im Interesse der Verfahrensbeschleunigung als sachgerecht erachtet, die Regelungen des Spruchverfahrens denjenigen der Zivilprozeßordnung anzunähern und den Parteien die Darlegungs- und Beweislast aufzuerlegen.[655]

Erhebliche Verzögerungen der Verfahren hatten sich in der Vergangenheit insbesondere dadurch ergeben, daß die Gerichte angesichts der komplexen Sachverhalte und der Schwierigkeiten der Bewertung in der Regel ohne sachverstän-

---

[651] BT-Drs.15/371, S.1.
[652] Bilda, NZG 2000, 296.
[653] Lutter/Bezzenberger, AG 2000, 433.
[654] BVerfG, Beschl.v.26.4.1999 – 1 BvR 467/99, AG 1999, 370.
[655] Lutter/Bezzenberger, AG 2000, 433,437; Bilda, NZG 2000, 296, 298, 300.

dige Begutachtung die Angemessenheit der Abfindung nicht beurteilen konnten, so daß Sachverständige beauftragt wurden, die oft aufwendige, umfangreiche Bewertungsgutachten erstatteten. Daher wurde im Interesse der Vereinfachung und Beschleunigung u.a. dafür plädiert, die bereits vorgerichtlich tätigen Prüfer in das Spruchverfahren einzubinden und das Verfahren darauf zu konzentrieren, in welchen Punkten die vorgerichtliche Prüfung unrichtig ist.[656]

Im Hinblick auf vorgenannte Umstände und nachdem sich auch der 63. Deutsche Juristentag, die Deutsche Schutzgemeinschaft für Wertpapierbesitz e.V.[657] sowie die Regierungskommission „Corporate Governance“ in ihrem Abschlußbericht vom Juli 2001[658] für eine Neuregelung des Spruchverfahrens ausgesprochen hatten, wurde durch den Gesetzentwurf der Bundesregierung vom Januar 2003 das Gesetzgebungsverfahren zur Neuregelung des gesellschaftsrechtlichen Spruchverfahrens eingeleitet. Oberstes Ziel des Gesetzentwurfs war es,[659] unter Bewahrung der Elemente, die sich bewährt hatten – so u.a. die Zuständigkeit der Kammern für Handelssachen und die Inter-omnes-Wirkung der Entscheidung - ohne Umgestaltung des Verfahrens in einen reinen Parteiprozeß - durch Beseitigung bisheriger Mängel die Verfahrensdauer spürbar zu verkürzen und damit den Rechtsschutz der betroffenen Anteilsinhaber zu verbessern.

Am 2. Mai 2003 wurde das Gesetz zur Neuordnung des gesellschaftsrechtlichen Spruchverfahrens (Spruchverfahrensneuordnungsgesetz) verabschiedet.[660] Es ist auch für das gerichtliche Verfahren zur Bestimmung der Barabfindung von Minderheitsaktionären im Falle eines Squeeze Out anzuwenden (§ 1 Nr.3). Durch die Neuregelung wird Wünschen der Praxis in einer Reihe wesentlicher Punkte Rechnung getragen, auf die – soweit sie nicht den Squeeze Out betreffen - im Rahmen dieser Arbeit nicht sämtlich eingegangen werden kann.

Das Gesetz führt für die Beteiligten Verfahrensförderungspflichten – bei Einschränkung des Amtsermittlungsgrundsatzes - ein. Der Antragsteller muß seinen Antrag nach § 4 Abs.2 des Gesetzes begründen, wobei die Antragsbegründung konkrete Einwendungen gegen den als Grundlage für die Kompensation ermittelten Unternehmenswert enthalten muß, soweit er sich aus den bei Gericht eingereichten Berichten ergibt (§ 4 Abs.2 Nr.4). Dementsprechend hat der Hauptaktionär – gemäß § 5 Nr.3 als nunmehriger Antragsgegner - nach § 7 Abs.2 schriftlich zur Höhe der Barabfindung Stellung zu nehmen. Auf Grund der Verfahrensförderungspflicht gemäß § 9 hat jeder Beteiligte sein Vorbringen rechtzeitig vorzutragen, wobei eine Verletzung dieser Pflicht dadurch sanktioniert

---

[656] Lutter/Bezzenberger, AG 2000, 433, 434.
[657] zitiert in BT-Drs. 15/371 S.11.
[658] BT-Drs.14/7515.
[659] Vgl. Gesetzesbegründung, BT-Drs. 15/371, S.11.
[660] BR-Drs.272/03, ebenso Büchel, NZG 2003, 793, 796.

wird, daß nach § 10 Abs.1 Stellungnahmen oder Einwendungen, die nicht innerhalb gesetzter Fristen vorgebracht sind, nur zugelassen werden, wenn ihre Zulassung die Erledigung des Rechtsstreits nicht verzögern würde oder die Verspätung entschuldigt wird. Insoweit ist der Amtsermittlungsgrundsatz des § 12 FGG gemäß § 9 Abs.3 eingeschränkt worden. Da die Zurückweisung Verschulden voraussetzt, ist sie auch davon abhängig, welche Informationen dem Minderheitsaktionär zugänglich sind,[661] so daß allein der Umstand, daß ein Minderheitsaktionär mangels umfassender Kenntnis der Interna der Aktiengesellschaft nicht im einzelnen substantiiert Stellung nehmen kann, noch nicht dazu führen darf, sein Vorbringen nicht zuzulassen. Verfahrensverzögerungen, die zum großen Teil darauf beruhten, daß zur Entscheidungsfindung in aller Regel eine oder mehrere Unternehmensbewertungen erforderlich waren, sollen u.a. dadurch verhindert werden, daß keine „flächendeckenden“ Gutachten mehr eingeholt werden, sondern verstärkt auf den Bericht des sachverständigen Prüfers zurückgegriffen wird, der regelmäßig schon vor Durchführung der Maßnahme tätig wird, wobei grundsätzlich nur noch die konkrete Überprüfung streitiger Bewertungspunkte erfolgen soll.[662]

Durch das Spruchverfahrensneuordnungsgesetz sind auch die Kostenvorschriften neu gestaltet worden, um eine Benachteiligung der Minderheitsaktionäre zu vermeiden, aber auch Mißbrauchsfällen entgegenzuwirken. So bestimmt § 15 Abs.2, daß Schuldner der Gerichtskosten grundsätzlich der Antragsgegner ist. Nach § 15 Abs.4 ordnet das Gericht eine vollständige oder teilweise Erstattung der Kosten der Antragssteller, die zur zweckentsprechenden Erledigung der Angelegenheit notwendig waren, durch den Antragsgegner an, wenn dies der Billigkeit entspricht.

Das Gesetz regelt zugleich nachfolgend genannte bisher umstrittene Fragen und schafft damit insoweit z.T. Rechtsklarheit.

I. Antragsberechtigung von Rechtsnachfolgern

Bisher war zweifelhaft, wer bei Abtretung von Barabfindungsansprüchen durch ausgeschiedene Minderheitsaktionäre oder bei einer Gesamtrechtsnachfolge berechtigt ist, das Spruchverfahren zu beantragen. Gemäß § 327f Abs.2 AktG a.F. war antragsberechtigt „jeder ausgeschiedene Minderheitsaktionär“. Da der Barabfindungsanspruch abgetreten werden kann, war daran zu denken, die Antragsbefugnis, die zur Festlegung der zutreffenden Höhe dieses Anspruchs im Spruchverfahren führen soll, beim Inhaber dieses Rechtes zu sehen. Demgemäß wurde z.T. die Auffassung vertreten, wer als Einzelrechtsnachfolger von jeman-

[661] OLG Stuttgart, Beschl.v.3.12.2003 – 20 W 6/03, NZG 2004, 146, 150.
[662] Begr.Ges.E BT-Drs. 15/ 371, S.1.

dem Aktien erworben hatte, der im Zeitpunkt der Eintragung des Übertragungsbeschlusses Aktionär der Gesellschaft war, sei antragsberechtigt.[663] Nach ganz h.M. während der Geltung des früheren § 327f Abs.2 S.1 AktG a.F. war jedoch angesichts der eindeutigen Formulierung des Gesetzes auf die Rechtsstellung als ausgeschiedener Minderheitsaktionär abzustellen und nicht darauf, wem nunmehr der Barabfindungsanspruch zusteht. Es kam also auf die Aktionärseigenschaft im Zeitpunkt der Eintragung des Squeeze-Out-Beschlusses an.[664] Daher wurden Einzelrechtsnachfolger, die angesichts des bereits vorangegangenen Squeeze-Out-Beschlusses nicht als schutzbedürftig angesehen wurden,[665] nicht als antragsbefugt erachtet; die Antragsberechtigung verblieb beim ausgeschiedenen Minderheitsaktionär.[666]

Nunmehr heißt es in § 3 S.1 Nr.2 des Spruchverfahrensgesetzes ebenfalls, daß antragsberechtigt für Verfahren nach § 1 Nr.3 dieses Gesetzes, der die Barabfindung im Falle eines Squeeze Out betrifft, „jeder ausgeschiedene Aktionär" ist. Bei der Ausarbeitung dieses Gesetzes und der Formulierung des § 3 S.1 Nr.2 SpruchG war die von der h.M. vertretene Auffassung hinsichtlich der Antragsberechtigung nach § 327f Abs.1 S.1 AktG a.F. bekannt. Aus der nunmehr gewählten Fassung, die – angesichts der eindeutigen Formulierung, daß antragsberechtigt „jeder ausgeschiedene Aktionär" ist - nichts anderes zum Ausdruck bringt als früher § 327f Abs.1 S.1 AktG, ist daher zu schließen, daß keine Änderung hinsichtlich der von der h.M. angenommenen Antragsberechtigung beabsichtigt war. Denn die frühere Regelung in § 327f Abs.2 S.1 AktG ist ohne inhaltliche Änderung in § 3 S.1 Nr.2 SpruchG übernommen worden.[667] Somit ist auch nach Inkrafttreten des Spruchverfahrensneuordnungsgesetzes antragsberechtigt, wer im Zeitpunkt der Eintragung des Squeeze-Out-Beschlusses selbst Aktionär war, nicht jedoch dessen Einzelrechtsnachfolger.

Zweifelhaft kann aber sein, ob dies auch für den Fall der Gesamtrechtsnachfolge gilt. Nach dem Wortlaut des Gesetzes wäre dies anzunehmen. Das hätte allerdings zur Folge, daß etwa mit dem Ableben eines Minderheitsaktionärs dessen Erbe keinen Antrag auf Durchführung eines Spruchverfahrens stellen könnte, da er nicht „ausgeschiedener Minderheitsaktionär" ist, so daß ein solches Verfahren – wenn dies nicht durch andere Minderheitsaktionäre geschieht – überhaupt nicht eingeleitet werden könnte. Die Gesetzesbegründung zu § 3 des Spruchverfahrensneuordnungsgsgesetzes bringt allerdings zum Ausdruck, daß es sich in dem weitaus häufigsten Fall bei dem Antragsteller um einen Aktionär handeln

---

663 So Hasselbach in Kölner Komm.z. UnternehmensR, § 327f Rn.7; auch Timm/Schick, WM 1994, 185, 187 ff.
664 So ebenfalls Büchel, NZG 2003, 793, 794.
665 Geibel/Süßmann, WpÜG, § 327f AktG rn.17 m.w.N.
666 So auch Steinmeyer/Häger, WpÜG, § 327f Rn.12; Emmerich/Habersack, KonzernR,§ 327f Rn.7; Hasselbach, Kölner Komm.z.UnternR,§ 327f Rn.7.
667 Vgl. Begründung des Gesetzentwurfs, BT-Drs. 15/371, S.13.

wird,[668] geht also selbst davon aus, daß es auch Fälle geben kann, in denen der Antragsteller nicht Aktionär war – so im Falle der Gesamtrechtsnachfolge. Da gemäß § 1922 Abs.1 BGB die Erbschaft als Ganzes auf den Erben übergeht und die Vererblichkeit des Aktienrechts nicht ausgeschlossen werden kann,[669] geht auch die Rechtsstellung des ausgeschiedenen Minderheitsaktionärs auf den Erben über mit der Folge, daß die Antragsberechtigung dann dem Gesamtrechtsnachfolger zusteht.[670]

II. Antragsgegner

Ferner war bisher problematisch, gegen wen der Antrag im Spruchverfahren zu richten ist. Es wurden mehrere Auffassungen vertreten, so daß Antragsgegner die AG[671] oder nur der Hauptaktionär[672] sei, oder daß der Antrag gegen die Gesellschaft sowie den Hauptaktionär gerichtet werden solle.[673] § 5 des Spruchverfahrensgesetzes bestimmt nun in sachgerechter Weise, daß der Antrag gegen den Hauptaktionär zu richten ist.

III. Durchführung eines Spruchverfahrens trotz Anfechtung des Squeeze-Out-Beschlusses ?

Möchte ein Minderheitsaktionär zwar einerseits Aktionär der Gesellschaft bleiben und hat deshalb – etwa wegen treuwidrigen Verhaltens des Hauptaktionärs – Anfechtungsklage erhoben, ist er aber andererseits auch mit der Höhe der den Minderheitsaktionären zugedachten Barabfindung unzufrieden und würde evtl. bei höherer Barabfindung seine Anfechtungsklage zurücknehmen und ausscheiden, dann fragt sich, ob – wenn es nicht zu einer Einigung mit dem Hauptaktionär kommt – bereits das Spruchverfahren vor Abschluß des Anfechtungsverfahrens, das jahrelang dauern kann, durchgeführt werden kann. Gemäß § 327e Abs.3 AktG gehen indes erst mit der Eintragung des Übertragungsbeschlusses in das Handelsregister die Aktien der Minderheitsaktionäre auf den Hauptaktionär über und scheiden damit die Minderheitsaktionäre aus, so daß ein zuvor gestellter Antrag auf Bestimmung der angemessenen Barabfindung unzulässig ist.[674] Da eine Anfechtungsklage grundsätzlich zu einer Registersperre führt, können

[668] BT-Drs. 15/371 S.13.
[669] Palandt-Edenhofer, BGB, § 1922 Rn.23.
[670] So auch Geibel/Süßmann, WpÜG, § 327f AktG, Rn.17; Steinmeyer/Häger, WpÜG, § 327f Rn.13, Fn.14; Grunewald in MüKo/AktG, § 320b Rn.17; Fritzsche/Dreier/Verführth, SpruchG, § 3 Rn.31; Wasmann in Kölner Komm.z.SpruchG, § 3 Rn.10.
[671] So Hüffer, AktG, § 327f Rn.5.
[672] Emmerich in Emmerich/Habersack, KonzernR, § 327 f AktG, Rn.8.
[673] So Steinmeyer/Häger, WpÜG, § 327 f Rn.14.
[674] LG Berlin, Beschl.v.25.3.2003 – 102 O. 19/03, ZIP 2003, 1300.

die konstitutiven Wirkungen des § 327e Abs.3 AktG zuvor grundsätzlich nicht eintreten mit der Folge, daß die Erhebung einer Anfechtungsklage die Einleitung eines Spruchverfahrens verzögern kann.[675] Wird jedoch in einem Freigabeverfahren die Eintragung im Handelsregister trotz schwebender Anfechtungsklage erreicht, dann scheidet auch der anfechtende Minderheitsaktionär aus. Es können dann grundsätzlich beide Verfahren nebeneinander betrieben werden. Allerdings kann das für die Durchführung des Spruchverfahrens zuständige Gericht dieses Verfahren bis zum Abschluß des Anfechtungsverfahrens aussetzen.[676]

H. Auswirkungen der Eintragung ins Handelsregister

I. Fehlerhafter Ausschluß von Minderheitsaktionären

Eine durch Erhebung einer Anfechtungsklage gegen den Squeeze-Out-Beschluß eintretende Registersperre kann – wie oben S. 117 f. ausgeführt - durch das Freigabeverfahren gemäß §§ 327e Abs.2, 319 Abs.6 AktG überwunden und durch Eintragung des Squeeze-Out-Beschlusses im Handelsregister der Übergang der Aktien der Minderheitsaktionäre auf den Hauptaktionär bewirkt werden. Stellt sich jedoch anschließend im Anfechtungsverfahren heraus, daß der Ausschluß zu Unrecht erfolgt ist, so steht den ausgeschlossenen Minderheitsaktionären nach § 327e Abs.2 i.V.m. § 319 Abs.6 S.6 AktG ein Schadensersatzanspruch zu. Es fragt sich dann, ob die durch die Eintragung eingetretenen Wirkungen Bestandsschutz genießen oder ob die Minderheitsaktionäre gemäß § 249 Abs.1 BGB im Wege der Naturalrestitution auch die Wiedereinräumung ihrer Mitgliedschaft verlangen können. Für die Annahme eines Bestandsschutzes wird angeführt,[677] daß eine Freigabeentscheidung nicht nur im Falle der Unzulässigkeit oder offensichtlichen Unbegründetheit der Anfechtungsklage ergehen könne, sondern auch, wenn für den Fall des unterstellten etwaigen Erfolgs der Anfechtungsklage im Hauptsacheverfahren jedenfalls im Freigabeverfahren ein vorrangiges Vollzugsinteresse bejaht werde. Es wäre daher widersprüchlich, nach einer Freigabe bei einem etwaigen späteren Erfolg im Anfechtungsverfahren doch wieder zu einer Beseitigung der Wirkungen der Eintragung des Squeeze-Out-Beschlusses zu gelangen, indem dem anfechtenden Aktionär ein Anspruch auf Wiederherstellung seiner Mitgliedschaft eingeräumt werde. Denn dann würde dem im Freigabeverfahren zunächst bejahten Vollzugsinteresse doch nicht der Vorrang zukommen.

Die Problematik der Auswirkungen einer erfolgreichen Anfechtungsklage nach einer positiven Entscheidung im Freigabeverfahren und anschließender Eintra-

---

675 Geibel/Süßmann, WpÜG, § 327f AktG Rn.16.
676 Geibel/Süßmann, WpÜG, § 327f AktG Rn. 16.
677 H. Schmidt, AG 2004, 299, 302.

gung des Squeeze-Out-Beschlusses im Handelsregister war bereits Gegenstand der Diskussion anlässlich der Vorlage des Regierungsentwurfs. Seinerzeit war eine Bestandsschutzregelung entsprechend § 20 Abs.2 UmwG – wonach Mängel der Verschmelzung die Wirkungen der Eintragung unberührt lassen - angeregt worden.[678] Eine derartige ausdrückliche Regelung ist für Squeeze-Out-Verfahren aber nicht getroffen worden. Zu denken ist jedoch an eine sinngemäße Anwendung anderer Regelungen über einen Bestandsschutz, so hinsichtlich der Verschmelzung, wonach in Fällen der Verschmelzung bei erfolgreicher Anfechtungsklage als Ersatz des Schadens nicht die Beseitigung der Wirkungen der Eintragung verlangt werden kann (§ 16 Abs.3 S.6 UmwG). Zu berücksichtigen ist jedoch, daß andererseits bei erfolgreicher Anfechtung einer Eingliederung die Beseitigung der Eintragung durch § 319 Abs.6 AktG nicht ausgeschlossen wird.

Die Regelungen der §§ 20 Abs.2, 16 Abs.3 S.6 UmwG sollen erhebliche Schwierigkeiten vermeiden, die mit der Rückgängigmachung einer Verschmelzung verbunden wären. Bei Durchführung eines Squeeze Out wird jedoch die Struktur einer Aktiengesellschaft nicht verändert; die etwaige Rückübertragung von Aktien vom Hauptaktionär auf den ehemaligen Minderheitsaktionär bereitet in der Regel auch keine größeren Schwierigkeiten. Ein Ausschluß des grundsätzlichen Rechts auf Naturalrestitution müsste aber als Ausnahmeregelung zu §§ 249 ff BGB dem Gesetz zu entnehmen sein. Eine solche gesetzliche Regelung ist aber – anders als bei der Verschmelzung (§ 16 Abs. 3 S.6 UmwG) – nicht getroffen worden.

Die Annahme eines Anspruchs eines erfolgreich einen Squeeze-Out-Beschluß anfechtenden Minderheitsaktionärs auf Naturalrestitution ist auch nach vorangegangener positiver Entscheidung im Freigabeverfahren nicht widersprüchlich. Bei dem Freigabeverfahren handelt es sich um ein dem einstweiligen Verfügungsverfahren angenähertes Verfahren,[679] in dem nur einstweiliger Rechtsschutz gewährt wird.[680] Auch in Verfahren nach §§ 916 ff ZPO ist es nicht ausgeschlossen, daß sich auf Grund der späteren Entscheidung im Hauptsacheverfahren die zuvor getroffene Maßnahme des einstweiligen Rechtsschutzes als von Anfang an ungerechtfertigt erweist mit der Folge eines Schadensersatzanspruchs (§ 945 ZPO). Wer also nicht die Entscheidung im Hauptsacheverfahren abwarten will, sondern in seinem eigenen Interesse zuvor eine Regelung in einem Verfahren des einstweiligen Rechtsschutzes beantragt, trägt das Risiko, Schadensersatz durch Naturalrestitution leisten zu müssen, wenn später im Hauptsacheverfahren eine abweichende Entscheidung ergeht. Mangels entgegenstehender gesetzlicher Regelung ist somit davon auszugehen, daß ausgeschlossene Minderheitsaktionäre im Falle der Aufhebung des Squeeze-Out-Beschlusses im Wege

---

678 Stellungnahme des Handelsrechtsausschusses d. DAV zum RegE, NZG 2001, 1003, 1008.
679 Fuhrmann/Linnerz, ZIP 2004, 2306.
680 Geibel/Süßmann, WpÜG, § 327e Rn.11

des Schadensersatzes Anspruch auf Rückgängmachung ihres Ausschlusses und damit auf Wiedereinräumung ihrer alten Rechtsstellung haben.[681]

II. Fehler bei der Eintragung ins Handelsregister

Die Eintragung des Übertragungsbeschlusses ins Handelsregister kann infolge von Mängeln, die nicht den Squeeze-Out-Beschluß betreffen, fehlerhaft sein, so daß sie berichtigt oder gelöscht werden muß. So kann es vorkommen, daß bei Anfechtung des Hauptversammlungsbeschlusses ein Freigabebeschluß des Landgerichts gemäß §§ 327e Abs.2 i.V.m. § 319 Abs.6 AkltG mit Rechtskraftvermerk vorgelegt wird, der bestätigt, daß die Anfechtungsklage der Eintragung nicht entgegensteht, und die Eintragung daraufhin vorgenommen wird. Es kann sich dann aber herausstellen, daß der Rechtskraftvermerk zu Unrecht erteilt wurde, etwa weil die Zustellung nicht ordnungsgemäß bewirkt oder inzwischen sogar rechtzeitig Beschwerde gegen den landgerichtlichen Beschluß erhoben worden war, was die Geschäftsstelle des Landgerichts übersehen hatte. Es fragt sich, welche Konsequenzen sich bei einer solchen Sachlage für die durch die Eintragung eingetretenen Wirkungen ergeben.

Auszugehen ist davon, daß mit der zwar auf unzutreffenden Voraussetzungen beruhenden, aber wirksamen Eintragung des Übertragungsbeschlusses alle Aktien der Minderheitsaktionäre gemäß § 327e Abs.3 AktG auf den Hauptaktionär übergegangen sind. Dieser hat damit – im Falle der nachträglichen Löschung der Eintragung – eine Rechtsposition erlangt, für die keine Rechtsgrundlage besteht. Die Minderheitsaktionäre können daher Ansprüche aus ungerechtfertigter Bereicherung geltend machen[682] und auf diesem Wege Wiedereinräumung ihrer Rechtsstellung verlangen. Es handelt sich um eine Eingriffskondiktion auf Grund fehlerhafter Handlung der öffentlichen Gewalt.[683]

I. Analoge Anwendung des Squeeze Out auf andere Gesellschaften

Die durch Art. 7 WpÜG eingeführte Neuregelung des Squeeze Out nach §§ 327a ff AktG betrifft Aktiengesellschaften und Kommanditgesellschaften auf Aktien. Die Möglichkeit eines Squeeze Out bei anderen Gesellschaften ist bisher gesetzlich nicht geschaffen worden. Umstritten ist, ob die Möglichkeit, ein

---

681 Krieger, BB 2002, 53, 60; Fleischer, ZGR 2002, 757, 788; Gesmann-Nuissl, WM 2002, 1205, 1211; Geibel/Süßmann, WpÜG; § 329e AktG, Rn. 21; v.Schnurbein, AG 2005, 725, 728; Vetter, EWiR § 327e AktG 1/03; Schautes, DB 2004,592; OLG Düsseldorf, Beschl. v.16.1.2004–I-16 63/03,WuB II A.§ 327a AktG 1.04, mit zust. Anm. v.Gesmann-Nuissl.

682 Ehricke/Roth, DStR 2001, 1120, 1126.

683 Ebenso bei Zwangsvollstreckung ohne rechtswirksamen Titel, fehlerhaften Zuschlagsbeschluß u.ä., vgl.Palandt, BGB, § 812 Rn.13.

Squeeze- Out-Verfahren insbesondere auch bei der GmbH zu schaffen, bewußt nicht aufgegriffen[684] oder die Einbeziehung der GmbH in die Squeeze-Out-Regelung schlicht übersehen wurde.[685] Die Gesetzesmaterialien geben hierüber keinen sicheren Aufschluß. In Betracht kommt jedoch eine analoge Anwendung der Squeeze-Out-Vorschriften.

Dies setzt jedoch eine planwidrige Regelungslücke voraus, die eine analoge Anwendung dieser Vorschriften gestattet. Eine solche Lücke liegt vor, wenn das Gesetz keine Bestimmung für einen Sachverhalt trifft, den es aber nach den dem Gesetz zugrunde liegenden Leitgedanken und Regelungszwecken erfassen sollte.[686] Die Regelung zum Ausschluß von Minderheitsaktionären ist aber ausschließlich auf Aktiengesellschaften und Kommanditgesellschaften auf Aktiengesellschaften bezogen worden.[687] Daß im Interesse der Stärkung der Unternehmen und zur Vermeidung hoher Kosten bei Vorhandensein von Kleinstbeteiligungen auch bei anderen Gesellschaften eine den §§ 327a ff AktG entsprechende Regelung in Betracht kam, war bereits bei Vorbereitung des Gesetzgebungsvorhabens bekannt. Es ist daher nicht anzunehmen, daß die Schaffung einer Regelung über den Ausschluß von Minderheitsgesellschaftern bei anderen Gesellschaften als der AG und der KGaA „übersehen“ wurde. Vielmehr ist davon auszugehen, daß die Regelung bewusst auf die in § 327a Abs.1 AktG genannte Aktiengesellschaft und Kommanditgesellschaft auf Aktien beschränkt wurde, so daß keine „planwidrige“ Regelungslücke vorliegt. Selbst wenn man aber annähme, daß eine Regelung der Problematik bei anderen Gesellschaften versehentlich unterblieben ist, so daß eine „planwidrige“ Regelungslücke vorläge, fragt sich, ob die Sonderregelung des Squeeze-Out für Aktiengesellschaften und Kommanditgesellschaften auf Aktien auf andere Gesellschaften im Hinblick auf deren Struktur und die Zielsetzung der Neuregelung in §§ 327a-f AktG analog angewendet werden könnte.

Während die strukturellen Unterschiede zwischen Kapitalgesellschaften und Personengesellschaften zu groß sind, um eine für Minderheitsaktionäre vorgesehene Ausschlussmöglichkeit auf Mitglieder einer Personengesellschaft zu übertragen, kommt dies für eine GmbH eher in Betracht. Für eine analoge Anwendung der §§ 327a ff AktG auf Gesellschafter einer GmbH könnte sprechen, daß

---

[684] So Neye in Hirte/WpÜG,S.25, 28.
[685] So von Morgen,WM 2003, 1553,1558.
[686] Larenz/Wolf, AT, § 4 Rn. 68; Hamann, S. 170.
[687] Neye in Hirte/WpÜG, S.25, 27,29; Hamann, S. 170.

die zu regelnden Sachverhalte bei Aktiengesellschaften und Gesellschaften mit beschränkter Haftung in gewissem Umfang ähnlich sind. So können sich nichtbörsennotierte Aktiengesellschaften, für die die §§ 327a ff AktG ebenfalls gelten, u.a. in ihrer Gesellschafterstruktur, Kapitalausstattung und ihrem Geschäftsumfang stark einer GmbH annähern. Auch bei einer GmbH kann es zu einem Mißverhältnis zwischen dem Kapitalbeitrag von Minderheitsgesellschaftern und ihren Mitspracherechten kommen. Ein Zerwürfnis zwischen den Gesellschaftern kann zu einer unüberwindbaren Stagnation bei der Unternehmensleitung führen, so daß auch Minderheitsgesellschafter einer GmbH ebenso wie Minderheitsaktionäre durch mißbräuchliche Erhebung von Anfechtungsklagen vom Mehrheitsgesellschafter für erforderlich gehaltene Maßnahmen erheblich verzögern können. Als Argument für eine analoge Anwendung der §§ 327a ff AktG wird weiter angeführt, es sei – wie oben S. 69 ff. dargestellt - ohne weiteres möglich, bei Vorliegen der dafür erforderlichen Voraussetzungen eine GmbH im Wege des Formwechsels in eine Aktiengesellschaft umzuwandeln und dann ein Squeeze-Out-Verfahren durchzuführen.[688] Eine derartige Lösung sei für die Minderheitsgesellschafter einer GmbH sogar vorteilhafter als etwa ein Ausschluß durch übertragende Auflösung, da ein Squeeze-Out-Verfahren nach §§ 327a ff AktG sicherstelle, daß die Minderheitsgesellschafter zum Marktwert entschädigt werden.[689]

Gegen die Annahme eines Regelungsbedarfs bei der GmbH gerade durch ein Squeeze-Out-Verfahren wie bei Aktiengesellschaften spricht aber eine Reihe von Gesichtspunkten. Gesellschafter einer GmbH verfolgen anders als Aktionäre börsennotierter Aktiengesellschaften in der Regel keine kurzfristigen Renditeziele, sondern sind eher an mittel- und langfristigen Investitionen interessiert, so daß im Gesellschafterbestand einer GmbH eine geringere Fluktuation als bei einer börsennotierten Aktiengesellschaft stattfindet.[690] Geschäftsanteile sind wegen der erforderlichen notariellen Beurkundung der Übertragung (§ 15 Abs.3 GmbHG) weniger fungibel als Aktien. Die u.a. als Begründung für die Einführung eines Squeeze Out bei der Aktiengesellschaft angeführte Vermeidung hoher Aufwendungen zur Erfüllung formaler Anforderungen in Hauptversammlungen spielt bei Gesellschafterversammlungen einer GmbH keine derartige Rolle. Dem Gesichtspunkt der Kostenersparnis kommt daher keine so erhebliche Bedeutung zu wie bei Aktiengesellschaften, bei denen die Vorbereitung und Durchführung von Hauptversammlungen erhebliche Kosten verursachen können. Es liegen also bereits keine so ähnlichen Sachverhalte vor, daß ein unabweisbarer gleicher Regelungsbedarf besteht.

---

[688] von Morgen, WM 2003, 1553, 1558 f.
[689] von Morgen, WM 2003, 1553, 1559.
[690] von Morgen, WM 2003, 1553,1559.

Auch das Argument, die analoge Anwendung der Vorschriften über den Squeeze Out sei für die Minderheit einer GmbH vorteilhafter als ein „Squeeze Out durch übertragende Auflösung“, da ein Verfahren analog §§ 327a ff AktG sicherstelle, daß die Minderheitsgesellschafter zum Marktwert entschädigt würden, überzeugt nicht. Denn die übertragende Auflösung ist unter anderen Voraussetzungen als ein Squeeze Out zulässig. Auch der weitere für eine analoge Anwendung angeführte Gesichtspunkt, daß die Umwandlung einer GmbH in eine AG unter Beachtung der Voraussetzungen des UmwG möglich sei und anschließend ein Squeeze-Out Verfahren durchgeführt werden könne,[691] ist nicht entscheidend. Zum einen muß die Erforderlichkeit der Umwandlung im Umwandlungsbericht (§ 192 UmwG) dargestellt werden, was den Minderheitsgesellschaftern einen gewissen Schutz vor ungerechtfertigter Umwandlung in eine Aktiengesellschaft nur zum Zwecke der anschließenden Durchführung eines Squeeze Out bietet. Zum anderen rechtfertigt die Möglichkeit, ein bestimmtes Ziel auf einem „Umweg“ zu erreichen, es noch nicht, die Vorschriften über den Squeeze Out analog auf die GmbH anzuwenden. Eine analoge Anwendung der §§ 327a ff AktG scheidet daher aus.

[691] von Morgen, WM 2003, 1553, 1559.

Dritter Teil

Probleme einer übernahmerechtlichen Squeeze-Out-Regelung bei Umsetzung der Richtlinie 2004/25/EG betreffend Übernahmeangebote

§ 1 Übernahmerechtlicher Squeeze Out / §§ 39a – c WpÜG

Am 30. März 2004 ist die Richtlinie 2004/25/ EG des Europäischen Parlaments und des Rates betreffend Übernahmeangebote (Übernahmerichtlinie) verabschiedet worden,[692] die gemäß ihrem Art. 21 Abs.1 spätestens bis 20. Mai 2006 in nationales Recht umgesetzt werden sollte. Die Richtlinie enthält auch Bestimmungen über einen Squeeze Out (Art. 15 RL). Zunächst war nicht hinreichend sicher vorherzusehen, in welcher Weise eine Umsetzung vorgenommen würde, da das Gesetzgebungsverfahren für das Umsetzungsgesetz erst relativ spät in Gang gesetzt wurde.[693] Wegen der Kürze der dann noch zur Verfügung stehenden Zeit wurde der Entwurf der Bundesregierung eines Gesetzes zur Umsetzung der Richtlinie 2004/25/EG des Europäischen Parlaments und des Rates vom 21. April 2004 betreffend Übernahmeangebote (Übernahmerichtlinie-Umsetzungsgesetz) im Gesetzgebungsverfahren als besonders eilbedürftig behandelt.[694] Angesichts der verzögerten und unter Zeitdruck stehenden Umsetzung der Richtlinie wurde schon damals auf Schwächen des Entwurfs des Umsetzungsgesetzes hingewiesen.[695] Bei der Umsetzung war von folgendem auszugehen :

Die „Übernahmerichtlinie" enthält nach Art.1 Vorschriften zur Koordinierung der Rechts- und Verhaltenskodizes für Übernahmeangebote für die Wertpapiere einer dem Recht eines Mitgliedstaats unterliegenden Gesellschaft. Im übrigen sollen die Mitgliedstaaten ihre nationalen Ausschlußverfahren, die andere Voraussetzungen haben, weiter beibehalten können.[696] Die Richtlinie bestimmt, in welchem Rahmen sich der Erwerb von Wertpapieren einer börsennotierten Gesellschaft durch einen Investor vollzieht, der den Erwerb der Kontrolle der Gesellschaft zum Ziel hat oder sie bereits erworben hat. Geregelt werden öffentliche Angebote in Form von freiwilligen Angeboten, die stimmberechtigte Wertpapiere einer Gesellschaft betreffen und die auf Kontrollerlangung abzielen, sowie Pflichtangebote, die sich an den Kontrollerwerb anschließen oder diesen

---

[692] EG Richtlinie 2004 / 25 / EG, ABl. EG Nr. L 142 v. 30.04.2004, S.12.

[693] Der Referentenentwurf stammt erst vom 19.12.2005, http://www.jura.uni-augsburg.de/de/prof/moellers/materialien/; der Gesetzentwurf der Bundesregierung wurde dem Präsi denten des Bundesrates erst am 24.2.2006 zugeleitet (BR-Drs. 154/06).

[694] BR-Drs.154/06, s.dortiges Schreiben an den Präsidenten des Bundesrates.

[695] Schüppen, BB 2006, 165, 171.

[696] ErwägGr 24 S.3 f. der EG Richtlinie 2004/25/EG, ABl.EG Nr. L 142 v.30.04.2004,S.12 ff.

zum Ziel haben (Art. 2 Abs.1 lit.a RL).[697] Die Richtlinie gibt Vorgaben jedoch nur in Fällen, in denen ein an alle Aktionäre der Zielgesellschaft gerichtetes Angebot zum Erwerb sämtlicher Aktien vorliegt (Art. 15 Abs.1 RL).[698] Bei einem freiwilligen Angebot, das nicht sämtliche Anteile, sondern etwa nur 51% oder 75% der Anteile betrifft, kann diese Regelung hingegen nicht angewandt werden. Der in der Richtlinie geregelte Squeeze Out ist übernahmerechtlicher Natur; er ist als flankierende Maßnahme für einen Bieter vorgesehen, der sämtliche Aktien erwerben will, dem aber nicht alle Aktien angeboten werden.[699] Die Möglichkeit des aktienrechtlichen Ausschlusses von Minderheitsaktionären gemäß §§ 327a ff AktG steht außerdem immer dann zur Verfügung, wenn die Gesellschaft nicht börsennotiert oder die Frist für den übernahmerechtlichen Squeeze Out abgelaufen ist. [700]

Zu berücksichtigen war hinsichtlich des übernahmerechtlichen Squeeze Out insbesondere folgendes : Nach Art. 15 Abs.1,2 RL sollen die Mitgliedstaaten sicherstellen, daß ein Bieter von allen Inhabern verbleibender Wertpapiere verlangen kann, daß sie ihm ihre Papiere zu einem angemessenen Preis verkaufen. Dabei haben die Mitgliedstaaten die Wahl zwischen zwei Alternativen:

Vorausgesetzt ist, „(a) der Bieter hält entweder Wertpapiere, die mindestens 90% des stimmberechtigten Kapitals der Zielgesellschaft und 90% der Stimmrechte der Zielgesellschaft entsprechen oder (b) er hat durch Annahme des Angebots Wertpapiere erworben oder sich fest vertraglich verpflichtet, solche Wertpapiere zu erwerben, die mindestens 90% des stimmberechtigten Kapitals der Zielgesellschaft und 90% der vom Angebot betroffenen Stimmrechte entsprechen.“ Die Mitgliedstaaten können im Fall des Buchstabens a) einen höheren Schwellenwert festlegen, der jedoch 95 % des stimmberechtigten Kapitals und und 95 % der Stimmrechte nicht überschreiten darf (Art. 15 Abs.2 Unterabs.2 RL). Das Ausschlußrecht ist sodann gemäß Art. 15 Abs. 4 RL innerhalb von drei Monaten nach Ablauf der Annahmefrist (Art 7 RL) auszuüben. Nach Art.15 Abs.5 Unterabs.2 RL gilt bei einem freiwilligen Angebot die angebotene Abfindung als angemessen, wenn der Bieter durch die Annahme des Angebots Wertpapiere erworben hat, die mindestens 90% des vom Angebot betroffenen stimmberechtigten Kapitals entsprechen.

Neu eingeführt wurde durch Art. 16 RL ein Andienungsrecht (Sell Out). Danach können die Inhaber verbleibender Wertpapiere im Anschluß an ein an alle Wertpapierinhaber der Zielgesellschaft gerichtetes Angebot für sämtliche Wertpapiere von dem Bieter verlangen, daß er ihre Wertpapiere zu einem angemes-

---

[697] Mülbert, NZG 2004, 633, 636.
[698] Maul/Muffat-Jeandet, AG 2004, 306, 316.
[699] Austmann/Mennicke, NZG 2004, 846.
[700] Austmann/Mennicke, NZG 2004, 846, 847.

senen Preis unter denselben Bedingungen wie in Art.15 Abs.2 RL erwirbt. Hierfür gilt vice versa gemäß Art. 16 Abs.3 i.V.m Art. 15 Abs.4 RL ebenso eine Frist von drei Monaten.

Die in den Entwürfen zum Übernahmerichtlinie-Umsetzungsgesetz vorgesehenen Regelungen wurden von den beteiligten Verbänden in ihren Stellungnahmen grundsätzlich begrüßt.[701] Hinsichtlich der Regelungen des übernahmerechtlichen Squeeze Out wurden jedoch z.T. andere Zielvorstellungen verfolgt oder Bedenken erhoben.

Die Übernahmerichtlinie 2004/25/EG ist erst durch das am 8. Juli 2006 verabschiedete Übernahmerichtlinie-Umsetzungsgesetz[702] umgesetzt worden. Soweit es um den übernahmerechtlichen Squeeze Out und den Sell Out geht, ist dies durch Einfügung eines neuen Abschnitts 5a (Ausschluss, Andienungsrecht) in das Wertpapiererwerbs- und Übernahmegesetz geschehen, und zwar z.T. in einer Weise, wie es im Vorfeld des Gesetzgebungsverfahrens nicht ohne weiteres vorherzusehen war. Der Ausschluss der Aktionäre wurde in § 39a WpÜG, das Ausschlussverfahren in § 39b WpÜG und das Andienungsrecht in § 39 c WpÜG geregelt.

A. Schwellenwert

In den beiden in Art. 15 Abs.2 S.2 lit. a) und b) der Übernahmerichtlinie genannten Fällen, in denen ein Squeeze Out durchgeführt werden kann, sind als Schwellenwert 90 % genannt, wobei die Richtlinie in Art. 15 Abs.2 S.3 vorsieht, daß die Mitgliedstaaten einen höheren Schwellenwert im Fall a) festlegen können, der aber 95 % nicht überschreiten darf. Im Rahmen der bei Verabschiedung der Übernahmerichtlinie gefundenen Kompromisse spiegeln diese beiden Alternativen die in den Mitgliedstaaten der Europäischen Union existierenden Traditionen wider.[703] Die erste Alternative entspricht der in Deutschland und in fast allen anderen Mitgliedstaaten üblichen Konzeption, nach der auf das Halten eines hohen Anteils abgestellt wird, während die zweite Alternative der in England praktizierten Verfahrensweise entspricht, auf die im Rahmen eines Ange-

---

701 Gemeinsame Stellungnahme des Bundesverbandes der Deutschen Industrie (BDI), der Bundesvereinigung der Deutschen Arbeitgeberverbände (BDA), des Deutschen Industrie- und Handelskammertages (DIHK) und der Deutschen Versicherer (GDV) vom 24.1. und 17.3.2004, http://www.jura.uni-augsburg.de/de/prof/moellers/materialien/; Stellungnahme des Deutschen Aktieninstituts vom 24.1.2006, http://www.dai.de; Stellungnahme des Zentralen Kreditausschusses, **http://bankenverband.de.**

702 BGBl. I, 1426.

703 Siehe nähere Darstellung bei Maul/Muffat-Jeandet, AG 2004, 306, 316; Raiser/Veil, KapGesR, § 12 Rn.86 ff.

bots erworbenen Wertpapiere abzustellen.[704] Gemäß der Erwartung,[705] daß sich Deutschland nicht für das andersartige in England übliche Konzept entscheiden würde, ist bei der Umsetzung der Richtlinie in deutsches Recht Alternative a) gewählt worden.[706]

Im Rahmen der Umsetzung der Alternative a) war von Bedeutung, welcher Schwellenwert dann als Voraussetzung für ein übernahmerechtliches Squeeze-Out-Verfahren bestimmt wird und ob er im Interesse einer gleichmäßigen Handhabung mit demjenigen für das aktienrechtliche Squeeze-Out-Verfahren nach §§ 327a ff AktG übereinstimmen sollte.

Die beteiligten Verbände haben sich z.T. für einen Schwellenwert von 90 % anstelle von 95 % mit der Begründung ausgesprochen, daß durch diese erleichterte Möglichkeit zum Erwerb aller übrigen Aktien ein Ausgleich für die Verpflichtung zur Abgabe eines Pflichtangebots bei Kontrollerwerb geschaffen werden könne.[707]

Auch der Bundesrat hatte – entsprechend einer Empfehlung des Finanzausschusses, des Rechtsausschusses und des Wirtschaftsausschusses[708] - gebeten, zu prüfen, ob der Schwellenwert für den übernahmerechtlichen Squeeze Out auf 90 % der stimmbrechtigten Aktien abgesenkt werden kann, weil dadurch u.a. der administrative und finanzielle Aufwand für die Durchführung von Hauptversammlungen bei den davon betroffenen Aktiengesellschaften reduziert werden könnte.[709]

Für die Durchführung des aktienrechtlichen Squeeze-Out-Verfahrens sieht § 327a Abs.1 S.1 AktG einen Schwellenwert von 95 % vor. Er ist nach eingehender Erörterung gewählt worden, weil lediglich eine Restminderheit ausgeschlossen werden sollte.[710] Dieser Gesichtspunkt sprach dagegen, einen Schwellenwert von nur 90% aus Anlaß der Umsetzung der Richtlinie in nationales Recht für das übernahmerechtliche Ausschlußverfahren zu wählen. Denn bei

---

[704] Maul/Muffat-Jeandet, AG 2004, 306, 316.

[705] Ebenso Maul/Muffat-Jeandet, AG 2004, 306, 316.

[706] Siehe auch Begründung des Gesetzentwurfs der Bundesregierung, BR-Drs. 154/06 zu Art.1 Nr.17 (§39a WpÜG).

[707] Gemeinsame Stellungnahme des Bundesverbandes der Deutschen Industrie (BDI); der Bundesvereinigung der Deutschen Arbeitgeberverbände BDA), des Deutschen Industrie und Handelskammertages (DIHK) und der Deutschen Versicherer (GDV) vom 17.3.2004, S.2 f, http://www.jura.uni-augsburg.de/de/prof/moellers/materialien/.

[708] Empfehlungen der Ausschüsse vom 27.3.2006 zu Art.1 Nr.17 (§ 39a Abs.1 WpÜG), BR-Drs. 154/1/06.

[709] Stellungnahme des Bundesrates vom 7.4.2006 zu Art.1 Nr. 17 (§ 39a Abs.1 WpÜG), BR-Drs. 154/06 (Beschluß).

[710] Vgl. Krieger, BB 2003, 53, 54; Vetter, AG 2002, 176, 180 ff; Begr. RegE, BT-Drs. 14/7034, S.72.

den dann verbleibenden 10 % Minderheitsaktionären würde es sich nicht mehr um eine so geringe „Restminderheit" handeln, daß deren Ausschluß ohne weitere sachliche Rechtfertigung vertretbar wäre. Daher wurde es schon im Vorfeld des Gesetzgebungsverfahrens als sinnvoll erachtet, den Schwellenwert von 95 % in § 327a Abs.1 AktG unverändert zu lassen und für den übernahmerechtlichen Squeeze Out ebenfalls einen derartigen Schwellenwert vorzuschreiben.[711] Es wurde daher erwartet, daß in Deutschland Variante a) mit einem Quorum von 95% in Anlehnung an die aktienrechliche Regelung in §§ 327a ff AktG gewählt würde.[712] Dementsprechend ist die bereits im Gesetzentwurf beabsichtigte Festsetzung eines Schwellenwerts von 95 % ausdrücklich im Hinblick darauf begrüßt worden, daß jedenfalls eine derartige Mehrheit unter Berücksichtigung der Rechtsprechung zum aktienrechtlichen Squeeze Out als verfassungsrechtlich unbedenklich anzusehen ist.[713] Dieser Auffassung hat sich der Gesetzgeber angeschlossen.[714]

§ 39a Abs.1 WpÜG sieht demgemäß vor, daß nach einem Übernahme- oder Pflichtangebot dem Bieter, dem Aktien der Zielgesellschaft in Höhe von mindestens 95 % des stimmberechtigten Grundkapitals gehören, auf seinen Antrag die übrigen stimmberechtigten Aktien gegen Gewährung einer angemessenen Abfindung zu übertragen sind.

B. Ermittlung des Schwellenwertes

Im Vorfeld des Gesetzgebungsverfahrens war erwogen worden, bei Umsetzung der Richtlinie von der Möglichkeit der Einführung eines gattungsbezogenen Squeeze Out, wie ihn Art. 15 Abs.3 Unterabs.2 RL - insbesondere wegen der Vorstellungen Großbritanniens - vorsieht, auch in Deutschland Gebrauch zu machen. Diese Vorschrift gestattet den Mitgliedstaaten für den Fall, daß Zielgesellschaften mehrere Wertpapiergattungen begeben haben, vorzusehen, daß das Ausschlussrecht nur in der Gattung ausgeübt werden kann, in der der in Art. 15 Abs.2 RL festgelegte Schwellenwert erreicht ist. Der Ausschluß nach Gattungen hätte jedoch den großen Nachteil, daß ein Hauptaktionär in jeder dieser Gattungen das Quorum erreichen müßte, um Alleinaktionär durch Ausschluß zu werden. Das könnte leicht dazu führen, daß - obwohl insgesamt das Quorum erreicht wird -, doch eine Restminderheit in irgendeiner Gattung verbleibt.

---

711 Ebenso Krause, BB 2004, 113, 118; Austmann/Mennicke, NZG 2004, 846, 847.
712 so auch: Maul/Muffat-Jeandet, AG 2004, 306, 316.
713 Stellungnahme des Deutchen Anwaltvereins durch den Handelsrechtsausschuss vom Februar 2006, www.anwaltverein.de; ebenso Stellungnahme Merkt vom 8.5.2006, http://www.jura.uni- augsburg.de/de/prof/moellers/materialien/.
714 Vgl. auch Begründung des Gesetzentwurfs der Bundesregierung, BR - Drs.154/06, zu Art.1 Nr.17 (§ 39a Abs.1 WpÜG).

Bei der Bewertung des „Umsetzungsvorschlages" der Richtlinie ist allerdings der Hintergrund der 30-jährigen Entstehungsgeschichte der „Übernahmerichtlinie"[715] und deren Intention einer Harmonisierung der Ausschlußverfahren zu berücksichtigen. Im Ergebnis kann die Richtlinie wegen der unterschiedlichen nationalen Gegebenheiten und Interessen materiell-rechtlich schließlich nur eine Mindestharmonisierung herbeiführen. Wegen der konträren Vorstellungen vor allem Frankreichs mit seinen Mehrstimmrechten, Großbritanniens mit seinem Ausschlußrecht nach Aktiengattungen und schließlich auch Deutschlands mit seinen stimmrechtslosen Vorzugsaktien konnte der Konsens nur wenig über den status quo hinausgehen. Daher können jedem Mitgliedstaat seine nationalen Eigenheiten und Interessen großenteils erhalten bleiben.

Da in Deutschland wegen der Eigentumsgarantie des Grundgesetzes[716] die mitgliedschaftliche Beteiligung am Grundkapital als solche – unabhängig von einer Stimmberechtigung – geschützt ist, stieße eine Umsetzung der Richtlinie in der Weise, daß die Beteiligung am Grundkapital unberücksichtigt bleibt, auf verfassungsrechtliche Bedenken.[717] Der nationale Gesetzgeber ist zwar generell an vorrangiges Gemeinschaftsrecht gebunden. Die Richtlinie schließt es jedoch nicht aus, neben einem Schwellenwert von Stimmrechten auch das Grundkapital zu berücksichtigen, wenn dies zur Umsetzung im Einklang mit der jeweiligen Rechtsordnung erforderlich ist.[718]

§ 39a Abs.1 S.1 WpÜG sieht nunmehr vor, daß dem Bieter, dem nach einem Übernahme- oder Pflichtangebot Aktien der Zielgesellschaft in Höhe von mindestens 95 Prozent des stimmberechtigten Grundkapitals gehören, auf seinen Antrag die übrigen stimmberechtigten Aktien gegen Gewährung einer angemessenen Abfindung durch Gerichtsbeschluß zu übertragen sind. Zusätzlich bestimmt § 39a Abs.1 S.2 WpÜG, daß dann, wenn dem Bieter zugleich Aktien in Höhe von 95 Prozent des Grundkapitals der Zielgesellschaft gehören, ihm auf Antrag auch die übrigen Vorzugsaktien ohne Stimmrecht zu übertragen sind. Durch das Recht zum Squeeze Out auch hinsichtlich der stimmrechtslosen Vorzugsaktien wird gewährleistet, daß der Bieter tatsächlich das gesamte Grundkapital der Gesellschaft erwerben kann.[719] Daß im Übernahmerichtlinie - Umset-

---

[715] S. oben S. 21 ff.; vgl. auch die Darstellungen bei Maul/Muffat-Jeandet, AG 2004, 221, 223; Wiesner, ZIP 2004, 343 ff; Dauner-Lieb, DStR 2003. 555; Krause, BB 2002, 2341; Bayer, BB 2004, 1; Seibt/Heiser, ZGR 2005, 200; v. Hein, ZGR 2005, 528; Quandt, S. 91 ff.

[716] Vgl. zur Eigentumsgarantie das Kapitel zur Verfassungsmäßigkeit des aktienrechtlichen Squeeze Out, oben S.45 ff.

[717] Vgl. auch Mülbert, NZG 2004, 633, 642.

[718] Vgl. Erwägungsgründe Nr. 11 und 26 der RL aaO; so im Ergebnis auch Krause, BB 2004, 113, 118.

[719] So auch die Begründung des Gesetzentwurfs der Bundesregierung, BR- Drs. 154/06 zu Art.1 Nr.17 (§ 39a Abs.1 S.2 WpÜG).

zungsgesetz ansonsten nicht die Möglichkeit eines gattungsbezogenen SqueezeOut vorgesehen ist, begegnet im Hinblick auf Art.15 Abs.3 Unterabs.2 RL keinen Bedenken,[720] da die Richtlinie dies nicht zwingend vorschreibt.

C. Ausschlussverfahren

Bereits im Rahmen der Vorarbeiten zur Schaffung des aktienrechtlichen Squeeze-Out-Verfahrens war die Frage Gegenstand der Erörterungen, ob für ein derartiges Verfahren ein Hauptversammlungsbeschluß vorgesehen werden oder eine Erklärung des Hauptaktionärs ausreichen sollte.[721] Der Gesetzgeber hat sich hinsichtlich des aktienrechtlichen Squeeze Out für einen Hauptversammlungsbeschluß entschieden (§ 327a Abs.1 AktG). Soweit es um die Umsetzung der Übernahmerichtlinie geht, war zunächst offen, welche Regelung für den übernahmerechtlichen Squeeze Out gewählt würde, insbesondere, ob die deutsche Regelung ebenfalls einen Hauptversammlungsbeschluß der Zielgesellschaft vorschreiben sollte.

Wie sich der Übergang der Aktien im einzelnen nach der Richtlinie zu vollziehen hat, ist nicht klar geregelt. Die Formulierung in Art. 15 Abs.2 RL, ein Bieter müsse verlangen können, daß die verbleibenden Wertpapierinhaber ihm ihre Wertpapiere „zu einem angemessenen Preis verkaufen," deutet auf einen Kaufvertrag. Andererseits ist in Art. 15 Abs.5 Abs.1 RL nicht vom Kaufpreis, sondern von einer „Abfindung" die Rede. Angesichts dessen, daß die Richtlinie zur Frage der näheren Ausgestaltung des Verfahrens schweigt, ist davon auszugehen, daß dies zur Regelungskompetenz der Mitgliedstaaten gehört.

Zum Teil war daran gedacht worden, für einen übernahmerechtlichen Squeeze Out – ebenso wie für ein Ausschlußverfahren nach §§ 327a ff AktG – einen Hauptversammlungsbeschluß vorzusehen.[722] Gegen das Erfordernis eines Hauptversammlungsbeschlusses auch für einen übernahmerechtlichen Squeeze Out wurden jedoch im wesentlichen die gleichen Einwände erhoben wie hinsichtlich eines Hauptversammlungsbeschlusses zur Durchführung eines Squeeze Out nach §§ 327a ff AktG.[723] Insbesondere wurde darauf abgestellt, daß ein Hauptversammlungsbeschluß den Minderheitsaktionären den Weg der Anfechtungsklage eröffne, die dadurch die Eintragung des Übertragsbeschlusses in das Handelsregister und damit das Wirksamwerden ihres Ausschlusses verhindern oder jedenfalls verzögern könnten.[724] Von dieser Möglichkeit mache eine Reihe

---

[720] So auch Merkt/Binder, BB 2006, 1285, 1290.
[721] Vgl. S. 171 ff.
[722] So auch Austmann/Mennicke, NZG 2004, 846, 851.
[723] Siehe dazu S. 170 ff.
[724] So u.a. Austmann/Mennicke, NZG 2004, 846, 852 m.w.N.

berufsmäßig agierender Anfechtungskläger, sog. räuberischer Aktionäre, bereits bei Squeeze-Out-Verfahren nach §§ 327a ff AktG Gebrauch, um den Hauptaktionär zu zusätzlichen Leistungen für die Rücknahme der Klage zu veranlassen. Es biete sich daher vielmehr an, eher eine Lösung zu wählen, wonach das Ausschlußverlangen des Bieters grundsätzlich ausreiche, um den Übergang der Aktien von den Minderheitsaktionären auf den Bieter zu bewirken. Zur Sicherung der Minderheitsaktionäre sollte ein aufsichtsrechtliches Verfahren genutzt werden. Gedacht wurde auch an einen übertragenden Verwaltungsakt der Bundesanstalt für Finanzdienstleistungsaufsicht (BaFin).[725] Angeregt wurde[726] z.B., daß der Bieter sein Ausschlussverlangen entsprechend § 14 Abs.1 WpÜG der BaFin übermittelt, die es auf seine Ordnungsmäßigkeit zu überprüfen hätte. Sie sollte sodann ein ordnungsgemäßes Ausschlussverlangen zur Veröffentlichung in den Formen des § 14 Abs. 3 WpÜG zulassen. Nach Ablauf einer einmonatigen Frist sollten die Aktien von Gesetzes wegen auf den Bieter übergehen. Die Minderheitsaktionäre, die zum Verfahren über einen übernahmerechtlichen Squeeze Out vor der BaFin hätten beigezogen werden müssen, könnten dann eine positive Zulassungsentscheidung anfechten.[727] Es war jedoch nicht ersichtlich, inwieweit durch ein solches Verfahren eine wesentliche Verbesserung gegenüber einem Squeeze-Out-Verfahren mit einem Hauptversammlungsbeschluß hätte erreicht werden können. Allein die Prüfung der Unterlagen durch die BaFin, die nicht nur mit dem konkreten Verfahren, sondern auch noch mit anderen Verfahren und weiteren Aufgaben befasst ist, würde in der Regel einige Zeit in Anspruch nehmen. Infolge der Möglichkeit des Widerspruchs der Minderheitsaktionäre gegen Entscheidungen der BaFin und der anschließenden Beschreitung des Rechtsweges träte keine geringere Verzögerung ein als im aktienrechtlichen Squeeze-Out-Verfahren. Daher war zu erwarten, daß es zu keinem derartigen Ausschlussverfahren unter Mitwirkung der BaFin kommen würde.

Der Gesetzgeber hat im Übernahmerichtlinie-Umsetzungsgesetz eine andere Lösung gewählt. Für den übernahmerechtlichen Squeeze Out bedarf es keines Hauptversammlungsbeschlusses, sondern nach § 39a Abs.1 S.1 WpÜG sind dem Bieter, dem nach einem Übernahme- oder Pflichtangebot Aktien der Zielgesellschaft in Höhe von mindestens 95 Prozent des stimmberechtigten Grundkapitals gehören, auf seinen Antrag die übrigen Aktien durch Gerichtsbeschluß zu übertragen. Über den Antrag entscheidet gemäß § 39a Abs.5 WpÜG ausschließlich das Landgericht Frankfurt am Main. Auf das Verfahren ist gemäß § 39b Abs.1 WpÜG grundsätzlich das Gesetz über die Angelegenheiten der freiwilligen Gerichtsbarkeit anzuwenden. Das Landgericht Frankfurt am Main erscheidet durch Beschluß, der frühestens einen Monat seit Bekanntmachung der Antragstellung im elektronischen Bundesanzeiger und erst dann ergehen darf, wenn der Bieter

---

[725] Hopt/Mülbert/Kumpan, AG 2005, 109, 114.
[726] Austmann/Mennicke, NZG 2004, 846, 853.
[727] So die Überlegungen von Austmann/Mennicke, NZG 2004, 846, 853.

glaubhaft gemacht hat, daß ihm Aktien in Höhe des zum Ausschluß mindestens erforderlichen Anteils am stimmberechtigten oder am gesamten Grundkapital der Zielgesellschaft gehören (§ 39b Abs.3 S.1,2 WpÜG). Gegen die Entscheidung findet die sofortige Beschwerde zum OLG Frankfurt am Main statt; die weitere Beschwerde ist ausgeschlossen (§ 39b Abs.3 S.3-6 WpÜG).

Die zum Gesetzentwurf gehörten Verbände haben sich bei ihren Stellungnahmen überwiegend gegen eine Beteiligung der Hauptversammlung und für das nunmehr vom Gesetzgeber gewählte übernahmerechtliche Ausschlussverfahren gemäß §§ 39a und 39b WpÜG ausgesprochen. Sie haben vor allem hervorgehoben, daß dieses gerichtliche Ausschlußverfahren eine wesentliche Erleichterung gegenüber dem aktienrechtlichen Ausschlussverfahren nach §§ 327a ff AktG darstelle, da beim aktienrechtlichen Squeeze Out immer das Risiko einer Anfechtung des Hauptversammlungsbeschlusses und eines anschließenden langjährigen Rechtsstreits bestehe. Das gerichtliche Übertragungsverfahren sei wesentlich leichter durchzuführen, schnell und kostengünstig.[728]

D. Schaffung eines Bestandsschutzes ?

Die Richtlinie regelt nicht, ob dem Rechtsübergang der Aktien auf Grund eines übernahmerechtlichen Squeeze Out im Falle erfolgreicher Anfechtung eines Übertragungsbeschlusses Bestandskraft zukommen soll. Hierzu wurde die Ansicht vertreten,[729] ein Bestandsschutz solle vorgesehen werden, um eine für die Verkehrsfähigkeit der Aktien erforderliche Rechtssicherheit zu schaffen. Durch die nunmehrige Verfahrensregelung im Übernahmerichtlinie-Umsetzungsgesetz hat sich diese nach Erlaß der Richtlinie zunächst erörterte Problematik erledigt, denn gemäß § 39b Abs.5 S.3 WpÜG gehen alle Aktien der übrigen Aktionäre erst mit Rechtskraft des gerichtlichen Übertragungsbeschlusses auf den zum Ausschluss berechtigten Aktionär über.

---

[728] Gemeinsame Stellungnahme des Bundesverbandes der Deutschen Industrie (BDI), der Bundesvereinigung der Deutschen Arbeitgeberverbände (BDA), des Deutschen Industrie- und Handelskammertages (DIHK) und der Deutschen Versicherer (GDV) vom 24.1. und 17.3.2004, http://www.jura.uni-augsburg.de/de/prof/moellers/materialien/; Stellungnahme des Deutschen Aktieninstituts vom 24.1.2006, http://www.dai.de; Handelsrechtsausschuss des Deutschen Anwaltvereins in seiner Stellungnahme vom Februar 2006, www.anwaltverein.de; ebenso Seibt/Heiser, AG 2006, 301, 317.

[729] Austmann/Mennicke, NZG 2004, 846, 853.

E. Abfindung

I. Angemessenheit der Abfindung

Die Übernahmerichtlinie schreibt nicht vor, daß eine Barabfindung geleistet werden muß, sondern es kommt auch eine Abfindung in Wertpapieren in Betracht. Nach Art. 15 Abs.5 RL muß die Abfindung „dieselbe Form aufweisen wie die Gegenleistung des Angebots oder in Form einer Geldleistung erfolgen. Die Mitgliedstaaten können vorsehen, daß zumindest wahlweise eine Geldleistung angeboten werden muß." Angesichts des Erfordernisses einer Barabfindung beim aktienrechtlichen Squeeze Out nach §§ 327a ff AktG war zu erwarten, daß bei Umsetzung der Übernahmerichtlinie in deutsches Recht eine Geldleistung zumindest wahlweise angeboten werden muß.[730] Eine derartige Regelung ist nunmehr auch durch das Übernahmerichtlinie-Umsetzungsgesetz getroffen worden (§ 39a Abs.3 S.2 WpÜG).

Probleme können sich aber bei der Ermittlung der Höhe der Abfindung ergeben. Die Mitgliedstaaten haben sicher zu stellen, daß eine angemessene Abfindung garantiert wird (Art. 15 Abs. 5 S. 1 RL). Die Richtlinie stellt Vermutungen hinsichtlich der Angemessenheit auf (Art. 15 Abs.5 Unterabs. 2 RL). Bei einem freiwilligen Angebot „gilt die im Angebot angebotene Abfindung dann als angemessen, wenn der Bieter durch die Annahme des Angebots Wertpapiere erworben hat, die mindestens 90 % des vom Angebot betroffenen stimmberechtigten Kapitals entsprechen;" bei einem Pflichtangebot „gilt die Gegenleistung des Angebots als angemessen." Bei einem Pflichtangebot gilt als angemessener Preis der höchste Preis, der vom Bieter oder einer mit ihm gemeinsam handelnden Person in einem von den Mitgliedstaaten festzulegenden Zeitraum von mindestens sechs und höchstens zwölf Monaten vor dem Angebot für die gleichen Wertpapiere gezahlt worden ist (Art. 5 Abs.4 S.1 RL), während der Bieter den Preis bei freiwilligen Angeboten selbst gestalten kann.

Die Begründung einer unwiderleglichen Vermutung – wie sie zum Teil aufgrund der Formulierung des Art.15 Abs.5 RL in der deutschen Fassung angenommen wird - kann bei entsprechender Umsetzung der Richtlinie in deutsches Recht hinsichtlich der Angemessenheit der Abfindung auf verfassungsrechtliche Bedenken stoßen. Bereits der Regierungsentwurf zu § 327b Abs.1 S.3 AktG hatte eine unwiderlegliche Vermutung hinsichtlich der Angemessenheit der Barabfindung beim aktienrechtlichen Squeeze Out vorgesehen. Wenn jemand auf Grund eines in den letzten sechs Monaten vor der Beschlußfassung abgegebenen Angebots nach dem Wertpapiererwerbs- und Übernahmegesetz Hauptaktionär geworden war, sollte eine im Rahmen dieses Angebots angebotene Geldleistung als angemessene Barabfindung anzusehen sein, sofern das Angebot von mindes-

[730] Austmann/Mennicke, NZG 2004, 846, 849.

tens 90 % der Aktionäre, an die es gerichtet war, angenommen worden ist.[731] Auch die von der Europäischen Kommission eingesetzte Expertengruppe für das Gesellschaftsrecht hatte schon damals eine Regelung in der Europäischen Union dahin angeregt, daß der bei einem Übernahmeangebot angebotene Preis als angemessener Squeeze-Out-Preis angesehen werden sollte, wenn dieses Angebot von Gesellschaftern angenommen worden ist, die mindestens 90% des Gesellschaftskapitals, das Gegenstand des Übernahmeangebots war, innehaben.[732] Wegen verfassungsrechtlicher Bedenken des Bundesrates[733] ist aber dieser Vorschlag hinsichtlich des aktienrechtlichen Squeeze Out nicht Gesetz geworden. Der Bundesrat hatte sich gegen eine derartige Vorschrift insoweit ausgesprochen, als sie eine unwiderlegliche Vermutung aufstellen sollte, weil die betroffenen Aktionäre damit im Ergebnis so gestellt würden, als wenn sie das – von ihnen abgelehnte – frühere Übernahmeangebot doch angenommen hätten. Auch sonst sind gegen eine derartige Regelung Bedenken geltend gemacht worden mit Rücksicht auf die in der Rechtsprechung des Bundesverfassungsgerichts - vor allem in der „Feldmühle"-Entscheidung[734] und der „DAT-Altana"-Entscheidung -[735] - zum Ausdruck kommenden Grundsätze zur Bemessung der Abfindung.[736]

Aus diesen Gründen war nach Erlaß der Übernahmerichtlinie darauf hingewiesen worden, daß sich diese verfassungsrechtliche Problematik nicht stellen würde, wenn die in Art. 15 Abs.5 Unterabs.2 RL enthaltene Regelung im Sinne einer widerleglichen Vermutung zu verstehen ist. Der deutsche Text des Art.15 Abs.5 Unterabs.2 RL deutet zwar angesichts der Formulierung „ gilt dann ... als angemessen" auf eine unwiderlegliche Vermutung hin. Die deutsche Fassung der Richtlinie ist jedoch nicht die allein maßgebende. Zu berücksichtigen sind auch die Fassungen in anderen Gemeinschaftssprachen. So heißt es in der englischen Fassung „ presumed" und in der französischen „présumée", was für eine widerlegliche Vermutung spricht.[737] Es kann daher angesichts der Mehrdeutigkeit der Formulierungen jedenfalls nicht davon ausgegangen werden, daß die Richtlinie zwingend nur eine unwiderlegliche Vermutung vorsieht. Hinzu kommt, daß die Kommission mit dem Ausschluss- und dem Andienungsrecht eine entsprechende Anregung der High Level Group of Corporate Law Experts[738] umsetzen wollte,

---

[731] BR-Drs. 574/01 S.53.

[732] Pressemitteilung der hochrangige Expertengruppe, http://europa.eu.int/comm/internal-market/de/compan.../hlg01-2002-de.ht

[733] Stellungnahme des Bundesrates abgedruckt ZIP 2001, 1787, 1788.

[734] BVerfG, Beschl.v.7.8.1962 – 1 BvL 16/60, BVerfGE 14, 263 ff.

[735] BVerfG. Beschl.v. 27.4.1999 – 1 BvR 1613/94, BVerfGE 100, 289 ff.

[736] Heidel/Lochner, DB 2001, 2031, 2032-2033.

[737] Mülbert, NZG 2004, 633, 634.

[738] Bericht der hochrangigen Gruppe von Experten auf dem Gebiet des Gesellschaftsrechts über die Abwicklung von Übernahmeangeboten vom 10.1.2002, www.europa.eu.int/comm/ internal_market/en/ company/ news/hlg012002_de.pdf.

die ihrerseits lediglich widerlegliche Vermutungen vorschlug.[739] Daher ist anzunehmen, daß durch die Richtlinie nur eine widerlegliche Vermutung geschaffen werden sollte.[740] Es wäre also bei einer entsprechenden Umsetzung in deutsches Recht weiter möglich gewesen, nachzuweisen, daß im Einzelfall ein höherer Preis angemessen ist als der auf Grund der Vermutung angenommene. Damit wäre das verfassungsrechtliche Erfordernis erfüllt worden, Minderheitsaktionären, deren Interessen hinreichend zu berücksichtigen sind, auch hinsichtlich der Höhe der Abfindung bei Mißbräuchen die Möglichkeit einer gerichtlichen Überprüfung zu eröffnen.[741]

Nach der nunmehrigen Regelung im Übernahmerichtlinie-Umsetzungsgesetz ist jedoch gemäß § 39a Abs.3 S.3 WpÜG die im Rahmen des Übernahme- oder Pflichtangebots gewährte Gegenleistung als angemessene Abfindung anzusehen, wenn der Bieter auf Grund des Angebots Aktien in Höhe von mindestens 90 Prozent des vom Angebot betroffenen Grundkapitals erworben hat, wobei nach § 39a Abs.3 S.4 WpÜG die Annahmequote für stimmberechtigte Aktien und stimmrechtslose Aktien getrennt zu ermitteln ist. Nach der Gesetzesbegründung[742] ist damit ausdrücklich eine unwiderlegliche Vermutung gemeint.

Diese Form der Umsetzung der Richtlinie durch Schaffung einer unwiderleglichen Angemessenheitsvermutung für den übernahmerechtlichen Squeeze Out, die im Falle ihrer Wirksamkeit eine wesentliche Vereinfachung des Ausschlussverfahrens gegenüber dem aktienrechtlichen Squeeze Out bedeuten würde, wird kontrovers beurteilt.[743] Sie stößt wegen des Problems der Angemessenheit der Abfindung auf die gleichen verfassungsrechtlichen Bedenken wie sie einer entsprechenden Regelung bei Einführung des aktienrechtlichen Squeeze Out entgegenstanden.[744] Die Annahme eines Verstoßes gegen deutsches Verfassungsrecht setzt jedoch voraus, daß die Vereinbarkeit der vom deutschen Gesetzgeber gewollten unwiderleglichen Vermutung mit höherrangigem Recht nach den Maßstäben des Grundgesetzes und nicht nach denjenigen des europäischen Rechts zu beurteilen ist.[745]

---

[739] Mülbert, NZG 2004, 633, 634.

[740] Maul/Muffat-Jeandet, AG 2004, 306, 317; Mülbert, NZG 2004, 633, 634.

[741] So auch Rühland, NZG 2001, 448, 454 f.

[742] Begründung zu Art.1 Nr.17 (§ 39a Abs.3 S.3 WpÜG), BR-Drs. 154/06.

[743] Als unbedenklich wird die Regelung z.B. angesehen vom Handelsrechtsausschuss des Deutschen Anwaltvereins in seiner Stellungnahme vom Februar 2006, www.anwaltverein.de; Merkt, Stellungnahme vom 8.5.2006, S.19 ff, http://www.jura.uni-augsburg.de/de/prof/moellers/materialien/; v.Kann/Just, DStR 2006, 328, 331; Bedenken werden dagegen erhoben z.B. von Rühland, NZG 2006, 401, 406 f; Schüppen, BB 2006, 165, 168.

[744] Vgl. S. 147.

[745] Rühland, NZG 2006, 401, 406.

Die Regelung einer unwiderleglichen Vermutung in § 39a Abs.3 S.3 WpÜG stützt sich nach der Gesetzesbegründung auf die Übernahmerichtlinie.[746] Die Angemessenheitsvermutung wäre daher auf Grund der Rechtsprechung des Bundesverfassungsgerichts[747] nicht am Grundgesetz, sondern durch den Europäischen Gerichtshof an den Grundrechtsgewährleistungen des EU-Rechts zu messen,[748] wenn es sich bei der Umsetzung der Richtlinie in nationales Recht in der Form einer unwiderleglichen Vermutung um eine zwingend durch das Gemeinschaftsrecht bedingte Regelung handelt. Die Richtlinie schreibt aber – wie oben ausgeführt[749] - nicht zwingend die Schaffung einer unwiderleglichen Vermutung bei Umsetzung der Richtlinie in nationales Recht vor. Zwar ist der Gerichtshof der Europäischen Gemeinschaften zuständig für eine Kontrolle der Vereinbarkeit des umgesetzten nationalen Rechts mit höherrangigem Recht unter Anlegung der entsprechenden Grundrechtsgewährleistungen des EU-Rechts, hinsichtlich der Vermutungsregel in § 39a Abs.3 WpÜG wäre allerdings das BVerfG zuständig, da die Übernahmerichtlinie insoweit keine bindende Vorgabe enthält.[750] Die Wirksamkeit der unwiderleglichen Angemessenheitsvermutung im Übernahmerichtlinie-Umsetzungsgesetz ist deshalb nicht an europäischem Recht, sondern an deutschem Verfassungsrecht zu messen.

Soweit angenommen wird, die Schaffung einer unwiderleglichen Vermutung sei verfassungsrechtlich unbedenklich,[751] wird u.a. argumentiert, es sei das Wesen der unwiderleglichen Vermutung, daß sie auch dort gilt, wo die vermutete Situation tatsächlich nicht vorliegt. Aus der Sicht des Gesetzgebers gehe es jedoch gerade darum, die Ermittlung des Vorliegens dieser Situation und insbesondere die damit verbundenen Beweisschwierigkeiten zu vermeiden, was ein legitimes Interesse der Rechtsordnung sei, dem in § 292 S.1 ZPO Rechnung getragen werde. Ein Abrücken von der Unwiderleglichkeit der Vermutung hätte die Konsequenz, daß die Angemessenheit der Abfindung nach allgemeinen Grundsätzen, insbesondere nach der Ertragswertmethode, ermittelt werden müsse. Die Wirksamkeit des Squeeze Out wäre für die Dauer dieses Bewertungsverfahrens für einen längeren Zeitraum in der Schwebe. Daher sei bei einer widerleglichen Vermutung die Gefahr gegeben, daß ein Prozeß auch dann geführt werde, wenn er aussichtslos sei, so daß ein nicht unerhebliches Verzögerungs-, Stör- und Schädigungspotential geschaffen werde. Die damit für die Gesellschaftermehrheit und letzlich für die Volkswirtschaft verbundenen Nachteile seien abzuwägen

[746] Gesetzesbegründung zu Art.1 Nr.17 (§ 39a Abs.3 WpÜG), BR- Drs.154/06).
[747] VerfG,Beschl.v. 22.10.1986–2 BvR 197/83,BVerfGE 73,339 (Solange II).
[748] So auch Merkt/Binder, BB 2006, 1285, 1290.
[749] Vgl. S. 147.
[750] Ebenso Rühland, NZG 2006, 401, 407.
[751] So der Handelsrechtsausschuss des Deutschen Anwaltvereins in seiner Stellungnahme vom Februar 2006, www.anwaltverein.de; Merkt, Stellungnahme vom 8.5.2006, S.19 ff, http://www.jura.uni-augsburg.de/de/prof/moellers/materialien/ v.Kann/Just, DStR 2006, 328, 331; Merkt/Binder, BB 2006, 1285,1290 f.

gegen die Nachteile einer Minderheit, in seltenen Ausnahmefällen eine zu niedrige Abfindung zu erhalten. Im übrigen sei die Gegenleistung – anders als beim aktienrechtlichen Squeeze Out – an den Angemessenheitskriterien des § 31 WpÜG zu messen; sie halte angesichts der erforderlichen Annahmequote auch einer Überprüfung durch Markmechanismen stand.[752]

Diese im wesentlichen auf dem Gedanken der wirtschaftlichen Nützlichkeit beruhende Argumentation vermag jedoch die verfassungsrechtlichen Bedenken nicht zu beseitigen, denn was gesetzwidrig ist, kann nicht allein dadurch zulässig werden, daß es wirtschaftlich nützlich erscheint.[753] Darüber hinaus hätten sich die von den Vertretern dieser Auffassung befürchteten Verzögerungen weitgehend dadurch vermeiden lassen, daß auch für den übernahmerechtlichen Squeeze Out ein Freigabeverfahren eingeführt worden wäre, auf Grund dessen eine Freigabeentscheidung vor der Entscheidung über die Höhe der Abfindung möglich gewesen wäre. Dann hätte der übernahmerechtliche Squeeze Out in der Regel ohne wesentliche Verzögerung trotz Bewertungsrügen durchgeführt werden können.[754]

Da die ausscheidenden Minderheitsaktionäre nach der Rechtsprechung des Bundesverfassungsgerichts wirtschaftlich voll entschädigt werden müssen, bestehen Zweifel, ob dies in jedem Fall gewährleistet ist, weil die Annahme des Angebots durch 90 % der übrigen Aktionäre nicht zwingend die Angemessenheit indiziert. Zwar ist nicht zu verkennen, daß bei einer größeren Anzahl von Minderheitsaktionären in der Regel die freiwillige Abgabebereitschaft von 90 % der verbliebenen Aktionäre eine hohe Gewähr für die Richtigkeit des Wertes bedeutet[755] und eine marktnahe Lösung Vorteile bietet.[756] Maßgebend für die Annahme eines Angebots ist aber nicht stets dessen Angemessenheit. Ein Aktionär kann sich zur Annahme aus ganz unterschiedlichen Gründen entschließen – z.B. weil er aus persönlichen Gründen nicht mehr Gesellschafter einer AG sein möchte, bei der der Bieter Mehrheitsaktionär ist, oder weil er etwa dringend Geld benötigt.[757] Nimmt daher etwa im Fall, daß zwei Minderheitsaktionäre A und B vorhanden sind, von denen A 90 % und B 10 % der nicht dem Bieter gehörenden Wertpa-

[752] Meyer, WM 2006, 1135, 1142.

[753] So auch Lutter, ZGR 1978, 358, 359 unter Hinweis auf die Rechtsprechung des Reichsgerichts -Urt.v.20.2.1923 – II 36/22, RGZ 107, 161, 169.

[754] In diesem Sinne auch Schüppen, BB 2006, 165, 168.

[755] Fleischer, ZGR 2002, 757, 782, 783.

[756] Fleischer, ZGR 2002, 757, 782, 783; Krieger, BB 2002, 53, 57.

[757] Der Finanzausschuss, der Rechtsausschuss und der Wirtschaftsausschuss haben bereits während des Gesetzgebungsverfahrens darauf hingewiesen, daß auch bei einer verhältnismäßig großen Akzeptanz der vom Bieter angebotenen Abfindung nicht zwingend davon ausgegangenen werden kann, daß diese dem tatsächlichen Wert der Beteiligung entspricht, denn Verkaufsentscheidungen der Aktionäre können auf anderen Motiven beruhen, Empfehlungen der Ausschüsse v.27.3.2006 zu Art. 17 (§ 39a Abs.3 S.3), BR-Drs. 154/1/06.

piere innehat, A das Angebot an, dann wäre es nicht gerechtfertigt, den von A akzeptierten Preis ohne weiteres als „angemessenen" Preis auch für die Abfindung des B zu Grunde zu legen. Da jedoch die Schaffung einer unwiderleglichen Vermutung den verfassungsrechtlich gebotenen Rechtsschutz versagt, ist die getroffene Regelung zur Bemessung der Abfindungshöhe in § 39a Abs.3 WpÜG als Verstoß gegen Art.14 Abs.1 GG anzusehen.[758]

Diese Bedenken hatten auch den Finanzausschuss, den Rechtsausschuss und den Wirtschaftsaussschuss veranlasst, eine Prüfung zu empfehlen,[759] ob die vorgesehene unwiderlegliche Vermutung der Angemessenheit der Abfindung mit dem verfassungsrechtlichen Schutz des Aktieneigentums nach Art. 14 Abs.1 GG und der hierzu bestehenden Rechtsprechung des Bundesverfassungsgerichts – insbesondere den Entscheidungen „Feldmühle"[760] und DAT/Altana[761] - zu vereinbaren ist, da keine Korrekturmöglichkeit für den Fall vorgesehen ist, daß die Abfindung zwar den Anforderungen der Vermutung, nicht jedoch dem wirtschaftlichen Wert der Beteiligung entspricht. Diese Bedenken hat der Bundesrat in seiner Stellungnahme zum Gesetzentwurf geteilt.[762]

Im Übernahmerichtlinie-Umsetzungsgesetz ist nicht geregelt, wie die Höhe der Gegenleistung zu bestimmen ist, wenn der Bieter weniger als 90 % der vom Angebot betroffenen Aktien erworben hat. Von Seiten der Verbände war es als wünschenswert erachtet worden, daß im Hinblick auf die maßgeblichen Kriterien zur Angemessenheit der Abfindung auf § 327b AktG verwiesen würde.[763] Dies ist jedoch nicht geschehen, so daß die Bewertung nach den allgemeinen Grundsätzen[764] vorzunehmen ist.

Ebenso ergibt sich aus dem Übernahmerichtlinie-Umsetzungsgesetz nicht eindeutig, ob und ggf. wie Bewertungsrügen geltend gemacht werden können. Von den Verbänden war angeregt worden,[765] dies durch einen Hinweis auf die Mög-

---

[758] So auch Rühland, NZG 2006, 401,406.

[759] Empfehlungen der Ausschüsse vom 27.3.2006 zu Art.1 Nr.17 (§ 39a Abs.3 S.3 WpÜG), BR-Drs. 154/1/06.

[760] BVerfG, Beschl.v.7.8.1962 – 1 BvL 16/60, BVerfGE 14, 263 ff.

[761] BVerfG. Beschl.v. 27.4.1999 – 1 BvR 1613/94, BVerfGE 100, 289 ff.

[762] Stellungnahme des Bundesrates vom 7.4.2006 zu Art.1 Nr.17 (§ 39a Abs.3 S.3 WpÜG), BR-Drs.154/06 (Beschluß).

[763] Gemeinsame Stellungnahme des Bundesverbandes der Deutschen Industrie (BDI), der Bundesvereinigung der Deutschen Arbeitgeberverbände BDA), des Deutschen Industrie- und Handelskammertages (DIHK) und der Deutschen Versicherer (GDV) vom 24.1. und 17.3.2004, S.5, http://www.jura.uni-augsburg.de/de/prof/moellers/materialien/.

[764] Vgl. S. 94 ff.

[765] Gemeinsame Stellungnahme des Bundesverbandes der Deutschen Industrie (BDI), der Bundesvereinigung der Deutschen Arbeitgeberverbände BDA), des Deutschen Industrie- und Handelskammertages (DIHK) und der Deutschen Versicherer (GDV) vom 24.1. und 17.3.2004, S.5, http://www.jura.uni-augsburg.de/de/prof/moellers/materialien/.

lichkeit eines Spruchverfahrens klarzustellen, da dann die gerichtliche Entscheidung über den Ausschluß der Minderheitsaktionäre nicht verzögert würde, während sonst im Falle der Überprüfung im Beschwerdeverfahren infolge des Suspensiveffekts der sofortigen Beschwerde die Transaktionssicherheit wesentlich beeeinträchtigt wäre, insbesondere im Falle rechtsmissbräuchlicher Beschwerden.

Auch der Bundesrat hatte – einer Empfehlung des Finanzausschusses, des Rechtsausschusses und des Wirtschaftsausschusses[766] folgend - gebeten,[767] im weiteren Verlauf des Gesetzgebungsverfahrens entsprechende Verfahrensregelungen für die Feststellung der angemessenen Gegenleistung zu treffen, falls der Bieter auf Grund des Angebots Aktien in Höhe von weniger als 90 % des vom Angebot betroffenen Grundkapitals erworben hat. Dabei sollte seiner Auffassung nach getrennt werden zwischen der Entscheidung über die Umstrukturierungsmaßnahme und die Höhe der Gegenleistung, weil dadurch gewährleistet werde, daß die Wirksamkeit der Maßnahme nicht durch den Streit über die Höhe der Gegenleistung belastet und das Ausschlußverfahren u.U. jahrelang verzögert werde. Angeregt wurde auch eine Prüfung, ob die Geltendmachung von Bewertungsrügen im Interesse der Transaktionssicherheit ausschließlich im Rahmen eines Spruchverfahrens erfolgen sollte. Ein gesetzlicher Verweis auf das Spruchverfahren ist jedoch in das Übernahmerichtlinie-Umsetzungsgesetz nicht aufgenommen worden. Daher ist davon auszugehen, daß Bewertungsrügen im Antrags- und Beschwerdeverfahren geltend gemacht werden können.[768] Der fehlende Verweis auf ein Spruchverfahren ist jedenfalls nicht so zu verstehen, als gäbe es keine Möglichkeit der gerichtlichen Überprüfung der Angemessenheit der im Antrag genannten Abfindungshöhe.[769]

II. Gewährleistung des Abfindungsanspruchs

Im Gegensatz zu § 327b Abs.3 AktG hinsichtlich des aktienrechtlichen Squeeze Out enthält die Richtlinie wegen des übernahmerechtlichen Abfindungsanspruchs keine Regelung zur Sicherung des Abfindungsanspruchs. Die Richtlinie

[766] Empfehlungen der Ausschüsse vom 27.3.2006 zu Art.1 Nr.17 (§ 39a Abs.3 S.3), BR-Drs. 154/1/06.; wegen Durchführung der Angemessenheitsprüfung in einem gesonderten Verfahren, das unabhängig von der Durchführung des Ausschlussverfahrens betrieben werden s. auch Seibt/Heiser, AG 2006, 301, 319.

[767] Stellungnahme des Bundesrates vom 7.4.2006 zu Art. 1 Nr.17 (§ 39a Abs.3 S.3 und § 39b WpÜG), BR-Drs.154/06 (Beschluß).

[768] Ebenso Gemeinsame Stellungnahme des Bundesverbandes der Deutschen Industrie (BDI), der Bundesvereinigung der Deutschen Arbeitgeberverbände BDA), des Deutschen Industrie- und Handelskammertages (DIHK) und der Deutschen Versicherer (GDV) vom 24.1. und 17.3.2004, S.5, http://www.jura.uni-augsburg.de/de/prof/moellers/materialien/; v. Kann/Just, DStR 2006, 328, 331.

[769] Schüppen, BB 2006, 164,168.

verbietet aber eine derartige Sicherung des Abfindungsanspruchs auch nicht. Aus Art. 5 Abs.6 RL ergibt sich vielmehr, daß die Mitgliedstaaten zusätzlich zu dem Schutz gemäß Art. 5 Abs.1 RL „weitere Instrumente zum Schutz der Interessen der Wertpapierinhaber vorsehen“ können. Daher war bereits im Vorfeld des Gesetzgebungsverfahrens angeregt worden, bei der Umsetzung der Richtlinie in deutsches Recht im Interesse der Minderheitsaktionäre eine Gewährleistung durch ein Kreditinstitut vorzusehen.[770] Im Übernahmerichtlinie-Umsetzungsgesetz ist jedoch keine derartige Regelung getroffen worden.

§ 2 Andienungsrecht der Minderheitsaktionäre (Sell Out)

A. Angemessenheit des Preises

Nach Art. 16 RL haben die Mitgliedstaaten sicher zu stellen, daß ein Inhaber verbleibender Wertpapiere von dem Bieter verlangen kann, daß er seine Wertpapiere im Anschluß an ein öffentliches Angebot gemäß Art. 15 Abs.2 RL zu einem angemessenen Preis erwirbt (Sell Out). Ebenso wie ein übernahmerechtlicher Squeeze Out setzt ein Sell Out voraus, daß der Bieter zuvor ein Angebot an alle Wertpapierinhaber für sämtliche Wertpapiere abgegeben hat (Art. 16 Abs.1 RL). Auf Grund des Übernahmerichtlinie-Umsetzungsgesetzes ist nunmehr in § 39c WpÜG vorgesehen, daß nach einem Übernahme- oder Pflichtangebot die Aktionäre einer Zielgesellschaft, die das Angebot nicht angenommen haben, das Angebot innerhalb von drei Monaten nach Ablauf der Annahmefrist annehmen können, sofern der Bieter berechtigt ist, einen Antrag nach § 39a WpÜG zu stellen.

Die Einführung der Möglichkeit eines Sell Out ist zu begrüßen, da sie die Möglichkeit des Ausscheidens von Minderheitsaktionären in einer Gesellschaft eröffnet, die nach erfolgter Übernahme durch einen Hauptaktionär dominiert wird.[771] Verfahrenvorschriften für den Sell Out, der bisher kein Vorbild im deutschen Recht hatte und der nur bis zu drei Monaten nach Ablauf der ursprünglichen Annahmefrist durchgeführt werden kann, enthält das Gesetz insoweit nicht. Weiterer Verfahrensvorschriften bedarf es jedoch nicht, da es sich insoweit lediglich um eine Verlängerung der Annahmefrist handelt.[772]

Hält man, wie hier angenommen, die Angemessenheitsvermutung nicht für zwingend, sondern für widerlegbar, dann käme evtl. eine Unternehmensbewertung als Grundlage für die Bemessung der Abfindung in Betracht. Es erscheint

---

770 Ebenso Hopt/Mülbert/ Kumpan, AG 2005, 109, 117; Austmann/Mennicke, NZG 2004, 846, 851.

771 Vgl. Meyer, WM 2006, 1135,1144.

772 v.Kann/Just, DStR 2006, 328, 332; Seibt/Heiser, AG 2006, 301, 320.

aber nicht zumutbar, daß der Bieter für einzelne ihm angediente Aktien eine kostspielige Unternehmensbewertung durchführen lassen müßte.[773] Da Minderheitsaktionäre bei einem Sell Out ihre Aktien nicht zwangsweise verlieren, ist es sachgerecht, im Fall eines von ihnen verlangten Sell Out den Preis des öffentlichen Angebots zu zahlen,[774] weil die andienenden Minderheitsaktionäre selbst entscheiden können, ob ihnen ein Preis angemessen erscheint und sie in ihrer Entscheidung frei sind, ob sie von ihrem Andienungsrecht bei den gegebenen Konditionen überhaupt Gebrauch machen wollen.

B. Sicherung der Gegenleistung

Das Übernahmerichtlinie-Umsetzungsgesetz sieht auch beim Sell Out keine Sicherung der Gegenleistung durch eine „Bankgarantie" vor. Da es den Minderheitsaktionären freisteht, ob sie von ihrem Andienungsrecht Gebrauch machen, bestand kein hinreichender Anlaß für eine entsprechende Sicherung ihres Anspruchs auf die Gegenleistung.[775]

---

773 Austmann/Mennicke, NZG 2004, 846, 855.
774 Hopt/ Mülbert/Kumpan, AG 2005, 109, 118; Austmann/Mennicke, NZG 2004, 846, 855.
775 So auch Austmann/Mennicke, NZG 2004, 846, 855.

Vierter Teil

Kritik der Regelung in §§ 327a ff AktG unter rechtspolitischen Gesichtspunkten

Das zur Stärkung der unternehmerischen Entfaltungsmöglichkeiten und des Kapitalmarktes geschaffene Rechtsinstitut des aktienrechtlichen Squeeze Out stellt eine erhebliche Veränderung der Grundlagen des Aktienrechts dar.[776] Es ist zwar weitgehend begrüßt,[777] z.T. aber unter rechtspolitischen Gesichtspunkten auch kritisiert,[778] als „weit über das Ziel hinausschießend" bezeichnet und die Befürchtung geäußert worden, es werde nun die Devise gelten „Wer aufmuckt, fliegt raus"[779] und der Grundsatz „Dulde und liquidiere".[780] Kritisiert wird u.a, daß das Gesetz mit dem hohen Formalaufwand bei der Einberufung von Hauptversammlungen begründet worden sei, denn das Einsparungspotential sei – gemessen am Umsatzerlös – verhältnismäßig gering.[781] Ferner werden z.T. die Regelungen, die sich nicht auf börsennotierte Aktiengesellschaften beschränken, sondern auch nicht börsennotierte Aktiengesellschaften betreffen, sowie die Einschränkung des Schutzes der Minderheitsaktionäre als zu weitgehend angesehen. Insbesondere wird darauf hingewiesen, daß die Qualität der jeweiligen nationalen Kapitalmärkte auch von minderheitsschützenden Regelungen abhänge.[782] Ferner wird die Aufgabenverteilung im Ausschlussverfahren kritisiert, und es werden Möglichkeiten zur Vereinfachung und Beschleunigung des gesamten Verfahrens gefordert.

Im Hinblick auf die erhobene Kritik und die bisherigen Erfahrungen der Praxis ist zu untersuchen, welche Änderungen bzw. Ergänzungen erforderlich sind, um zu einer den Zielen des Gesetzes noch besser Rechnung tragenden Gesamtregelung zu gelangen. Zu berücksichtigen ist, daß sich einige Probleme inzwischen durch das Gesetz zur Unternehmensintegrität und Modernisierung des Anfechtungsrechts (UMAG)[783] erledigt haben, so hinsichtlich der Anfechtung von Hauptversammlungsbeschlüssen wegen bewertungsbezogener Informationsmängel. Auf solche Mängel kann eine Anfechtungsklage nicht mehr gestützt

---

[776] Fleischer, ZGR 2002, 757 f.; Kiem,RWS-Forum 20, Gesellschaftsrecht 2001, S. 329, 332.

[777] Handelsrechtsausschuß d. DAV, NZG 2001, 420, 430; Halm, NZG 2000, 1162,1165; Sieger/Hasselbach, ZGR 2002, 120,161 f.; Vetter, AG 2002, 176,178,190; Wolf, ZIP 2002, 153; Mattes/Graf v.Maldeghem, BKR 2003, 531; Kiem, RWS-Forum 20, Gesellschaftsrecht 2001, 329, 350.

[778] Fleischer/Kalss, § 3 S.143; Habersack, ZIP 2001, 1230, 1238; Altmeppen, ZIP 2001, 1073, 1083, 1084; Heidel/Lochner, DB 2001, 2031, 2034.

[779] Habersack, ZIP 2001, 1230.

[780] so Hanau, NZG 2002, 1040.

[781] so Hanau, NZG 2002, 1040, 1044.

[782] Fleischer, ZGR 2002, 757, 762, 763.

[783] BGBl.I 2005, 2802.

werden, wenn das Gesetz für Bewertungsrügen ein Spruchverfahren vorsieht (§ 243a Abs.4 S.2 AktG i.d.Fassung durch Art.1 Nr.20 UMAG).[784]

In die rechtspolitischen Erwägungen mit einzubeziehen ist die inzwischen verabschiedete Richtlinie des Europäischen Parlaments und des Rates betreffend Übernahmeangebote (Übernahmerichtlinie).[785] Sie regelt zwar auch Squeeze-Out-Verfahren (Art.15 RL), schreibt jedoch nicht vor, daß ein Squeeze Out nach nationalen Vorschriften, der unabhängig von einer Übernahmesituation durchgeführt werden kann und der daher nicht übernahmerechtlicher, sondern gesellschaftsrechtlicher Natur ist, künftig ebenfalls den Vorgaben der Richtlinie zu folgen hat. In der Übernahmerichtlinie ist klargestellt, daß die Mitgliedstaaten unter anderen Umständen, als in der Richtlinie geregelt, auf Ausschlussverfahren weiterhin ihre nationalen Vorschriften anwenden können.[786] Squeeze-Out-Verfahren nach §§ 327a ff AktG werden also von der Übernahmerichtlinie nicht erfasst.[787] Allein wegen dieser Richtlinie bedarf es also keiner Änderung der §§ 327a ff AktG.

§ 1 Begrenzung der Möglichkeiten eines Squeeze Out

A. Squeeze Out nur bei börsennotierten Gesellschaften

Bereits im Vorfeld des Gesetzgebungsverfahrens zur Schaffung der §§ 327a ff AktG war Gegenstand von Erörterungen, ob es sinnvoll ist, die Möglichkeit des Squeeze Out auch bei nicht börsennotierten Gesellschaften einzuführen.[788] Nach nunmehriger Rechtslage wird für die Durchführung eines Squeeze-Out-Verfahrens nicht zwischen börsennotierten und nicht börsennotierten Aktiengesellschaften unterschieden. Auch im Rahmen der Vorarbeiten zur Übernahmerichtlinie war diskutiert worden, ob die Mitgliedstaaten den Anwendungsbereich der nach den nationalen Rechten bereits bestehenden Ausschlussverfahren auf börsennotierte Gesellschaften und einen bestimmten Zeitraum nach einem Übernahmeangebot begrenzen müßten.[789] Die Richtlinie schreibt aber auch künftig nicht die Beschränkung des aktienrechtlichen Squeeze Out nach nationalem Recht auf börsennotierte Gesellschaften vor. Es fragt sich jedoch weiterhin, ob die Gründe für die Rechtfertigung des Ausschlusses von Minderheitsaktionären nach §§ 327a ff AktG wegen der Kapitalmarktferne der nichtbörsennotierten Gesellschaften, der Unterschiedlichkeit der Aktionärsstruktur und der Zahl der

---

[784] Vgl. insoweit auch Weißhaupt, ZIP 2005, 1766 ff.
[785] Richtlinie 2004/25/EG v. 24.04.2004, ABl. EU vom 30.04.2004 L 142/12.
[786] Erwägungsgrund 24 der Übernahmerichtlinie, Abl.EG L 142/12, S. 14 v. 30.4.2004; Maul/Muffat-Jeandet, AG 2004, 306, 317.
[787] Austmann/Mennicke, NZG 2004, 846; Krause, BB 2004, 113, 117.
[788] S.u.a. Habersack, ZIP 2001, 1230,1235; Drygala, AG 2001, 291, 297, 298.
[789] Vgl.Krause, BB 2004, 113, 117.

Gesellschafter in gleichem Maße für börsennotierte und nichtbörsennotierte Gesellschaften zutreffen.

Bei nichtbörsennotierten Gesellschaften ist ein häufiger Wechsel der Mitglieder nicht zu erwarten. Die Aktionäre können ihre Aktien auch nicht auf so einfache Weise wie bei börsennotierten Gesellschaften veräußern. Deshalb könnte man insbesondere bei nicht börsennotierten Gesellschaften mit geringer Mitgliederzahl, bei denen ein größerer Vertrauensschutz der Aktionäre als bei großen „anonymen[790]" Gesellschaften anzunehmen ist, Zweifel haben, ob ein hinreichender Anlaß besteht, dem Hauptaktionär ein Recht auf Übernahme der Aktien der Minderheitsaktionäre einzuräumen. Für sie ist der Bestandsschutz in der Regel von größerer Bedeutung als für Aktionäre bei börsennotierten Gesellschaften. Auch das sonst für das Squeeze-Out-Verfahren angeführte Argument, Minderheitsgesellschafter einer Aktiengesellschaft verfolgten häufig lediglich kurzfristige Anlageziele, so daß die Vermögenskomponente der Anlage im Vordergrund stehe,[791] trifft auf Aktionäre nichtbörsennotierter Gesellschaften weitgehend nicht zu.

Die Erstreckung der Möglichkeit des Squeeze Out auf nichtbörsennotierte Gesellschaften wird auch unter rechtssystematischen Gesichtspunkten kritisiert.[792] Zu berücksichtigen ist, daß bei einer anderen Kapitalgesellschaft, der GmbH, eine vertragliche Regelung, wonach ein Gesellschafter das Recht haben soll, die Gesellschafterstellung von Mitgesellschaftern nach freiem Ermessen zu beenden, grundsätzlich als nach § 138 BGB nichtig angesehen wird. Durch eine derartige Regelung werde die Gefahr begründet, daß von der jederzeitigen Ausschließungsmöglichkeit bedrohte Gesellschafter von ihren Rechten keinen hinreichenden Gebrauch machen und ihre Pflichten nicht ordnungsgemäß erfüllen, sondern sich den Wünschen der Gesellschafter beugen, denen das Ausschliessungsrecht zusteht.[793]

Die Gründe, die die Möglichkeit eines Squeeze Out bei börsennotierten Aktiengesellschaften rechtfertigen, liegen zwar für nicht börsennotierte Gesellschaften nicht in gleichem Umfang vor, gleichwohl ist auch hinsichtlich der nichtbörsennotierten Gesellschaften ein gewisser „Regelungsbedarf" vorhanden. So können bei nichtbörsennotierten Aktiengesellschaften ebenfalls Kleinstbeteiligungen mißbraucht werden, um die Unternehmensführung zu behindern. Dies kann geschehen durch Anfechtung von Hauptversammlungsbeschlüssen, mit der Folge, daß im Unternehmensinteresse erforderliche Umstrukturierungen nicht oder nur

790 Insofern ist die französische Bezeichnung für die Aktiengesellschaft – société anonyme (SA) – charakteristisch.
791 Drygala, AG 2001, 291, 298; BVerfG v. 23.8.2000 – 1 BvR 68/95 und 147/97, AG 2001, 42, 43.
792 so auch: Fleischer, ZGR 2002,757, 770/771; Merkt, AG 2003, 126, 133.
793 BGH, Urt.v.9.7.1990 – II ZR 194/89, BGHZ 112, 103, 107, 108.

mit erheblicher zeitlicher Verzögerung verwirklicht werden können.[794] In der Vergangenheit haben sich z.T. große Probleme mit nicht kooperationswilligen Minderheitsaktionären ergeben.[795] Vor allem aber besteht bei diesen Gesellschaften mehr als bei börsenzugelassenen das Bedürfnis, Geldgeber und Investoren für Direktinvestitionen gegen Beteiligung zu gewinnen, da ihnen nicht die Möglichkeit einer breiten Kapitalaufnahme über die Börse zur Verfügung steht. Großinvestoren sind jedoch häufig nur bereit, sich in erheblichem Umfang zu beteiligen, wenn ihnen die Perspektive einer vollständigen Übernahme offensteht, was ohne die Möglichkeit eines Squeeze Out nicht der Fall wäre. Es wäre somit nicht gerechtfertigt, aktienrechtliche Squeeze-Out-Verfahren allein aus strukturellen Gründen nur auf börsennotierte Gesellschaften zu beschränken.[796] Die jetzige Regelung sollte daher beibehalten werden.

B. Squeeze Out nur nach vorherigem Übernahme- oder Pflichtangebot

Die Übernahmerichtlinie sieht einen Squeeze Out nur für börsennotierte Gesellschaften vor (Art.15 Abs.1 i.V.m. Art.1 Abs.1 RL).[797] Daher ist zu erwägen, im Hinblick darauf auch die Möglichkeit des aktienrechtlichen Ausschlusses von Minderheitsaktionären nur im Zusammenhang mit einem vorangegangenen Übernahme- und Pflichtangebot vorzusehen, um eine einheitliche Konzeption beider Squeeze-Out-Verfahren zu erreichen. Dafür würde u.a. sprechen, daß die Aktien vor einem derartigen Angebot in der Regel breit gestreut waren und nach Übernahme ein Rückzug von der Börse bevorsteht.[798] Geht man jedoch auf den Anlaß der gesetzlichen Regelung in §§ 327a ff AktG zurück, daß z.B. Hemmnisse bei der Umstrukturierung von Unternehmen, insbesondere auch die Blokkierung von im Unternehmensinteresse liegenden Maßnahmen durch „räuberische Aktionäre“ und hohe Kosten bei der Vorbereitung von Hauptversammlungen, vermieden werden sollen, dann besteht kein hinreichender Grund, die Durchführung eines Squeeze-Out-Verfahrens daran zu knüpfen, ob vorher derartige Angebotsverfahren stattgefunden haben oder nicht. Die Möglichkeit des aktienrechtlichen Squeeze Out sollte daher weiterhin unabhängig von Übernahmeangeboten zur Verfügung stehen.

---

[794] RegE, BR-Drs. 574/01, S.72 f.
[795] Körber, ZGR 2002, 790, 791 im Bericht über die Diskussion über das neue Recht des Squeeze Out.
[796] Sieger/Hasselbach, ZGR 2002, 120, 132.
[797] Wiesner, BB 204, 113, 117.
[798] Habersack, ZIP 2001, 1230, 1238.

C. Einführung einer Mitteilungspflicht bei Erreichen einer Beteiligung von 95 % und einer Frist zur Ausübung des Ausschlußrechts

Nach der jetzigen Rechtslage kann ein Hauptaktionär jederzeit von der Möglichkeit eines Squeeze Out Gebrauch machen, muß dies aber nicht. Die Minderheitsaktionäre müssen also stets mit der Durchführung eines derartigen Verfahrens rechnen. Dies kann dazu führen, daß sie wegen dieser Gefahr von ihren Informations- und Kontrollrechten nicht hinreichend Gebrauch machen, um nicht als „lästige" Aktionäre einen Squeeze Out zu provozieren, durch den sich der Hauptaktionär ihrer entledigen könnte. Eine derartige Situation entspricht jedoch nicht dem Verhalten, wie es auf Grund der zwischen den Aktionären bestehenden Treuepflichten erwartet werden kann. Hinzu kommt, daß in dem dogmatisch vergleichbaren Fall der Zwangseinziehung die Satzung gemäß § 237 Abs.1 S.2 AktG nach h.M. den Zeitpunkt der Einziehung oder jedenfalls den Einziehungszeitraum im voraus regeln muß.[799]

Es wäre daher sachgerecht vorzusehen, daß ein Hauptaktionär den Zeitpunkt des Erreichens der 95%-Schwelle des § 327a Abs.1 AktG bekanntzugeben hat,[800] und zugleich eine Ausschlußfrist zu bestimmen, innerhalb derer er nach diesem Zeitpunkt ein Verfahren nach §§ 327a ff AktG einleiten kann, wenn er einen Squeeze Out durchführen will,[801] andernfalls sein Recht erlischt. Orientieren sollte man sich dabei an der durch die Richtlinie des Europäischen Parlaments und des Rates betreffend Übernahmeangebote in Art.15 Abs.4 vorgesehenen Regelung, wonach ein Bieter das Ausschlußrecht innerhalb von drei Monaten nach Ablauf der in Art.7 RL vorgesehenen Frist für die Annahme des Angebots ausüben muß. Eine derartige Regelung würde nach der Richtlinie jedoch nur für solche Aktionäre gelten, die ein Angebot auf Erwerb von Wertpapieren abgegeben, nicht jedoch für solche, die bereits auf andere Weise die 95 %-Schwelle erreicht haben. Für eine unterschiedliche Behandlung nach der Art der Erlangung der Stellung als Hauptaktionär bestehen jedoch beim aktienrechtlichen Squeeze Out keine hinreichenden Gründe. Wenn der deutsche Gesetzgeber die Durchführung eines Squeeze Out unabhängig davon ermöglicht, ob der Hauptaktionär seine Rechtsstellung auf Grund eines öffentlichen Angebots erworben hat, dann wäre es im Hinblick auf die Zielsetzung des Gesetzes, Schwierigkeiten durch das Vorhandensein von Minderheitsaktionären zu vermeiden, sinnvoll, für alle Fälle eine Frist vorzusehen, innerhalb derer von der Möglichkeit eines Squeeze Out Gebrauch gemacht werden kann. Der Hauptaktionär sollte sein Ausschlussrecht nur innerhalb von drei Monaten nach Bekanntgabe des Erreichens der 95 %-Schwelle ausüben dürfen.

---

799 Krieger Münchener Hdb.GesR Bd. IV, § 62 Rn.7; Hüffer, AktG,§ 237 Rn10.
800 ebenso Fleischer, ZGR 2002,757,778f; anders Windbichler in GroßkommAktG, § 20 Rn.1.
801 Fleischer, ZGR 2002,757, 769; Fleischer/Kalss, S. 143.

Zwar können auch nach Fristablauf Situationen eintreten, in denen sich ein Hauptaktionär zur reibungslosen Umstrukturierung des Unternehmens der letzten verbliebenen Minderheitsaktionäre entledigen möchte.[802] Angesichts der im Unternehmensinteresse nicht ganz ausgewogenen Stellung des Hauptaktionärs und der Minderheitsaktionäre ist es aber gerechtfertigt, daß der Hauptaktionär sich rechtzeitig seine weitere Unternehmensstrategie überlegt und – wenn er sich für den Verbleib der Minderheitsaktionäre entschieden hat – die damit verbundenen eventuellen späteren Schwierigkeiten hinnimmt. Denn Schwierigkeiten, die die Umgestaltung eines Unternehmens verzögern können, lassen sich auch sonst auf Dauer nicht mit Sicherheit völlig ausschließen. So kann ein Hauptaktionär durch gegen ihn gerichtete Zwangsvollstreckungsmaßnahmen einen Teil seines Aktienbesitzes wieder verlieren. Im Falle seines Todes kann bei Vorhandensein mehrerer Erben im Wege der Erbauseinandersetzung wieder eine Situation eintreten, in der mehrere Aktionäre vorhanden sind, von denen aber keiner 95 % der Aktien innehat.

Die Anzeige des Erreichens des Schwellenwerts von 95 % gegenüber den Minderheitsaktionären kann in verschiedener Weise geregelt werden. So kommt für börsennotierte Gesellschaften in Anlehnung an § 10 Abs.1 S.1 WpÜG eine Veröffentlichung in einem Börsenpflichtblatt in Betracht, für nicht börsennotierte Gesellschaften in den Gesellschaftsblättern in Anlehnung an § 186 Abs.2 AktG. Zu denken ist auch an eine Veröffentlichung im elektronischen Bundesanzeiger oder im Internet auf Grund der am 1. Dezember 2005 in Kraft getretenen Aktionärsforumsverordnung.[803]

D. Andienungsrecht der Restminderheit

Die Durchführung eines Squeeze Out erfordert keine über die formale Berechtigung nach § 327a Abs.1 AktG hinausgehende materielle Begründung (s. S. 29 f.), während sonst bei Gesellschaften grundsätzlich ein Gesellschafter Anlaß gegeben haben muß, ihn auszuschließen. Es ist daher gefordert worden, um auch den Interessen der Minderheitsaktionäre hinreichend Rechnung zu tragen, für sie ein aktienrechtliches Andienungs- oder Austrittsrecht zu schaffen, das ein Äquivalent zum Ausschlußrecht des Hauptaktionärs bilden würde.[804] Die Schaffung eines Andienungsrechts würde den Erfordernissen des Minderheitenschutzes entsprechen und dazu beitragen, die übrigen Aktionäre vor einem Missbrauch der beherrschenden Stellung des Hauptaktionärs zu schützen.[805]

---

802 So Körber im Diskussionsbericht betr. Squeeze Out, ZGR 2002, 790.
803 BGBl. I 2005, 3193.
804 So auch Hanau, NZG 2002, 1040, 1047; Fleischer/Kalss, § 3 S.143/144.
805 So auch als Grund für die Schaffung eines Andienungsrechts in der Übernahmerichtlinie Hasselbach, ZGR 2005, 387, 390.

Auch im Rahmen der Vorarbeiten zur Übernahmerichtlinie hatte die von der Europäischen Kommission im September 2001 eingesetzte hochrangige Expertengruppe für das Gesellschaftsrecht angeregt, daß die Minderheitsgesellschafter das Recht erhalten sollen, ihre Anteile einem Bieter zu verkaufen, der im Zuge eines Übernahmeangebots die überwiegende Mehrheit der Anteile erworben hat.[806] Hiergegen hatten sich allerdings der Bundesverband der Deutschen Industrie sowie die Bundesvereinigung der Deutschen Arbeitgeberverbände ausgesprochen.[807] Nachdem nunmehr Art. 16 der Übernahmerichtlinie die Mitgliedstaaten verpflichtet sicherzustellen, daß im Anschluß an ein an alle Wertpapierinhaber der Zielgesellschaft gerichtetes Angebot ein Inhaber verbleibender Wertpapiere von dem Bieter den Erwerb zu einem angemessenen Preis verlangen kann, wäre es sachgerecht, sich an dieser Regelung zu orientieren. Um eine „Waffengleichheit" zwischen Haupt- und Minderheitsaktionären zu gewährleisten, sollte daher für Minderheitsaktionäre bei Vorliegen der Voraussetzungen aktienrechtlicher Squeeze-Out-Verfahren die Möglichkeit eingeführt werden, ein Andienungsrecht auch gegen den Willen des Hauptaktionärs binnen einer bestimmten Frist geltend zu machen.

Eine solche Regelung wäre sinnvoll, weil die Minderheitsaktionäre dann den Zeitpunkt ihres Ausscheidens selbst bestimmen könnten, der auch für die Höhe der zu zahlenden Abfindung von erheblicher Bedeutung ist. Sie müssten die Entscheidung über ihr Ausscheiden nicht dem Hauptaktionär überlassen. Die Einführung eines Andienungsrechts würde die Lage der Minderheitsaktionäre insbesondere solcher Gesellschaften stärken, bei denen wegen geringen Handelsvolumens eine Veräußerung ihrer Aktien an der Börse zu einem angemessenen Preis nicht ohne weiteres gewährleistet ist. Durch Schaffung eines Andienungsrechts würden die Anlagebereitschaft von Kleinaktionären und gleichzeitig der Finanzplatz Deutschland gefördert werden,[808] was auch Ziel der Neuregelung war.[809]

Da ein Hauptaktionär unabhängig davon, wie er die 95 %-Schwelle erreicht hat – etwa im Wege von Übernahmeangeboten oder durch Erbfolge –, ein Squeeze-Out-Verfahren nach §§ 327a ff AktG durchführen kann, müßten auch die Minderheitsaktionäre in allen Fällen, in denen die Voraussetzungen eines Squeeze Out vorliegen, ein Andienungsrecht erhalten.[810] Allerdings ist einem Hauptaktionär, dessen Interessen ebenfalls berücksichtigt werden müssen, schon aus wirt-

---

806 Pressemitteilung der hochrangige Expertengruppe, http://europa.eu.int/comm/internal-market/de/compan.../hlg01-2002-de.ht

807 Stellungnahme zum Konsulationsdokument der Hochrangigen Expertengruppe vom 14.6.2002 – http://www.jura.uni- duesseldorf.de/doze.../ BDI.BDA. StnKons Dok.0602.ht.

808 Fleischer, ZGR 2002, 757, 773.

809 BR-Drs. 574 / 01, S.1.

810 Hasselbach, ZGR 2005, 387, 399.

schaftlichen Gründen nicht zuzumuten, ohne zeitliche Begrenzung Aktien von Minderheitsaktionären erwerben zu müssen.[811] Für die Ausübung des Andienungsrechts sollte daher eine Frist vorgesehen werden. Hinsichtlich der Frist, innerhalb derer ein Andienungsrecht ausgeübt werden könnte, kommt ebenfalls eine Anlehnung an den Zeitrahmen der Übernahmerichtlinie in Betracht. Nach Art.16 Abs.3 i.V.m. Art. 15 Abs.4 der Richtlinie ist das dort vorgesehene Andienungsrecht innerhalb einer Frist von drei Monaten nach Ablauf der Frist für die Annahme eines an alle Wertpapierinhaber gerichteten Angebots auszuüben. Da das deutsche Recht für die Durchführung des Squeeze Out nicht darauf abstellt, wie dessen Voraussetzungen geschaffen worden sind, ist es sachgerecht, beim Andienungsrecht ebenfalls nicht darauf abzustellen. Daher sollte, auch soweit kein an alle Wertpapierinhaber gerichtetes Angebot vorlag, eine Frist von drei Monaten – allerdings berechnet von dem Zeitpunkt der Bekanntgabe des Erreichens der 95 % - Schwelle an – vorgesehen werden.

Eine Gewährleistung der Gegenleistung des Hauptaktionärs bei Ausübung des Andienungsrechts durch eine Bank entsprechend § 327b Abs.3 AktG ist nicht erforderlich. Denn die Minderheitsaktionäre werden bei einem Andienungsverfahren nicht gegen ihren Willen wie bei einem Squeeze Out ausgeschlossen, sondern sie scheiden auf Grund eigenen Entschlusses aus. Vorgesehen werden sollte aber, daß der dingliche Erwerb der dem Hauptaktionär angedienten Aktien nur Zug-um-Zug gegen Zahlung der Gegenleistung erfolgt.[812]

§ 2 Einschränkung des Schutzes von Minderheitsaktionären durch Schaffung eines Bestandsschutzes für den aktienrechtlichen Squeeze Out

Ist ein Squeeze-Out-Beschluß der Hauptversammlung auf Grund einer Entscheidung im Freigabeverfahren im Handelsregister eingetragen worden, erweist sich die gegen den Beschluß gerichtete Anfechtungsklage jedoch als begründet, dann kann von dem Kläger auch eine Beseitigung der Eintragung und damit eine Rückgängigmachung des Ausschlusses des Minderheitsaktionärs verlangt werden (s. S.131 ff.). Demgegenüber sehen §§ 16 Abs.6 S. 6, 20 Abs.2 UmwG für den Fall der Verschmelzung vor, daß Mängel der Verschmelzung die Wirkungen der Eintragung unberührt lassen. Zu erwägen ist daher,[813] auch für den Squeeze Out eine entsprechende Vorschrift zu schaffen, um einen Bestandsschutz zu gewährleisten. Da durch die etwaige Einführung eines Bestandsschutzes die Rechte der Minderheitsaktionäre weiter eingeschränkt würden, weil sie selbst im Falle eines fehlerhaften Ausschlusses ihre frühere Rechtsstellung nicht

[811] ebenso Hasselbach, ZGR 2005, 387, 402.
[812] Ebenso im Ergebnis Hasselbach, ZGR 2005,387, 412.
[813] So Krieger, BB 2002, 53, 60; Stellungn. des DAV- HandelsrechtsA, NZG 2001, 1003 ff.

wiedererlangen könnten, müssen gewichtige Gründe für eine solche Lösung sprechen. Derartige Gründe, die eine Änderung der derzeitigen Regelung erfordern, liegen jedoch nicht vor.

Während bei einer Verschmelzung erhebliche Schwierigkeiten bei der Rückgängigmachung dieser Maßnahme auftreten würden, die die Schaffung eines Bestandsschutzes rechtfertigen, ergeben sich bei Rückgängigmachung eines Squeeze Out Schwierigkeiten allenfalls in geringem Maße, denn an der Struktur der Aktiengesellschaft und ihrer Rechtspersönlichkeit hat sich durch den Squeeze Out nichts geändert. Die Rückübertragung einer Minderheitsbeteiligung auf einen erfolgreichen Anfechtungskläger wirft keine besonderen Probleme auf. Es ist auch nicht erforderlich, dem Rechtsübergang Bestandsschutz zu gewähren, um im Interesse der Verkehrsfähigkeit der Aktien alsbald Rechtssicherheit zu schaffen.[814] Da der Hauptaktionär der Initiator eines Squeeze-Out-Verfahrens ist, obliegt es ihm und der Gesellschaft, an deren Grundkapital er zu mindestens 95 % beteiligt ist, hierfür die ordnungsgemäßen Voraussetzungen zu schaffen. Es bedeutet für ihn keine unvertretbare Belastung, vor einer Weiterveräußerung der Aktien - die ohnehin nicht Ziel eines Squeeze-Out-Verfahrens ist, da dadurch gerade die Aktien der „Restminderheit eingesammelt“ werden sollen -, ggf. abzuwarten, ob eine etwaige Anfechtungsklage erfolgreich ist. Daher kommt es auf eine kurzfristige Herstellung der Rechtssicherheit im Hinblick auf die Verkehrsfähigkeit der Aktien nicht entscheidend an.

Daß ein Hauptaktionär Maßnahmen, die er bei bestandskräftigem Ausschluß der Minderheitsaktionäre hätte ausführen wollen, ohne einen Bestandsschutz möglicherweise nicht realisieren wird, spricht ebenfalls nicht für die Schaffung eines solchen Bestandsschutzes. Bei Abwägung der widerstreitenden Interessen des Hauptaktionärs und der Minderheitsaktionäre ist es angesichts der weitgehend problemlosen Möglichkeit der Wiederherstellung des ursprünglichen Zustandes nicht gerechtfertigt, ein Ergebnis zu perpetuieren, das sich bei erfolgreicher Anfechtung als rechtswidrig erweist. Im übrigen bleibt es dem Hauptaktionär unbenommen, unter Vermeidung etwaiger Mängel, die zur Aufhebung des Squeeze-Out-Beschlusses geführt haben, ggf. erneut ein derartiges Verfahren durchzuführen. Die Einführung eines Bestandsschutzes für einen durchgeführten Squeeze Out ist somit nicht geboten.

[814] So aber Austmann/Mennicke, NZG 2004, 846, 853 Fn.91.

§ 3 Erweiterung der Haftung

A. Abfindungen im Spruchverfahren

Schuldner des aktienrechtlichen Barabfindungsanspruchs ist der Hauptaktionär,[815] dessen wirtschaftliche Situation sich zwischen dem Squeeze-Out-Beschluß und der Beendigung eines etwaigen Spruchverfahrens erheblich verschlechtern kann. Nach § 327b Abs.3 AktG ist zwar vor Einberufung der Hauptversammlung dem Vorstand die Erklärung eines Kreditinstitutes zu übermitteln, durch die dieses eine Gewährleistung für die Zahlung der festgelegten Barabfindung übernimmt. Die vom Gericht in einem etwaigen Spruchverfahren festzusetzende höhere Abfindung ist aber nach der gegenwärtigen Rechtslage nicht gegen die negativen Folgen einer zwischenzeitlichen Insolvenz des Hauptaktionärs gesichert.[816] In der Vergangenheit haben sich vom Hauptaktionär angebotene Abfindungen auf Grund der Erkenntnisse in Spruchverfahren nachträglich z.T. als zu niedrig erwiesen.[817] Daher kann sich die Situation ergeben, daß im Spruchverfahren erfolgreiche Minderheitsaktionäre ihre Ansprüche auf Zahlung einer erhöhten Abfindung nicht realisieren können. Mit Rücksicht darauf, daß der Hauptaktionär durch den von ihm veranlaßten Squeeze-Out-Beschluß und die darauf folgende Eintragung dieses Beschlusses in das Handelsregister gemäß § 327e Abs.3 S.1 AktG den Übergang der Aktien der Minderheitsaktionäre bereits vor Abschluß eines Spruchverfahrens auf sich bewirkt, wäre es sachgerecht, den Barabfindungsanspruch, auch soweit er im Spruchverfahren höher als vom Hauptaktionär festgesetzt wird, grundsätzlich in vollem Umfang zu sichern.[818]

Die bisherige Sicherungslücke könnte an sich dadurch geschlossen werden, daß die in § 327b Abs.3 AktG vorgesehene Gewährleistung durch ein Kreditinstitut nicht nur die Zahlung der vom Hauptaktionär festgelegten Abfindung, sondern die insgesamt – nach Abschluß eines etwaigen Spruchverfahrens - geschuldete Abfindung umfaßt.[819] Nicht zu verkennen ist indes, daß Banken unbegrenzte Bürgschaften oder Garantien grundsätzlich nicht übernehmen, so daß die Verpflichtung zur Beibringung einer derartigen der Höhe nach nicht beschränkten Gewährleistung auf Schwierigkeiten stoßen dürfte. Dem Interesse der Minderheitsaktionäre an einer weitergehenden Sicherung als bisher vorgesehen könnte jedoch durch eine Gewährleistung in Höhe der vom Hauptaktionär festgelegten Barabfindung zuzüglich eines bestimmten Zuschlages Rechnung getragen werden – etwa entsprechend der Regelung in § 709 S.2 ZPO, wonach bei Vollstrek-

---

[815] Hüffer, AktG, § 327a Rn.10.
[816] Meilicke, DB 2001, 2387, 2389.
[817] Heidel/Lochner, DB 2001, 2031, 2032; Dörfler/Gahler/Unterstraßer/Wirichs, BB 1994, 156, 159 ff; Rühland, NZG 2001, 448 ff.; Krieger in Mü Hdb. GesR, Bd. IV, § 70 Rn.111.
[818] Meilicke, DB 2001, 2387, 2389.
[819] Meilicke, DB 2001, 2387, 2389.

kung wegen einer Geldforderung die Höhe der Sicherheitsleistung in einem bestimmten Verhältnis zur Höhe des zu vollstreckenden Betrages angegeben wird. Damit wäre zwar keine unbegrenzte Gewährleistung für den im Spruchverfahren festgesetzten Betrag erreicht, aber eine deutlich bessere Absicherung der Minderheitsaktionäre als nach der jetzigen Rechtslage. Bei Festsetzung eines Höchstbetrages stände die Obergrenze einer möglichen Inanspruchnahme der Bank fest und wäre eine entsprechende Gewährleistung durch ein Kreditinstitut möglich.

Mit Rücksicht darauf, daß die Angemessenheit der vom Hauptaktionär festgelegten Barabfindung gemäß § 327c Abs.2 S.2 AktG von zumindest einem Prüfer zu prüfen ist, kann angenommen werden, daß die vom Hauptaktionär festgelegte und geprüfte Höhe der Barabfindung und die in einem evtl. späteren Spruchverfahren festgesetzte Höhe der Abfindung in der Regel nicht in exorbitanter Weise voneinander abweichen werden. Bekannt gewordene Angaben darüber, in welchem Umfang Abweichungen zwischen der von einem Hauptaktionär festgelegten Barabfindung und der in einem anschließenden Spruchverfahren zuerkannten Barabfindung durchschnittlich vorkommen, sind nicht einheitlich. Zum Teil wurde ermittelt, daß in Spruchverfahren eine Verbesserung der Abfindung um durchschnittlich 25 % erreicht wurde,[820] z.T. durchschnittlich um ca. 48 %.[821] Offen ist allerdings, wie weit die größten Abweichungen vom ursprünglichen Angebot waren. Bei Abwägung der Interessen des Hauptaktionärs und der Minderheitsaktionäre ist es sachgerecht, anzunehmen, daß eine Gewährleistung durch ein Kreditinstitut in Höhe des Betrages, den der Hauptaktionär gemäß § 327b Abs.1 S.1 AktG festgelegt hat, zuzüglich 30% dem Sicherungsbedürfnis der Minderheitsaktionäre genügt.

Zu erwägen ist ferner, entsprechend der ursprünglichen Stellungnahme des Handelsrechtsausschusses des Deutschen Anwaltsvereins e.V.[822] die Minderheitsaktionäre für den Fall einer höheren Festsetzung der Abfindung im Spruchverfahren dadurch zu sichern, daß die Gesellschaft neben dem Hauptaktionär als Gesamtschuldner haftet und ihr im Falle der Zahlung ein Erstattungsanspruch gegen den Hauptaktionär zusteht, den sie durchsetzen muß und auf den sie nicht verzichten kann. Eine solche Lösung entspräche zwar dem Sicherungsbedürfnis der Minderheitsaktionäre, sie ist aber mit Rücksicht auf die Belange der Aktiengesellschaft nicht gerechtfertigt. Denn nicht die Aktiengesellschaft, sondern der Hauptaktionär betreibt das Squeeze-Out-Verfahren, und die Aktiengesellschaft „gehört“ zur Zeit der gerichtlichen Entscheidung möglicherweise wirtschaftlich

[820] Rühland, NZG 2001, 448, 450.

[821] Krieger in Münchener Hdb.GesR, Bd. IV, § 70 Rn.111.

[822] Stellungnahme zur Ergänzung des Aktiengesetzes durch einen Titel „Aktienerwerb durch den Hauptaktionär"“ http://www.bghcam.de.

gar nicht mehr dem Hauptaktionär.[823] Auch in anderen Fällen, in denen Aktionäre im Spruchverfahren die Erhöhung der Abfindung verlangen können, ist daher zu Recht keine derartige Sicherung eines im Spruchverfahren festgesetzten erhöhten Betrages vorgesehen.[824]

B. Zinsanspruch der Minderheitsaktionäre

Nach jetziger Gesetzeslage braucht die Zahlung von Zinsen in Höhe von 2 % über dem jeweiligen Basiszinssatz gemäß § 327b Abs.2 AktG nicht durch eine „Bankgarantie" gesichert zu werden.[825] Dies kann bei jahrelang dauernden Spruchverfahren für die Minderheitsaktionäre deswegen zu Unzuträglichkeiten führen, weil erhebliche Zinsansprüche entstehen können, die ungesichert sind. Dabei ist zu bedenken, daß trotz möglicher Änderungen des Basiszinssatzes bei einer Verzinsung von 2 % über dem jeweiligen Zinssatz nach § 247 BGB bei der bisher häufig jahrelangen Dauer von Spruchverfahren - im Schnitt etwa fünf Jahre,[826] im Einzelfall mehr als zehn Jahre[827] - der entstehende Zinsanspruch wertmäßig nicht selten ein Drittel bis die Hälfte der Höhe der zuerkannten erhöhten Abfindung erreichen kann. Angesichts dessen, daß durch das Erfordernis der Beibringung einer „Bankgarantie" die Durchsetzung des zu verzinsenden Abfindungsanspruchs gegen den Hauptaktionär erleichtert werden soll,[828] wäre es sinnvoll, eine derartige Sicherung auch für den Zinsanspruch vorzusehen.

§ 4 Änderung der Aufgabenverteilung

Nach der Konzeption des Gesetzes liegt die materielle Verantwortlichkeit für einen Squeeze Out beim Hauptaktionär,[829] während die Abwicklungsmaßnahmen dem Vorstand obliegen. Es fragt sich, ob eine solche Trennung in jeder Hinsicht sinnvoll ist.

A. Einberufungskompetenz

Ein wirksames Verlangen des Hauptaktionärs verpflichtet den Vorstand trotz seiner sonst nach § 76 Abs.1 AktG bestehenden Weisungsfreiheit, unverzüglich

---

[823] So auch im Ergebnis später der Handelsrechtsausschuß des DAV, NZG 2001, 1003, 1008.
[824] Krieger, BB 2002, 53, 58.
[825] Habersack in Emmerich/Habersack, KonzernR, § 327b Rn.15; Fuhrmann/Simon, WM 2002, 1211, 1216.
[826] van Kann/Hirschmann, DStR 2003, 1488.
[827] Rodloff, DB 1999, 1149, 1152.
[828] Vgl. Gesetzesbegründung, BR-Drs.574/01, S.184.
[829] Kiem, RWS-Forum 20, Gesellschaftsrecht 2001, 329, 343.

die Hauptversammlung einzuberufen. Wird der Vorstand nicht entsprechend tätig, so kann der Hauptaktionär nach § 122 AktG vorgehen,[830] d.h. notfalls kann das Gericht nach § 122 Abs. 3 S.1 AktG den Hauptaktionär ermächtigen, die Hauptversammlung einzuberufen. In Betracht kommt daher, dem Hauptaktionär eine eigene Einberufungskompetenz für die Hauptversammlung zuzugestehen.[831] Zu berücksichtigen ist jedoch, daß der Vorstand auf Verlangen eines Hauptaktionärs nur dann die Hauptversammlung zum Zwecke eines Squeeze Out einberufen muß, wenn er sich vergewissert hat, daß es sich wirklich um einen Hauptaktionär handelt, also einen Aktionär, dem Aktien der Gesellschaft in Höhe von 95 % des Grundkapitals gehören. Bei der Einberufung der Hauptversammlung durch den Vorstand zur Beschlußfassung über die Übertragung der Aktien der übrigen Aktionäre auf den Hauptaktionär können daher die Minderheitsaktionäre, die meist nicht in gleichem Maß wie der Vorstand über die erforderlichen Informationen und vor allem nicht über die notwendige Sachkompetenz verfügen, davon ausgehen, daß die Frage des hinreichenden Aktienbesitzes des Hauptaktionärs vor Einberufung der Hauptversammlung vom Vorstand geprüft worden ist. Wenn für den Hauptaktionär eine eigene Einberufungskompetenz begründet würde, müßte auf andere Art sichergestellt werden, daß er in einer für die Minderheitsaktionäre ohne weiteres nachvollziehbaren Weise bei der Einberufung einer Hauptversammlung zum Zwecke des Squeeze Out seine entsprechende Berechtigung nachweist. Ein solcher Nachweis ist wegen der Zurechnungsproblematik für Minderheitsaktionäre nicht immer einfach nachzuvollziehen. Aus diesem Grunde ist es aus praktischen Gründen – und in Übereinstimmung mit der Regelung in § 122 Abs.1 AktG bei Einberufung einer Hauptversammlung auf Verlangen einer Minderheit - sinnvoll, insoweit keine Änderung gegenüber der jetzigen Rechtslage vorzunehmen und dem Hauptaktionär keine eigene Einberufungskompetenz einzuräumen.[832]

B. Auseinanderfallen von Berichterstattung und Auskunfterteilung

Nach § 327c Abs.2 AktG hat der Hauptaktionär der Hauptversammlung einen schriftlichen Bericht zu erstatten, in dem die Voraussetzungen für die Übertragung dargelegt und die Angemessenheit der Barabfindung erläutert und begründet werden. Auskunft hat nach § 131 Abs.1 AktG der Vorstand jedem Aktionär auf Verlangen in der Hauptversammlung zu geben, was besser und umfassender durch den Hauptaktionär geschehen könnte, da er den schriftlichen Bericht nach § 327c Abs.2 S.1 AktG erstattet und die Barabfindung festsetzt.[833] Allerdings kann der Vorstand nach § 327 d S.2 AktG dem Hauptaktionär Gele-

[830] Hüffer, AktG, § 327a Rn.8.
[831] Kiem, RWS-Forum 20, Gesellschaftsrecht 2001, 329, 344.
[832] so auch Krieger, BB 2002, 53, 59.
[833] Kiem, RWS-Forum 20, Gesellschaftsrecht 2001, 329, 342.

genheit geben, den Entwurf des Übertragungsbeschlusses und die Bemessung der Höhe der Barabfindung zu Beginn der Verhandlung mündlich zu erläutern. Demgemäß kann der Vorstand nach jetziger Gesetzeslage dem Hauptaktionär auch die Möglichkeit der Stellungnahme zu Fragen der Aktionäre geben.[834] Dies stellt jedoch keine befriedigende Lösung dar, denn es bedeutet noch nicht die Beantwortung der Fragen durch den Vorstand. Nur wenn sich der Vorstand Auskünfte Dritter zu eigen macht, können sie als Auskünfte des Vorstandes angesehen werden.[835] Die jetzige Regelung ist deshalb als lückenhaft anzusehen.[836] Eine etwaige Verletzung des Fragerechts- und Auskunftsrechts in der Hauptversammlung kann - trotz der Einschränkung dieser Rechte infolge Änderung des § 131 AktG durch Art. 1 Nr.9 des UMAG[837] - wegen möglicher Anfechtungsklagen zu Schwierigkeiten bei der Durchführung eines Squeeze Out führen. Zur Vermeidung von Rechtsstreitigkeiten könnte es daher sinnvoll und rechtspolitisch angezeigt sein, nicht den Vorstand als grundsätzlich originären Schuldner des Auskunftsanspruchs der Aktionäre aus § 131 AktG, zu verpflichten, über etwas Auskunft zu geben, was nur der Hauptaktionär umfassend leisten kann.[838] Denn der Hauptaktionär ist der Initiator des Squeeze-Out-Verfahrens, ihm obliegt die Findung einer angemessenen Abfindung, und er hat nach § 327c Abs.2 S.1 AktG Bericht zu erstatten. Es ist daher daran zu denken vorzusehen, daß der Hauptaktionär und nicht der Vorstand Fragen der Aktionäre, die das Squeeze-Out-Verfahren betreffen, zu beantworten hat.[839] Da aber möglicherweise nicht alle Fragen in einer Hauptversammlung, die die Durchführung eines Squeeze Out betrifft, von dem Hauptaktionär allein beantwortet werden können, wäre es nicht sachgerecht, die Pflicht zur Auskunfterteilung von dem Vorstand vollständig auf den Hauptaktionär zu verlagern. Es bietet sich vielmehr an, den Hauptaktionär neben dem Vorstand zu verpflichten, Auskunft zu erteilen, so daß die Auskunftsmöglichkeiten beider von den Minderheitsaktionären genutzt werden können und damit eine umfassendere Information und ein reibungsloserer Ablauf der Hauptversammlung gewährleistet sind.

C. Entbehrlichkeit eines Ausschlußbeschlusses der Hauptversammlung

Der Ausschluß von Minderheitsaktionären setzt nach § 327a Abs.1 AktG einen Beschluß der Hauptversammlung voraus. Dies erscheint deswegen systemwidrig,[840] weil der Squeeze Out in die Form einer körperschaftlichen Entscheidung gekleidet wird, obwohl er nicht die Struktur oder Organisation der Aktiengesell-

[834] Kiem, aaO, 329, 342.
[835] Hüffer, AktG, 5. Aufl., § 131 Rn.6.
[836] Kiem, aaO, 329, 342.
[837] BGBl. I 2005, 2802.
[838] Kiem, aaO, 329, 341 f.
[839] so Kiem, aaO, 329, 343.
[840] Even, DStR 2002, 1315, 1321.

schaft, sondern nur das Verhältnis der Aktionäre untereinander betrifft.[841] Im übrigen könnte eine Hauptversammlung angesichts der Stimmenmehrheit des Hauptaktionärs und des Fehlens einer Sperrminorität der übrigen Aktionäre beim Squeeze Out entbehrlich sein,[842] zumal sie Minderheitsaktionären Gelegenheit bietet, z.B. durch eine Vielzahl von Fragen, die bisweilen nur der Vorbereitung eines späteren Anfechtungsprozesses dienen sollen, Schwierigkeiten zu bereiten. Zu erwägen wäre daher – wie schon oben S. 143 ff. kurz erwähnt, - anstelle eines Hauptversammlungsbeschlusses dem Hauptaktionär die Möglichkeit einzuräumen, bereits durch eine von ihm abzugebende Erklärung den Squeeze Out durchzuführen, oder eine gerichtliche Entscheidung zur Durchführung eines Squeeze Out vorzusehen.[843]

Die Hauptversammlung ist jedoch das „primäre Forum" der Willensbildung einer Aktiengesellschaft, ohne daß es darauf ankommt, ob das Ergebnis der Abstimmung in Anbetracht der bestehenden Beteiligungsverhältnisse schon vorher feststeht.[844] Die Durchführung einer Hauptversammlung zum Ausschluß der Minderheitsaktionäre entspricht auch mehr deren schützenswerten Interessen als wenn ein Squeeze Out nur durch eine Erklärung des Hauptaktionärs bewirkt werden könnte. Denn der Vorstand hat bereits bei der Vorbereitung der Hauptversammlung nicht nur zu prüfen, ob dem Hauptaktionär Aktien in Höhe von 95 % des Grundkapitals gehören, er muß auch die Rechtswirksamkeit der Garantieerklärung des Kreditinstituts (§ 327b Abs.3 AktG) überprüfen.[845]

Die Einschaltung der Gesellschaftsorgane hat also den Vorteil, daß die damit zusammengehörenden Pflichtbindungen und Schutzmöglichkeiten für die Minderheitsaktionäre in Anspruch genommen werden.[846] Durch die Beschlußfassung im Rahmen einer Hauptversammlung, die der Vorstand einberufen hat und die er leitet, wird trotz der Mehrheitsverhältnisse eine größere Objektivität der Verfahrensdurchführung gewährleistet, als wenn der Hauptaktionär selbst den Squeeze Out „erklärt." Der schriftliche Bericht des Vorstandes ist ein Anlaß, alle Argumente kritisch zu untersuchen,[847] so daß sich dadurch auch leichter nachprüfbar feststellen läßt, ob dem Hauptaktionär Aktien in Höhe von 95 % des Grundkapitals gehören.[848] Im übrigen wird traditionell Aktionären Rechtsschutz gegen Eingriffe in ihre Mitgliedstellung im Rahmen der Anfechtbarkeit von Gesellschafterbeschlüssen gewährt, hinsichtlich derer umfangreiche Erfah-

---

841 Vetter, DB 2001, 743, 744.
842 Nirk, Hdb.AG, I Rz.2636; Vetter, DB 2001, 743, 744; Pluta, WPg-Sdh.2001, 114, 117.
843 Habersack, ZIP 2001, 1230, 1237; Vetter, ZIP 2000, 1817, 1821.
844 Sieger/Hasselbach, ZGR 2002, 120, 132.
845 OLG Hamm, Beschl. V.17.3.2005 – 27 W 3/05 -, OLGR Hamm 2005, 310.
846 Hueck/Windbichler, GesR, § 32 Rn.19.
847 Kiem, RWS-Forum 20, Gesellschaftsrecht 2001, 329, 336.
848 so auch die Stellungnahme des Handelsrechtsausschusses des DAV zur Ergänzung des AktG durch einen Titel"Aktienerwerb durch den Hauptaktionär", http://www.bghcam.de

rungen vorliegen. Es ist daher auch unter dem Gesichtspunkt der Zweckmäßigkeit nicht sinnvoll, dem Hauptaktionär die Möglichkeit zu eröffnen, den Ausschluß der Minderheitsaktionäre bereits durch eine von ihm abzugebende Erklärung zu bewirken.[849]

Nicht sachgerecht wäre es auch, die Entscheidung über den Ausschluß der Minderheitsaktionäre beim aktienrechtlichen Squeeze Out dem Landgericht – Kammer für Handelssachen - am Sitz der Gesellschaft auf Antrag des Hauptaktionärs zu übertragen, wie es teilweise befürwortet wird.[850] Dies würde die sonst bei Durchführung einer Hauptversammlung auftretenden Schwierigkeiten jedenfalls nicht vermindern.[851] Zu berücksichtigen ist, daß das Gericht – je nach Ausgestaltung des Verfahrens – nach rechtstaatlichen Grundsätzen den betroffenen Minderheitsaktionären vor seiner Entscheidung zunächst Gelegenheit zur Äußerung geben müßte. Angesichts des oft sehr erheblichen Umfangs des Materials, das in aktienrechtlichen Verfahren von Aktionären bei Gericht eingereicht wird, und zu dem in der Regel eine Stellungnahme des Hauptaktionärs erforderlich sein dürfte, ist zu erwarten, daß ein solches Verfahren wesentlich mehr in die Länge gezogen werden kann als bei Einberufung einer Hauptversammlung, in der ein Squeeze-Out-Beschluß gefaßt wird. Zu berücksichtigen ist in diesem Zusammenhang auch, daß der Zeitraum, in dem eine gerichtliche Entscheidung ergeht, wesentlich mit davon abhängt, in welchem Umfang ein solcher Spruchkörper, in dem nur ein Berufsrichter mitwirkt, der alle Sachen allein vorzubereiten hat, mit anderen Verfahren belastet ist. Diesen anderen Verfahren kommt oft für die Rechtsuchenden nicht mindere Bedeutung zu als der Entscheidung über den Squeeze Out für den Hauptaktionär. Daher könnte die etwaige Entscheidung über einen Squeeze Out bei Gericht nicht stets vorrangig getroffen werden. Demgegenüber kann sich die Hauptversammlung bei Durchführung eines Squeeze Out-Verfahrens auf diese Maßnahme konzentrieren und sie alsbald beschließen. Hinsichtlich des Verfahrens zum Ausschluß von Minderheitsaktionären nach §§ 327a ff AktG sollte es deshalb bei der derzeitigen Kompetenzverteilung bleiben, zumal etwa bei rechtsmissbräuchlichen Anfechtungsklagen die Möglichkeit einer Freigabe vor Abschluß eines Anfechtungsrechtsstreits besteht.

D. Anmeldung der Eintragung des Squeeze-Out-Beschlusses beim Handelsregister

Der Vorstand hat nach § 327e Abs.1 S.1 AktG den Übertragungsbeschluß zur Eintragung in das Handelsregister anzumelden. Mit Rücksicht darauf, daß mit Eintragung des Beschlusses nach § 327e Abs.3 S.1 AktG in das Handelsregister

[849] Kiem, RWS-Forum 20, Gesellschaftsrecht 2001, 329, 336.
[850] Vetter, DB 2001, 743, 744.
[851] So auch Ehricke/Roth, DStR 2001, 1120, 1125.

alle Aktien der Minderheitsaktionäre auf den Hauptaktionär übergehen, die Eintragung also in seinem Interesse liegt, kommt die Einführung einer Befugnis auch des Hauptaktionärs zur Anmeldung des Squeeze-Out-Beschlusses in Betracht.[852] Der Vorstand hat jedoch nach § 327e Abs.2 i.V.m. § 319 Abs.3 AktG bei der Anmeldung eine sog. Negativerklärung des Inhalts abzugeben, daß eine Klage gegen die Wirksamkeit des Hauptversammlungsbeschlusses nicht oder nicht fristgemäß erhoben, rechtskräftig abgewiesen oder zurückgenommen worden ist. Derartige Angaben kann der Hauptaktionär aber aus eigenem Wissen nicht machen, so daß er insoweit erst die entsprechenden Informationen vom Vorstand einholen müßte. Es wäre daher nicht sinnvoll, die Antragsbefugnis auf den Hauptaktionär zu übertragen. Vielmehr sollte die jetzige auf einer einheitlichen Konzeption beruhende Regelung beibehalten werden.

§ 5 Vereinfachung und Beschleunigung der Verfahren

A. Freigabeverfahren

I. Antragsberechtigung

Gibt der Vorstand bei der Anmeldung der Eintragung des Squeeze-Out-Beschlusses keine sog. Negativerklärung ab, dann tritt eine Registersperre für die Eintragung des Squeeze-Out-Beschlusses ein (§ 327e Abs.2 i.V.m. § 319 Abs.5 AktG). Da der Übergang der Aktien jedoch von der Eintragung abhängig ist, kann ein Freigabeverfahren zur Überwindung dieser Registersperre durchgeführt werden (§ 327e Abs.2 i.V.m. § 319 Abs.6 AktG).

Nach der jetzigen Regelung kann die Einleitung des Freigabeverfahrens nur von der Gesellschaft beantragt werden. Es fragt sich, ob dies sachgerecht ist, denn damit muß die Gesellschaft ein Verfahren führen, das in besonderem Maße die Belange des Hauptaktionärs betrifft. Für die Struktur der Aktiengesellschaft ist es rechtlich ohne Bedeutung, ob ein Aktionär sämtliche Aktien hält oder ob mehrere Aktionäre vorhanden sind. Daher wäre daran zu denken, der Gesellschaft keine eigene Antragsbefugnis einzuräumen, wenn sie selbst keinerlei eigenes Interesse am Ergebnis eines Squeeze Out hat. Ein gewisses wirtschaftliches Interesse auch der Gesellschaft am Ausschluß der Minderheitsaktionäre ist aber anzunehmen, weil sich dadurch z.B. die Kosten für die Durchführung von Hauptversammlungen vermindern. Dies rechtfertigt hinreichend die jetzige Regelung, daß die Gesellschaft das Freigabeverfahren zur Überwindung einer Registersperre beantragen kann.

[852] Kiem, RWS-Forum 20, Gesellschaftsrecht 2001, 329, 344.

Die Überwindung der Registersperre liegt aber wegen der damit nach § 327e Abs.3 AktG verbundenen Wirkungen, nämlich dem Übergang aller Aktien der Minderheitsaktionäre auf den Hauptaktionär, vornehmlich in dessen Interesse. Daher sollte der Hauptaktionär als derjenige, der das Squeeze-Out-Verfahren gemäß § 327a Abs.1 S.1 AktG durch sein Verlangen einleitet und dem das positive Ergebnis eines solchen Verfahrens wirtschaftlich zugute kommt, auch Beteiligter des Freigabeverfahrens sein.[853]

Hiergegen könnte sprechen, daß ein Hauptaktionär nicht ohne ohne weiteres in der Lage sein wird, die Voraussetzungen für einen Freigabebeschluß nach § 319 Abs.6 S.2 AktG darzulegen und ggf. glaubhaft zu machen. Dies steht jedoch der Schaffung einer Antragsbefugnis auch des Hauptaktionärs nicht entgegen. Der Umstand, daß jemand zwar grundsätzlich bestimmte Maßnahmen ergreifen kann, er dabei aber auf Informationen Dritter angewiesen ist, schließt es nicht aus, ihm eine entsprechende Befugnis einzuräumen. So muß der Hauptaktionär, der die Höhe der Barabfindung festlegt, nach § 327b Abs.1 S.1 AktG die Verhältnisse der Gesellschaft berücksichtigten, was ihm aus eigenem Wissen auch nicht stets in vollem Umfang möglich sein dürfte. Deshalb bestimmt § 327b Abs.1 S.2 AktG, daß der Vorstand dem Hauptaktionär dafür alle notwendigen Unterlagen zur Verfügung zu stellen und Auskünfte zu erteilen hat. Wird daher vorgesehen, daß künftig auch der Hauptaktionär – und nicht nur die Gesellschaft – Antragsteller im Freigabeverfahren sein kann, dann sollte zugleich vorsorglich geregelt werden, daß der Vorstand ihm auch alle dafür notwendigen Unterlagen zur Verfügung zu stellen und Auskünfte zu erteilen hat.

II. Interessenabwägung

Wie oben (S. 122 ff.) dargestellt, ist umstritten, wessen Interessen im Freigabeverfahren gegeneinander abzuwägen sind – diejenigen des Hauptaktionärs und die der Gesellschaft gegenüber denjenigen des anfechtenden Minderheitsaktionärs oder nur diejenigen der Gesellschaft gegenüber dem Minderheitsaktionär. Im Interesse der Rechtssicherheit wäre es daher sinnvoll, die zu Zweifeln Anlaß gebende Verweisung in § 327e Abs.2 auf § 319 Abs.6 AktG dahin klarzustellen, daß die Interessen des Hauptaktionärs und der Gesellschaft gegen die des anfechtenden Minderheitsaktionärs abzuwägen sind.

B. Entbehrlichkeit der Eintragung ins Handelsregister

Ein Squeeze-Out-Beschluß ist gemäß § 327e Abs.1 S.1 AktG in das Handelsregister einzutragen. Hinsichtlich des Erfordernisses einer Publizität durch Eintra-

[853] Krieger,BB 2002, 53, 60; Kiem,RWS-Forum 20, Gesellschaftsrecht 2001, 329, 345.

gung des Squeeze-Out-Beschlusses ins Handelsregister werden Bedenken geäußert, da die satzungsmäßigen Grundlagen der Gesellschaft beim Squeeze Out nicht betroffen werden.[854] Es fragt sich aber, ob allein deshalb eine Eintragung künftig unter rechtspolitischen Gesichtspunkten als entbehrlich entfallen sollte. Zu berücksichtigen ist, daß weitere Gesichtspunkte für das Erfordernis einer Eintragung des Ausschlussbeschlusses sprechen. Da nach § 327e Abs.3 AktG mit der Eintragung des Übertragungsbeschlusses alle Aktien der Minderheitsaktionäre auf den Hauptaktionär übergehen, stehen nach der jetzigen Rechtslage der Übergang der Aktien und dessen Zeitpunkt zweifelsfrei fest. Würde eine solche Eintragung nicht vorgenommen, dann wäre – wenn keine weiteren Regelungen getroffen werden - die Übertragung erst mit rechtskräftigem Abschluß eines etwaigen Anfechtungsverfahrens, das jahrelang dauern kann, wirksam.

Verzögerungen beim Squeeze Out durch Erhebung von Anfechtungsklagen können jetzt durch einen Freigabebeschluß gemäß § 327e Abs.2 i.V.m. § 319 Abs.6 S.1 AktG bei Vorliegen der erforderlichen Voraussetzungen und die anschließende Eintragung mit der Wirkung des Übergangs der Aktien der Minderheitsaktionäre auf den Hauptaktionär nach § 327e Abs.3 AktG weitgehend vermieden werden. Will man die gerade durch die Einführung des Squeeze Out und die Zurückdrängung von Aktionen „räuberischer Aktionäre" durch Freigabeverfahren geschaffenen Möglichkeiten schnellerer struktureller Maßnahmen in den betroffenen Unternehmen nicht erheblich behindern, dann müßte bei Abschaffung des Erfordernisses der Eintragung des Hauptversammlungsbeschlusses ins Handelsregister eine dem bisherigen Freigabeverfahren entsprechende andere Möglichkeit geschaffen werden. Sonst würden die Aktien nicht vor Abschluß des Anfechtungsrechtsstreits übergehen. Eine erst zu schaffende - der jetzigen gesetzlichen Regelung in § 327e Abs.2 i.V.m. § 319 Abs.6 S.1 AktG im Ergebnis entsprechende – andere rechtliche Möglichkeit, den Übergang der Aktien vor Beendigung eines Anfechtungsrechtsstreits zu bewirken, würde jedoch voraussichtlich weitergehende Schwierigkeiten aufwerfen. Jetzt steht bei positiver Entscheidung im Freigabeverfahren mit der Eintragung im Handelsregister fest, daß und wann die Aktien der Minderheitsaktionäre auf den Hauptaktionär übergegangen sind. Dies ließe sich bei einem andersartigen, noch neu zu konzipierenden „Freigabeverfahren," das – ohne nachfolgende Eintragung im Handelsregister – unmittelbar den Übergang der Aktien von den Minderheitsaktionären auf den Hauptaktionär zur Folge hätte, evtl. nicht ohne weiteres zweifelsfrei feststellen. So könnten z.B. einige Minderheitsaktionäre gegen einen solchen „Freigabebeschluß" keinen Rechtsbehelf einlegen. Dies hätte – wenn nicht eine andere gesetzliche Regelung geschaffen wird – die Folge, daß sie an einem durch andere Minderheitsaktionäre betriebenen sofortigen Beschwerdeverfahren, das sich einige Zeit hinziehen kann, nicht teilnehmen. Sie können dann nicht ohne weiteres wissen, wann das Freigabeverfahren insgesamt

[854] Vetter, ZIP 2000, 1817, 1823.

rechtskräftig abgeschlossen ist. Bei der jetzigen Lösung ist demgegenüber für alle Beteiligten der Zeitpunkt des Übergangs der Aktien und der Entstehung des Abfindungsanspruchs bei Eintragung ins Handelsregister klar ersichtlich.

Von erheblicher Bedeutung für die Minderheitsaktionäre ist ferner, daß der Registerrichter nach der jetzigen Rechtslage die Rechtsmäßigkeit des Übertragungsbeschlusses zu prüfen hat. Er hat insbesondere festzustellen, ob die Voraussetzungen des § 327a Abs.1 S.1 AktG erfüllt sind und ein ordnungsgemäßes Abfindungsangebot vorliegt,[855] ferner ob die Formalitäten der Einladung und der Durchführung der Hauptversammlung beachtet worden sind.[856] Aus den vorgenannten Erwägungen und Gründen der Rechtssicherheit, insbesondere der Klarheit hinsichtlich des Übergangs der Aktien auf den Hauptaktionär, sollte es daher weiter beim Erfordernis einer Eintragung des Ausschlußbeschlusses im Handelsregister bleiben.[857]

C. Spruchverfahren

Durch das Spruchverfahrensgesetz sind einige zuvor strittige Fragen geregelt worden, auf die nunmehr infolge der gesetzlichen Klarstellung nicht mehr im einzelnen einzugehen ist. So war früher umstritten, ob im Falle eines Squeeze Out der Antrag im Spruchverfahren gegen die Gesellschaft oder den Hauptaktionär[858] zu richten ist. § 5 Nr.3 SpruchG stellt jetzt klar, daß Antragsgegner der Hauptaktionär ist.

Hauptziel des Spruchverfahrensgesetzes ist die Verkürzung der allgemein als zu lang angesehenen Dauer der Spruchverfahren. Vor Inkrafttreten dieses Gesetzes wurde in der Regel fünf und mehr Jahre über den Wert gestritten, wobei eine Verfahrensdauer von mehr als zehn Jahren keine Seltenheit war.[859] Kern der Neuregelung ist – wie bereits oben erwähnt (S. 127 f.) - die Einführung von Verfahrensförderungspflichten für die Beteiligten (§ 7 SpruchG)[860] unter Beibehaltung des Verfahrens als Verfahren der freiwilligen Gerichtsbarkeit (§ 17 SpruchG). Hauptursachen der langen Verfahrensdauer waren die Anwendung des Amtsermittlungsgrundsatzes sowie umfangreiche Beweisaufnahmen durch Einholung von Sachverständigengutachten, die durch die Neuregelung

---

[855] Emmerich/Habersack, KonzernR, § 327e Rn. 4.
[856] Stellungnahme zur Ergänzung des AktG durch einen Titel" Aktienerwerb durch den Hauptaktionär"" http://www.bghcam.de, S.8; Krieger, BB 2002, 53, 58.
[857] so auch Vetter, AG 2002, 176, 189; auch Nirk, Hdb.AG I Rz. 2666, wonach § 327e den Zweck hat, aus praktischen Gründen Publizität und Rechtssicherheit zu schaffen.
[858] So OLG Düsseldorf, Beschl.v.15.1.2004–I– 19/W 03AktE, DB 2004, 428; Krieger, BB 2002, 53, 57; Gessmann-Nuissl, WM 2002, 1205, 1208.
[859] Fritzsche/Dreier/Verfürth, SpruchG, S.43.
[860] Puszkajler in Kölner Komm.z. SpruchG, S. 31, Vorb.§§ 7-11 Rn.1 ff.

eingeschränkt werden sollen. In Betracht kommen jedoch noch weitere Maßnahmen zur Verkürzung der Verfahrensdauer, da Zweifel bestehen, ob die bisherige Neuregelung des Spruchverfahrens ausreichend ist, um die Ursachen der langen Verfahrensdauer zu beseitigen.[861]

I. Mitwirkung von Sachverständigen bei der Verfahrensleitung

Nicht gefolgt ist der Gesetzgeber der Anregung,[862] den Aufgabenkreis der Sachverständigen dadurch zu erweitern, daß sie das Gericht bei der Verfahrensleitung und der Vorbereitung der mündlichen Verhandlung sachkundig beraten, um auch dadurch eine Verfahrensbeschleunigung zu erzielen.

Eine sachkundige Beratung des Gerichts auch bei der Verfahrensleitung kann in schwierig gelagerten Fällen sinnvoll erscheinen, soweit nicht juristische, sondern eher der Kompetenz eines Sachverständigen zuzuordnende Fragen im Vordergrund stehen. Zu berücksichtigen ist jedoch, daß in Spruchverfahren zumindest schon das Ergebnis einer sachverständigen Prüfung der Angemessenheit der Barabfindung nach § 327e Abs.2 S. 2 AktG vorliegt, der Antragsteller nach § 4 Abs.2 des Spruchverfahrensneuordnungsgesetzes seinen Antrag zu begründen und der Antragsgegner hierzu nach § 7 des Gesetzes Stellung zu nehmen hat. Dem Gericht wird daher in aller Regel auch die nichtjuristische Problematik hinreichend erkennbar sein. Darüber hinaus kann das Gericht nach § 7 Abs.6 des Gesetzes bereits vor dem ersten Termin eine Beweisaufnahme zur Klärung von Vorfragen und zur Vorbereitung der mündlichen Verhandlung anordnen.

Eine weitergehende Einbindung von Sachverständigen auch in die Verfahrensleitung – wie sie in anderen Verfahren ebenfalls nicht vorgesehen ist - erscheint nicht sinnvoll. Zu befürchten wäre eher, daß es dadurch zu Verzögerungen kommen könnte. Denn in einem gerichtlichen Verfahren müssen beide Seiten unter dem Gesichtspunkt des rechtlichen Gehörs Gelegenheit haben, zu Äußerungen, die Sachverständige gegenüber dem Gericht abgeben, Stellung zu nehmen. Sie müssen die Möglichkeit haben, Anregungen von Sachverständigen, die das Verfahren in eine bestimmte Richtung lenken würden, entgegenzutreten. Allein dadurch können bereits nicht unerhebliche Verzögerungen eintreten. Im übrigen haben die Beteiligten die Befugnis, Sachverständige wegen Besorgnis der Befangenheit nach § 406 ZPO abzulehnen, wovon sie ggf. allein schon aus Verzögerungsgründen Gebrauch machen könnten.

Sinnvoll wäre es allerdings, für diese Art von Verfahren eine hinreichende Anzahl Richter zur Verfügung zu stellen, die sich mit der Materie eingehend ver-

[861] Puszkajler in Kölner Komm.z. SpruchG, Vorb.§§ 7-11 Rn.43 ff.
[862] Lutter/Bezzenberger, AG 2000, 433, 440.

traut machen können und ausreichend Zeit für die Bearbeitung derartiger für die Wirtschaft wichtiger Verfahren haben.[863] In aller Regel obliegt die Bearbeitung von Spruchverfahren jedoch Kammern, die diese Verfahren neben ihren sonstigen Prozeßsachen zu bearbeiten haben, ohne daß sie trotz des damit verbundenen oft sehr erheblichen Arbeitsaufwandes[864] ausreichend entlastet werden konnten.[865] Da die Kammern immer wieder durch vorrangig zu bearbeitende andere Eilsachen, z.B. Arreste und einstweilige Verfügungen, in Anspruch genommen werden, ist ohne eine personelle Verstärkung auch dieses Bereichs eine deutliche Beschleunigung der Verfahren nicht zu erwarten. Nach einer Untersuchung der Arthur Andersen Business Consulting GmbH aus dem Jahre 2002 fehlten jedoch bereits zu dieser Zeit in Deutschland über 1.500 Richter und Staatsanwälte.[866]

II. Verkürzung der Dauer der Erstattung von Sachverständigengutachten

Wegen der oft langen Dauer der Erstattung von Sachverständigengutachten ist angeregt worden, die Sachverständigen mit Anreizen und Sanktionsdrohungen stärker als bisher zur Erfüllung ihrer Aufgaben anzuhalten.[867] Hinsichtlich der Anreize wurde daran gedacht, daß sich die Vergütung nach den verkehrsüblichen Sätzen richtet und nicht nach dem Justizvergütungs- und Entschädigungsgesetz – JVEG - (früher nach dem Gesetz über die Entschädigung von Zeugen und Sachverständigen-ZSEG),[868] zumal dadurch auch die Suche nach geeigneten Sachverständigen beschleunigt werden könnte.[869] Soweit es sich um Anreize handelt, erscheint es aber nicht vertretbar, ohne weiteres andere Sätze, als sie das JVEG sonst für vom Gericht in Auftrag gegebene Gutachten vorsieht, der Entschädigung von Sachverständigen zu Grunde zu legen. Es ist kein den übrigen Rechtssuchenden zu vermittelnder überzeugender Grund ersichtlich, warum Sachverständige in derartigen Verfahren anders honoriert werden sollen als in sonstigen Rechtsstreiten. Auch in anderen Verfahren sind schwierige Begutachtungen vorzunehmen, die für die Beteiligten keine geringere Bedeutung haben und für die die Sätze des JVEG gelten. Im übrigen ist nicht außer Acht zu lassen, daß nach § 13 Abs.1 JVEG (entsprechend dem früheren § 7 ZSEG) Sachverständigen auch eine über die Sätze des JVEG hinausgehende Vergütung gewährt werden kann, wenn sich die Parteien dem Gericht gegenüber mit einer bestimmten oder abweichend von der gesetzlichen Regelung zu bemessenden

[863] so auch Büchel, NZG 2003, 793, 804.
[864] hierzu Meilicke, DB 2003, 2267.
[865] Büchel, NZG 2003, 793, 804; Puszkajler, ZIP 2003, 518, 519f; für eine Verbesserung des Pensenschlüssels für Spruchverfahren van Kann/Hirschmann, DStR 2003, 1488, 1494.
[866] jurapress – http://home.t-online.de/home/buch-jura.
[867] Lutter/Bezzenberger, AG 2000, 433, 440.
[868] Meilicke, DB 2003, 2267, 268; Lutter/Bezzenberger, AG 2000, 433, 440.
[869] Fritzsche/Dreier/Verführt, SpruchG, S. 47.

Vergütung einverstanden erklärt haben und ein ausreichender Betrag an die Staatskasse gezahlt ist. Die Erklärung nur einer Partei genügt, soweit sie sich auf den Stundensatz nach § 9 JVEG bezieht und das Gericht zustimmt (§ 13 Abs.2 S.1 JVEG).

Im Interesse der Beschleunigung wird dafür plädiert, gesetzlich zu bestimmen, daß ein Gutachtenauftrag an den Sachverständigen unter Fristsetzung erfolgen muß, die nur einmal verlängert werden kann, und nach deren fruchtlosem Ablauf der Auftrag ohne Vergütung als erloschen gilt.[870] Eine derartige Vorschrift würde zwar in nicht wenigen Fällen Verzögerungen bei Gutachtenerstattungen entgegenwirken, es erscheint jedoch nicht gerechtfertigt, sie nur in dem Zusammenhang mit Spruchverfahren zu schaffen. In vielen anderen Verfahren besteht ein ebenso großes Beschleunigungsbedürfnis, etwa in umfangreichen Schadensersatzprozessen, in denen das Bestehen oder der Umfang des Anspruchs ebenfalls von dem Ergebnis sachverständiger Begutachtung abhängt, z.B. hinsichtlich der Entstehung und der Folgen von Bodenverunreinigungen, von Softwarefehlern oder den weiträumigen Auswirkungen von Wettbewerbsverstößen. Zu denken ist daher daran, nicht in das SpruchG, sondern allgemein in die Zivilprozeßordnung und andere Verfahrensordnungen entsprechende Vorschriften aufzunehmen.

Die Frage, ob nach fruchtlosem Ablauf der verlängerten Frist der Gutachtenauftrag als erloschen gilt, sollte jedoch nicht im Sinne eines zwingenden Automatismus geregelt werden. Das automatische Erlöschen eines Gutachtenauftrages allein infolge Fristablaufs kann sonst dazu führen, daß ein fast fertiges Gutachten nun nicht mehr durch diesen Sachverständigen zu erstatten, sondern ein anderer Sachverständiger zu beauftragen wäre. Er müsste die Arbeit erneut beginnen, wodurch ein noch erheblicherer Zeitverlust eintreten würde, als wenn der erste Sachverständige sein bereits begonnenes Gutachten noch fertiggestellt hätte. Die Entscheidung, ob der erteilte Gutachtenauftrag ohne Honorierung erlischt, sollte daher ggf. der Entscheidung des Gerichts unter Berücksichtigung der Umstände des Einzelfalls überlassen bleiben.

Schon jetzt bestehen Regelungen über Fristsetzungen an Sachverständige und die Verhängung von Ordnungsgeldern bei Versäumung von Fristen zur Erstattung von Gutachten (§ 411 Abs.1 S.2, Abs.2 S.1 ZPO), sowie die Möglichkeit, eine hartnäckige Versäumung als Weigerung der Gutachtenerstattung aufzufassen und den Sachverständigen nach § 409 ZPO zu behandeln oder gebührenlos zu entlassen.[871] Daher ist in absehbarer Zeit kaum eine gesetzliche Regelung dahin zu erwarten, daß ein Gutachtenauftrag zwingend unter Fristsetzung erfolgen muß, die nur einmal verlängert werden kann, und nach deren fruchtlosem Ab-

---

870 So Lutter/Bezzenberger, AG 2000, 433, 440.

871 Baumbach/Lauterbach, ZPO-Hartmann, § 411 Rn.8.

lauf der Auftrag ohne Vergütung erlischt. Dies gilt um so mehr, als das am 1. Januar 2002 in Kraft getretene Gesetz zur Reform des Zivilprozesses, das das zivilprozessuale Verfahren vielfältig umgestaltet hat, ebenfalls keine derartige Regelung getroffen hat, obwohl die entsprechende Problematik seit langem klar zu Tage getreten ist.

III. Beschränkung des Rechtsmittelverfahrens

In § 13 Abs.1 S.2 des Referentenentwurfs[872] war vorgesehen, daß die gegen die erstinstanzliche Entscheidung statthafte sofortige Beschwerde an das Oberlandesgericht nur auf eine Verletzung des Gesetzes gestützt werden kann. Diese Regelung ist nicht Gesetz geworden. Es ist jedoch daran zu denken, im Interesse der Verfahrenbeschleunigung künftig nur die Möglichkeit einer Rechtsbeschwerde vorzusehen. Verfassungsrechtliche Bedenken gegen eine derartige Lösung bestehen nicht. Aus dem Grundrecht des Art. 14 Abs.1 S.1 GG folgt zwar ein Anspruch auf Rechtsschutz.[873] Eine Beschränkung des Rechtsmittelverfahrens auf eine Rechtsbeschwerde kann diesen Rechtsschutz allerdings einschränken. Der durch Art. 19 Abs.4 GG gewährleistete effektive Rechtsschutz wird aber nicht uneingeschränkt gewährt. Der Gesetzgeber kann einschränkende Regelungen treffen, soweit sie mit den Belangen einer rechtsstaatlichen Verfahrensordnung vereinbar sind.[874] Vereinbar ist die Beschränkung von Rechtsmitteln auf die Überprüfung angefochtener Entscheidungen lediglich im Hinblick auf eine Verletzung des Gesetzes.

Eine Beschränkung des Rechtsmittelverfahrens auf eine Rechtsbeschwerde war seinerzeit bereits im Laufe des Gesetzgebungsverfahrens z.T. mit Rücksicht darauf begrüßt worden, daß die Einzelfallkorrektur im Spruchverfahren weniger wichtig als in sonstigen Verfahren erschien, weil schon in erster Instanz unter Beteiligung Sachkundiger verhandelt wurde. Es hätte dann nicht mehr die Möglichkeit bestanden, den Fall umfassend in rechtlicher und tatsächlicher Hinsicht zu überprüfen und auf neue Tatsachen und Beweise zu stützen.[875] Dieser Vorschlag ist nicht Gesetz geworden, da hiergegen von den beteiligten Kreisen grundsätzliche Bedenken geltend gemacht und der angestrebte Beschleunigungseffekt bezweifelt wurden.[876]

Eine Beschränkung der Beschwerdemöglichkeit auf eine bloße Rechtsbeschwerde sollte – trotz ihrer rechtlichen Zulässigkeit – jedenfalls solange nicht ernsthaft

---

[872] Internet, BMJ –Reform des Spruchverfahrens – www.bmj.de
[873] BVerfG, Beschl.v. 10.10.1978 – 1 BvR 475/78, BVerfGE 49, 252, 257.
[874] BVerfG v. 2.3.1993 – 1 BvR 249/92 -, BVerfGE 88, 118.
[875] Lutter/Bezzenberger, AG 2000, 433, 441.
[876] BT-Drs. 15/371, S.16.

erwogen werden, wie nicht hinreichende Erkenntnisse über Beschleunigungseffekte durch die sonstigen Regelungen des Spruchverfahrensneuordnungsgesetzes vorliegen, die eine derartige Einschränkung der Beschwerdemöglichkeit entbehrlich machen würden. Denn die Einschränkung der Beschwerde ausschließlich auf die Überprüfung von Rechtsfragen bedeutet eine nicht unerhebliche Einschränkung des Rechtsschutzes für die Betroffenen und sollte deshalb nur dann gewählt werden, wenn sonstige Maßnahmen nicht ausreichen. Die Beschränkung der Beschwerdemöglichkeit auf eine Rechtsbeschwerde kann auch dazu führen, daß dann - wie die Auswirkungen der Einschränkung der Tatsachenüberprüfung auf Grund des neuen Berufungsrechts gemäß § 529 ZPO zeigen – der Tatsachenvortrag im ersten Rechtszug vorsorglich in erheblicher Weise ausgeweitet wird mit der Folge, daß die Akten wesentlich umfangreicher sind als zuvor und oft nicht in der gleichen Zeit wie früher bearbeitet werden können. Der erwünschte Beschleunigungseffekt tritt dann ohnehin nicht in dem erwarteten Umfang ein.

IV. Änderung der Kostenregelung

Das Spruchverfahrensneuordnungsgesetz hat die bisherige Kostenregelung, die auch für das Spruchverfahren im Anschluß an einen Squeeze Out galt, modifiziert, nachdem insbesondere angeregt worden war, eine Lösung zu treffen, bei der deutlicher als bisher zwischen Gerichtskosten und außergerichtlichen Kosten differenziert und die Person des jeweiligen Kostenschuldners klargestellt wird.

So sollten mit Rücksicht darauf, daß ein Spruchverfahren wegen der oft sehr beträchtlichen Gerichtskosten für die einzelnen Minderheitsgesellschafter aus wirtschaftlichen Gründe sehr belastend sein kann, diese Kosten den Antragstellern weiterhin nur in Ausnahmefällen auferlegt werden, etwa wenn sie ein Spruchverfahren ohne sachlichen Anlaß betrieben. Die Antragsteller sollten ihre eigenen außergerichtlichen Kosten jedoch nur noch erstattet erhalten, wenn dies unter Berücksichtigung des Verfahrensverlaufs berechtigt erscheint.[877]

Dem trägt § 15 SpruchG weitgehend Rechnung. Er bestimmt in Abs.2, daß Schuldner der Gerichtskosten nur der Hauptaktionär (§ 5 Nr.3) als Antragsgegner ist, weil den Antragsberechtigten das Spruchverfahren wegen des Kostenrisikos sonst faktisch verbaut wäre.[878] Diese Kosten können den Antragstellern ganz oder zum Teil lediglich auferlegt werden, wenn dies der Billigkeit entspricht (§ 15 Abs.2 S.2 SpruchG).

[877] Lutter/Bezzenberger, AG 2000. 433, 442, 443.
[878] Begr.RegE, BT-Drs. 15/371, S.17 zu § 15.

Hinsichtlich der Kosten der Antragsteller, die bisher in der Regel vom Antragsgegner zu erstatten waren, ist nunmehr vorgesehen, daß diese Kosten von den Antragstellern grundsätzlich selbst getragen werden, um sie durch die Auferlegung dieses begrenzten Kostenrisikos von einer übereilten oder mutwilligen Antragstellung abzuhalten.[879] Das Gericht kann jedoch gemäß § 15 Abs.4 SpruchG anordnen, daß die Kosten der Antragsteller, die zur zweckentsprechenden Erledigung der Angelegenheit notwendig waren, vom Antragsgegner zu erstatten sind, wenn dies unter Berücksichtigung des Ausgangs des Verfahrens der Billigkeit entspricht. Eine weitergehende Änderung der Kostenregelung, als sie durch das Spruchverfahrensneuordnungsgesetz herbeigeführt wurde, ist nunmehr nicht geboten.

§ 6 Options- und Wandlungsrechte

Wie oben (S. 55 ff.) ausgeführt, ist umstritten, ob sich bei Durchführung eines Squeeze Out Options- und Wandlungsrechte in Barabfindungsansprüche umwandeln und ggf.in welchem Umfang. Um diese Rechtsunsicherheit zu beseitigen, wäre es sachgerecht, insoweit eine gesetzliche Regelung zu treffen.

I. Fälligstellung von Options- und Wandlungsrechten

Zu erwägen ist, die den Options- und Wandlungsrechten zu Grunde liegenden Anleihen mit dem Wirksamwerden des Squeeze Out fällig zu stellen[880] Die Fälligstellung der diesen Rechten zugrunde liegenden Anleihe im Falle eines Squeeze Out erscheint jedoch aus wirtschaftlichen Gründen nicht sinnvoll, da die Gesellschaft, gegen die sich der ursprüngliche Anspruch richtete, dann gezwungen wäre, vorfristig die Anleihe zu bedienen, ohne daß dies ihren wirtschaftlichen Dispositionen entsprechen muß.

Denkbar wäre auch eine Regelung, wonach sich der Anspruch des Wandlungs- oder Optionsrechtsinhabers statt gegen die Gesellschaft gegen den Hauptaktionär richtet. Dies würde jedoch eine Auswechselung des Schuldners gegen den Willen des Rechtsinhabers bedeuten, die – je nach der wirtschaftlichen Bonität - für diesen nicht stets akzeptabel ist. Daher sollte auch eine solche Regelung nicht gewählt werden.

---

[879] BT- Drs. 15/371, S.17.

[880] So auch Kiem, RWS-Forum 20, Gesellschaftsrecht 2001, 329, 349 f.

II. Übergang der Rechte gegen Abfindung

In Betracht kommt, für Options- und Wandlungsrechte eine § 327a Abs.1 AktG entsprechende Regelung zu schaffen, wonach derartige Rechte auf den Hauptaktionär gegen Zahlung einer angemessenen Abfindung übergehen. Dies würde der hinsichtlich des Überganges der Aktien im Falle eines Squeeze Out vorgesehenen Systematik entsprechen. Im übrigen würde sich in einem derartigen Fall hinsichtlich der Verpflichtung der Gesellschaft – abgesehen vom Gläubigerwechsel, der auch sonst grundsätzlich durch Übertragung der Wandlungs- und Optionsrechte möglich ist – nichts ändern. Es bliebe dann dem Hauptaktionär als neuem Inhaber dieser Rechte unbenommen, sie ggf. später gegenüber der Gesellschaft geltend zu machen, wenn es ihm sinnvoll erscheint, um das Grundkapital zu erhöhen. Wird eine solche sachgerecht erscheindende Lösung gewählt, dann bedürfte es allerdings noch verschiedener ergänzender gesetzlicher Regelungen.

1 . Stellung einer „Bankgarantie“

Die bisherigen Ansprüche der Wandlungs- und Optionsberechtigten waren gegen die Gesellschaft geltend zu machen. Im Falle des Übergangs dieser Rechte auf den Hauptaktionär würde sich der Abfindungsanspruch gegen den Hauptaktionär richten, dessen Bonität die bisherigen Rechtsinhaber nicht ohne weiteres einschätzen können. Der Anspruch auf Zahlung einer Abfindung durch den Hauptaktionär bedarf daher einer Sicherung. Es bietet sich an, die entsprechende Anwendung des § 327b Abs.3 AktG über die Stellung einer Bankgarantie im Fall eines Squeeze Out auch für Wandlungs- und Optionsrechte vorzuschreiben.

2. Spruchverfahren

Bisher ist nicht vorgesehen, daß Wandlungs- und Optionsberechtigte ihrerseits Anträge in Spruchverfahren stellen können. Dies kann man damit rechtfertigen, daß ihnen bis zur Ausübung des Wandlungs- oder Optionsrechts noch keine mitgliedschaftlichen Rechte an der Aktiengesellschaft zustehen. Andererseits ist zu berücksichtigen, daß dann, wenn kein ausgeschlossener Minderheitsaktionär sich gegen eine zu geringe Barabfindung wendet, etwa weil er keinen jahrelang dauernden Streit in Kauf nehmen möchte, auch keine Entscheidung über die Angemessenheit der Barabfindung für die Minderheitsaktionäre in einem Spruchverfahren ergeht. Es läge in einem solchen Fall keine Entscheidung vor, die man bei der Berechnung einer angemessenen Abfindung auch der Wandlungs- und Optionsberechtigten berücksichtigen könnte. Dies hätte zur Folge, daß – ohne eine gesetzliche Regelung des Problems – jeder dieser Berechtigten gesondert seinen Anspruch auf angemessene Abfindung erforderlichenfalls im

Rahmen einer von ihm erhobenen Zahlungsklage geltend machen müsste. Dann würde in dem jeweiligen Rechtsstreit die Angemessenheit geprüft und im Streitfall über die Höhe des Anspruchs Beweis erhoben. Um dieses wenig praktikable Ergebnis zu vermeiden, sollte durch eine entsprechende Ergänzung des Spruchverfahrensgesetzes geregelt werden, daß auch Wandlungs- und Optionsberechtigte Anträge in Spruchverfahren stellen können[881] und die für die ausgeschlossenen Minderheitsaktionäre geltenden Vorschriften insoweit entsprechende Anwendung finden.

§ 7 Résumé

Von dem neuen deutschen Rechtsinstitut des Squeeze Out ist seit seiner Schaffung rege Gebrauch gemacht worden. Dies zeigt, daß ein erhebliches Bedürfnis nach einem derartigen Verfahren zum Ausschluß von Minderheitsaktionären bestand. Die Regelungen sind insgesamt zu begrüßen, weil dadurch Widerstände gegen eine effiziente Unternehmensführung, insbesondere durch missbräuchliche Erhebung von Anfechtungsklagen, beseitigt werden können. Auch der hohe Formalaufwand beim Vorhandensein von Kleinstbeteiligungen wird nach Durchführung eines Ausschlussverfahrens vermieden.

Die Squeeze-Out-Regelung in §§ 327a ff AktG stellt eine verfassungsrechtlich zulässige Inhalts- und Schrankenbestimmung des Eigentums der betroffenen Minderheitsaktionäre im Sinne von Art. 14 Abs.1 S.2 GG dar. Sie trägt den widerstreitenden Interessen des Hauptaktionärs und der Minderheitsaktionäre hinreichend Rechnung, indem sie hinreichenden Rechtsschutz und eine angemessene Barabfindung der ausgeschlossenen Minderheitsaktionäre gewährleistet, da Verzögerungen durch rechtsmißbräuchliche Anfechtungsklagen mit Freigabeentscheidungen begegnet und die Angemessenheit der Abfindung in einem Spruchverfahren überprüft werden kann.

Auch und gerade für die Minderheitsaktionäre wird durch das nunmehrige Verfahren eine bessere Qualität des Rechtsschutzes gegenüber bisherigen Ausschlußmöglichkeiten, insbesondere der „Übertragenden Auflösung" als einziger echter Alternative, erreicht. Daher ist davon auszugehen, daß die anderen Ausschlußverfahren an Bedeutung verlieren werden, zumal der Squeeze Out auch von ausländischen Investoren genutzt werden kann.

Die Untersuchung der neu geschaffenen Regelungen im Aktiengesetz hat jedoch ergeben, daß zahlreiche Einzelfragen, und zwar selbst solche, deren Problematik nicht fern lag, nicht eindeutig geregelt worden sind, obwohl sie im Interesse der Rechtssicherheit und Rechtsklarheit von Anfang an der Regelung

---

[881] in diesem Sinne auch Wilsing/Kruse, ZIP 2002, 1465, 1470.

bedurft hätten. Die Rechtsprechung hat sich bisher nur mit Teilen der Problematik von Squeeze-Out-Verfahren zu befassen gehabt und ist nicht durchweg zu übereinstimmenden Ergebnissen gelangt, so daß teilweise noch Rechtsunsicherheit besteht.

Das Spruchverfahrensneuordnungsgesetz, das in erster Linie eine Beschleunigung der Spruchverfahren bewirken soll, hat inzwischen auf Grund der zuvor geäußerten Kritik einige strittige Fragen – so hinsichtlich des Bestehens eines Abfindungsergänzungsanspruchs - geregelt. Weitere Probleme - etwa hinsichtlich der Folgen abfindungswertbezogener Informationsmängel - sind durch das am 1. November 2005 in Kraft getretene Gesetz zur Unternehmensintegrität und Modernisierung des Anfechtungsrechts (UMAG) geregelt worden.

Im Interesse der Rechtssicherheit bedarf es aber noch hinsichtlich einer Reihe strittiger, bisher nicht höchstrichterlich entschiedener Fragen der gesetzliche Regelung, insbesondere zum rechtlichen Schicksal von Options- und Wandlungsrechten im Falle eines Squeeze Out. Trotzdem bleibt summa summarum festzuhalten, daß die Regelungen in §§ 327a ff AktG überzeugen. Sowohl das – hohe - Quorum von 95% für die Durchführung eines Squeeze-Out-Verfahrens als auch das Erfordernis eines Hauptversammlungsbeschlusses und dessen Eintragung im Handelsregister als Voraussetzungen für den Rechtsübergang sollten beibehalten werden. Erforderlich ist es dagegen, den Squeeze Out auch ausdrücklich auf Options- und Wandlungsrechte in Aktien auszudehnen.

Was die wirtschaftlichen Auswirkungen von Squeeze-Out-Verfahren auf Minderheitsaktionäre anbelangt, so waren sie bisher in der Regel günstiger als von manchen erwartet. Wie eine Untersuchung ergeben hat,[882] haben die Minderheitsaktionäre von den Hauptaktionären überwiegend höhere Abfindungen erhalten, als sie den Börsenkursen entsprachen. Dies geschah vermutlich in der Absicht, Risiken auf Grund gerichtlicher Spruchverfahren, die die Kosten eines Squeeze Out in schwer absehbarer Weise erhöhen könnten, zu verringern. Aktien von Ausschlußkandidaten wurden auch als attraktive Kapitalanlagen betrachtet, die deutlich höhere Renditen erzielten als der Gesamtmarkt. Das hatte u.a. zur Folge, daß z.B. die Privatbank Sal. Oppenheim in einem Squeeze-Out-Basket-Zertifikat wegen erwarteter lukrativer Abfindungen gleich zehn Aktien bündelte.[883]

Auch die in der Übernahmerichtlinie enthaltenen Regelungen sind – trotz vereinzelter Kritik[884] - als ein Schritt zu einer europaweiten Vereinheitlichung des Rahmens bei Unternehmensübernahmen positiv zu beurteilen. Soweit die Rege-

---

[882] Helmis, ZBB 2003, 161, 175.
[883] Focus 19/2004, S.209.
[884] Siehe etwa Krause, BB 2004, 113, 119

lungen den Squeeze Out betreffen, sind sie grundsätzlich sachgerecht, weil sie die widerstreitenden Interessen der Mehrheits- und der Minderheitsaktionäre hinreichend berücksichtigen und eine gewisse Harmonisierung der Rechtsanwendung bewirken. Allerdings wirft die Umsetzung der Richtlinie die oben (S. 146 ff.) genannten Bedenken hinsichtlich der Ermittlung der Angemessenheit der Gegenleistung bei Durchführung eines übernahmerechtlichen Squeeze Out auf.

Insgesamt bleibt festzuhalten, daß Deutschland mit „seinem" aktienrechtlichen Squeeze-Out-Verfahren die „internationalen Standards" großenteils mehr als erfüllt und z.T. sogar eigene Maßstäbe – insbesondere beim Rechtsschutz zur Auflösung des Spannungsfelds der naturgemäß widerstreitenden Interessen von Haupt- und Minderheitsaktionären - geschaffen hat. So hat dieses insgesamt effektive Verfahren zu einer deutlichen Stärkung des Finanzplatzes Deutschland geführt. Insofern sollten auch die EU-weiten Regelungen als Chance und Anregung zu einer weiteren Verbesserung der schon bestehendenden Möglichkeiten des deutschen Aktienrechts gesehen und genutzt werden, etwa durch Schaffung eines Sell Out als Pendant zum Squeeze Out.

Literaturverzeichnis

van Aerssen, Rick	Erwerb eigener Aktien und Wertpapierhandelsgesetz : Neues von der Schnittstelle Gesellschaftsrecht / Kapitalmarktrecht, WM 2000,391
Aha, Christof	Aktuelle Aspekte der Unternehmensbewertung im Spruchstellenverfahren, AG 1997, 26
ders.	Anm. z. Beschl. d. OLG Köln v. 6.10.2003 – 18 W 35/03-, BB 2003, 2310
Altmeppen, Holger	Neutralitätspflicht und Pflichtangebot nach dem neuen Übernahmerecht, ZIP 2001, 1073
Angerer, Lutz	Der Squeeze-out, BKR 2002, 260
Assmann, Heinz-Dieter / Schneider, Uwe H.	Wertpapierhandelsgesetz, 3. Aufl. Köln 2003 (zit. : Assmann / Schneider, WpHG)
Austmann, Andreas / Mennicke, Petra	Übernahmerechtlicher Squeeze-out und Sell-out, NZG 2004, 846
Bauer, Patrick	Anm. zum Beschl. d. BVerfG v. 23.08.2000 –1 BvR 68/95 u. 147/97 - „Moto Meter“ -, NZG 2000, 1214
Baumbach, Adolf / (Begr.) Lauterbach, Wolfgang / Albers, Jan / Hartmann, Peter	Zivilprozessordnung mit Gerichtsverfassungs-, gesetz und Nebengesetzen, 63. Aufl., München 2005 (zit.: Baumbach/Lauterbach, ZPO)
Baums, Philipp A.	Der Ausschluss von Minderheitsaktionären nach §§ 327a ff AktG n.F., WM 2001, 1843

ders.	Ausschluß von Minderheitsaktionären, Frankfurt am Main 2001 (zit.: Ph. Baums)
Baums, Theodor	Empfiehlt sich eine Neuregelung des aktienrechtlichen Anfechtungs- und Organhaftungsrechts, insbesondere der Klagemöglichkeiten von Aktionären ? Gutachten für den 63. Deutschen Juristentag, Leipzig 2000, (zit : Th. Baums, Gutachten)
ders.	Notwendigkeit und Grundzüge einer gesetz-lichen Übernahmeregelung, -Internet- (zit. Th. Baums, Notwendigkeit)
Bayer, Walter	Anm. zum Urt.d. OLG Frankfurt v. 17.2.1998 – 5 W 32/97, EWiR 1998, 665
ders.	Aktuelle Entwicklungen im Europäischen Gesellschaftsrecht, BB 2004, 1
Beck, Heiko / Hedtmann, Oliver	Ausgewählte Rechtsfragen des börsenrechtlichen Delistings, BKR 2003, 190
Beck`sches Handbuch der Personengesellschaften	siehe bei Müller / Hoffmann (Herausgeber) (zit. Beck´sches Hdb, PersG)
Beck'sches Handbuch der AG mit KGaA	siehe bei Müller / Rödder (Herausgeber) (zit.: Müller / Rödder, Hdb. AG)
Berding, Benjamin	Gesellschafts- und kapitalmarktrechtliche Grundsätze im Übernahmerecht, WM 2002, 1149
Bilda, Klaus	Zur Dauer der Spruchstellenverfahren, NZG 2000, 296
Bolte, Christian	Squeeze – out: Eröffnung neuer Umgehungstatbestände durch die §§ 327a ff ?, DB 2001, 2587

Brandner, Erich / Bergmann, Alfred	Anfechtungsklage und Registersperre, in :Festschrift für Gerold Bezzenberger zum 70. Geburtstag am 13. März 2000, Berlin – New York, 2000
Buchta, Jens / Sasse, Marc	Freigabeverfahren bei Anfechtungsklagen gegen Squeeze-out-Beschlüsse, DStR 2004, 958
Büchel, Helmut	Neuordnung des Spruchverfahrens, NZG 2003, 793
Bungert, Hartwin	DAT / Altana: Der BGH gibt der Praxis Rätsel auf, BB 2001, 1163
Busse v. Colbe, Walther	Zur Maßgeblichkeit des Börsenkurses für die Abfindung der bei einer Umwandlung ausscheidenden Aktionäre, AG 1964, 263
ders.	Der Vernunft eine Gasse: Abfindung von Minderheitsaktionären nicht unter dem Börsenkurs ihrer Aktien in: Festschrift für Marcus Lutter zum 70. Geburtstag, Köln 2000
Claussen, Carsten P.	Aktienrechtsreform 1997, AG 1996, 481
Dauner-Lieb, Barbara	Das Tauziehen um die Übernahmerichtlinie – eine Momentaufnahme, DStR 2003, 555
Dißars, Björn-Axel	Anfechtungsrisiken beim Squeeze-out - zugleich eine Analyse der bisherigen Rechtsprechung - BKR 2004, 389
Dißars, Björn-Axel / Kocher, Dirk	Der Deckungsumfang der Banksicherheit im Squeeze-out-Verfahren, NZG 2004, 856
Dörfler, Wolfgang / Gahler, Wolfgang / Unterstraßer, Stefan/ Wirichs / Robert	Probleme bei der Wertermittlung von Abfindungsangeboten, BB 1994, 156

Doralt, Peter / Druey, Jean Nicolas / Hommelhoff, Peter / Hopt, Klaus J. / Lutter/ Marcus Wymeersch, Eddy — Konzernrecht für Europa, Forum Europaeum Konzernrecht, ZGR 1998, 672

Dreher, Meinrad — Treuepflichten zwischen Aktionären und Verhaltenspflichten bei der Stimmrechtsbündelung, ZHR 157 (1993), 150

Dreher, Meinrad / Neumann, Kerstin — Anm. zum Beschluß des OLG Stuttgart v. 4.12.1996 – 8 W 43/93, EWiR 1997, 197

Dreier, Horst — Grundgesetz, Bd. I, 2. Aufl., Tübingen 2004 (zit. : Dreier, GG)

Dreier, Nils — Anm. zum Beschluß d. BVerfG vom 20.9.2002 – 1 BvR 1691/02-, EWiR 2003, 141

Drukarczyk, Jochen — Zum Problem der angemessenen Barabfindung bei zwangsweise ausscheidenden Anteilseignern, AG 1973, 357

Drygala, Tim — Die Vorschläge der SLIM-Arbeitsgruppe zur Vereinfachung des Europäischen Gesellschaftsrechts, AG 2001, 291

Ehricke, Ulrich / Roth, Markus — Squeeze-out im geplanten deutschen Übernahmerecht, DStR 2001, 1120

Ehricke, Ulrich / Ekkenga, Jens / Oechsler, Jürgen — Wertpapiererwerbs- und Übernahmegesetz München 2003 (zit. : Ehricke / Ekkenga / Oechsler, WpÜG)

Eisenhardt, Ulrich — Gesellschaftsrecht, 12. Aufl., München, 2005 (zit.: Eisenhardt, GesR)

Eisolt, Dirk — Die Squeeze-out-Prüfung nach § 327c Abs.2 AktG, DStR 2002, 1145

Emmerich, Volker / Habersack, Mathias	Aktien- und GmbH-Konzernrecht, 3. Aufl., München 2003 (zit. : Emmerich/Habersack, KonzernR)
Even, Frank	Die Techniken des Going Private in Deutschland, DStR 2002, 1315
Fischer, Helmut	Mitarbeiter-Beteiligungsmodelle in der Beratungspraxis, 13. Deutscher Steuerberatertag 1990, 89 (zit. : Fischer, 13. DStbT)
Fleischer, Holger	Die Barabfindung außenstehender Aktionäre nach den §§ 305 und 320 b AktG : Stand-alone-Prinzip oder Verbundberücksichtigungs-prinzip ? ZGR 1997, 368
ders.	Anm. zum Beschl. d. BVerfG v.23.08.2000 – 1 BvR 68/95 u. 147/97 „Moto Meter“ -, DNotZ 2000, 869
ders.	Das neue Recht des Squeeze out, ZGR 2002, 757
Fleischer, Holger / Fuchs, Ingo	Kurzkomm. z. Urt. d. LG Frankfurt/M. v. 31.3.04 – 3 – 02 O 97/03, EWiR § 327a AktG 2/04, 525
Fleischer, Holger / Kalss, Susanne	Das neue Wertpapiererwerbs- und ÜbernahmeG - Einführende Gesamtdarstellung und Materialien, München 2002
Fritzsche, Michael / Dreier, Peter / Verfürth, Ludger	Kommentar zum Spruchverfahrensgesetz, Berlin 2004 (zit.: Fritzsche/Dreier/Verfühnth, SpruchG)
Fuhrmann, Lambertus / Simon, Stefan	Der Ausschluss von Minderheitsaktionären - Gestaltungsüberlegungen zur neuen Squeeze-out-Gesetzgebung, WM 2002, 1211

Fuhrmann, Lambertus / Linnerz, Markus	Das überwiegende Vollzugsinteresse im aktien- und umwandlungsrechtlichen Freigabeverfahren, ZIP 2004, 2306
Gamillscheg, Franz	Arbeitsrecht, Bd.I - Individualarbeitsrecht, München 1987 (zit.: Gamillscheg, ArbR)
Geibel, Stephan / Süßmann, Rainer	Wertpapiererwerbs- und Übernahmegesetz (WpÜG) - Kommentar mit WpÜG-Angebotsverordnung und den geänderten Vorschriften in AktG, WpHG, KAGG, AuslInvestmG, KWG, VerkProspG, VerkProspVO, GKG und BRAGO, München 2002 (zit. :Geibel/Süßmann, WpÜG)
Gesmann-Nuissl, Dagmar	Die neuen Squeeze-out-Regeln im Aktiengesetz, WM 2002, 1205
dies.	Anm. z. Urt. d. OLG Hamburg v. 11.4.2003 - 11 U 215/02, WuB II A. § 327a AktG 1.03
dies.	Anm. z. Beschl. d. OLG Düsseldorf v. 16.01.04 - I – 16 W 63/03, WuB II A. § 327a AktG 1.04
Geßler, Ernst / Hefermehl, Wolfgang u.a.	Aktiengesetz, Kommentar,Bd.VI, München 1976 (zit. : Geßler / Hefermehl, AktG)
Geßler, Jörg	Aktiengesetz - 40. Lieferung, Kriftel 2003 (zit. : Geßler, AktG)
Großfeld, Bernhard	Unternehmens- und Anteilsbewertung im Gesellschaftsrecht – Zur Barabfindung ausscheidender Gesellschafter, Köln, 1994 (zit. : Großfeld, Bewertung)
ders.	Börsenkurs und Unternehmenswert, BB 2000, 261

Großkommentar (Hrsg. Hopt, Klaus J./ Wiedemann, Herbert) — Aktiengesetz, Bd. 4, 3. Aufl., Berlin - New York 1975 (zit. : Großkomm./ AktG)

10. Lieferung (§§ 15 – 22), 4. Aufl., Berlin – New York 1999

Grunewald, Barbara — Der Ausschluß aus Gesellschaft und Verein, Köln – Berlin – Bonn – München, 1987 (zit.: Grunewald, Ausschluß)

dies. — Gesellschaftsrecht, 5. Aufl., Tübingen 2002 (zit. : Grunewald, GesR)

dies. — Die neue Squeeze-out-Regelung, ZIP 2002, 18

Haase, Karsten — Das Recht des aktienrechtlichen Abfindungsergänzungsanspruchs als notwendiger Bestandteil der §§ 305, 306 AktG, AG 1995, 7

Habersack, Mathias — Der Finanzplatz Deutschland und die Rechte der Aktionäre, ZIP 2001, 1230

ders. — Europäisches Gesellschaftsrecht, 2. Aufl., München 2003 (zit. : Habersack, Europ. GesR)

Halasz, Christian / Kloster, Lars — Nochmals: Squeeze-out – Eröffnung neuer Umgehungstatbestände durch die §§ 327a ff AktG? DB 2002, 1253

Halm, Dirk — „Squeeze-Out“ heute und morgen : Eine Bestandsaufnahme nach dem künftigen Übernahmerecht, NZG 2000, 1162

Hamann, Axel — Minderheitenschutz beim Squeeze-out-Beschluss

Hanau, Hans — Der Bestandsschutz der Mitgliedschaft anlässlich der Einführung des „Squeeze Out“ im Aktienrecht, NZG 2002, 1040

Happ, Wilhelm (Hrsg.)	Aktienrecht, 2. Aufl., Köln – Berlin- Bonn – ünchen, 2004 (zit. : Happ, AktR)
Hasselbach, Kai	Das Andienungsrecht von Minderheitsaktionären nach der EU-Übernahmerichtlinie, ZGR 2005, 387
Heidel , Thomas (Hrsg.)	Anwaltkommentar Aktienrecht, Bonn 2003 (zit. : Heidel, AktR)
Heidel, Thomas / Lochner, Daniel	Squeeze-out ohne hinreichenden Eigentumschutz DB 2001, 2031
v.Hein, Jan	Zur Kodifikation des europäischen Übernahmekollisionsrechts, ZGR 2005, 529
Helmis, Sven	Der Ausschluß von Minderheitsaktionären, ZBB 2003, 161
ders.	Fluch oder Segen für den deutschen Kapitalmarkt Eine empirische Analyse der Squeeze-outs in deutschen Aktiengesellschaften, ima – Institute for Mergers & Acquisitions, (zit. : Helmis, Arbeitsbericht)
Henn, Günter	Handbuch des Aktienrechts, 7. Aufl., Heidelberg 2002, (zit.: Henn Hdb. AG)
Hennrichs, J. / Schubert, D.	Anm. z. Beschl. d. BGH v. 21.07.2003 WuB II A. § 304 AktG 1.04
Henze, Hartwig	Zur Treupflicht unter Aktionären in : Festschrift für Alfred Kellermann zum 70. Geburtstag am 29. November 1990, Berlin – New York, 1991, S. 141
ders.	Aspekte und Entwicklungstendenzen der aktienrechtlichen Anfechtungsklage in der Rechtsprechung des BGH, ZIP 2002, 97

ders.	Treupflichten der Gesellschafter im Kapitalgesellschaftsrecht, ZHR 162 (1998), 186
ders.	Rechtsschutz bei Verletzung von Auskunfts- und Informationsrechten im Unternehmens-vertrags-, Umwandlungs- und Verschmel- zungsrecht, RWS – Forum 20, Gesellschaftsrecht 2001, 39
ders.	Schranken für den Bezugsrechtsausschluss – Rechtsprechung des BGH im Wandel ? ZHR 167 (2003), 1
Hirte, Heribert (Hrsg.)	Wertpapiererwerbs- und Übernahmegesetz Köln – Berlin – Bonn – München 2002 (zit. : Hirte, WpÜG)
ders.	Mißbrauch von Aktionärsklagen – allgemeine Abwägung oder konkrete Definition ? DB 1989,267
ders.	Informationsmängel und Spruchverfahren – Anm. zu den Urteilen des BGH v. 18.12.2000 - II ZR 1/99 – „MEZ“ – und v. 29.01.2001 – II ZR 368/98 – „Aqua Butzke“, ZHR 167 (2003), 8
Hoffmann–Becking, Michael	Rechtsschutz bei Informationsmängeln im Unternehmensvertrags- und Umwand-lungsrecht – Überlegungen im Anschluss an die Entscheidungen „MEZ“ und „Aqua Butzke“ des Bundesgerichtshofs RWS – Forum 20, Gesellschaftsrecht 2001, 55
Hopt, Klaus J.	Auf dem Weg zum deutschen Übernahme-gesetz - Überlegungen zum Richtlinienentwurf 1997, zum Übernahmekodex (1997) und zum SPD-Entwurf in : Festschrift für Wolfgang Zöllner zum 70. Geburtstag, Bd. I, Köln – Berlin – Bonn – München 1998, 253
Hopt, Klaus J. / Mülbert, Peter O. / Kumpan, Christoph	Reformbedarf im Übernahmerecht, AG 2005, 109

Hueck, Götz / Windbichler, Christine	Gesellschaftsrecht, München 2003 zit.: Hueck/Windbichler, GesR)
Hüchting, Hans-Jochen	Abfindung und Ausgleich im aktienrechtlichen Beherrschungsvertrag, Köln – Berlin – Bonn – München 1972
Hüffer, Uwe	Zur gesellschaftsrechtlichen Treupflicht als richterrechtlicher Generalklausel, in: Festschrift für Steindorff zum 70 Geburtstag am 13. März 1990, Berlin – New York 1990
ders.	Aktienbezugsrechte als Bestandteil der Vergütung von Vorstandsmitgliedern und Mitarbeitern – gesellschaftsrechtliche Analyse, ZHR 161 (1997), 214
ders.	Beschlussmängel im Aktienrecht und im Recht der GmbH – eine Bestandsaufnahme unter Berücksichtigung der Beschlüsse von Leitungs- und Überwachungsorganen, ZGR 2001, 833
ders.	Aktiengesetz, 6. Aufl., München 2004 (zit. : Hüffer, AktG)
Hüttemann, Rainer	Börsenkurs und Unternehmensbewertung, ZGR 2001, 454
Jäger, Axel	Aktiengesellschaft unter besonderer Berücksichtigung der KGaA, München 2004 (zit. : Jäger, AG)
Jarass, Hans D. / Pieroth, Bodo	Grundgesetz für die Bundesrepublik Deutschland, 6. Aufl., München 2000 (zit.: Jarass/Pierot, GG)
Kallmeyer, Harald	Ausschluß von Minderheitsaktionären, AG 2000, 59

ders.	Umwandlungsgesetz, 2. Aufl., Köln 2001 (zit.: Kallmeyer, UmwG)
ders.	Umwandlung nach UmwG und Unternehmensakquisition, DB 2002, 568
van Kann, Jürgen / Hirschmann, Jörn	Das neue Spruchverfahrensgesetz – Konzentration und Beschleunigung einer bewährten Institution, DStR 2003, 1488
Keul, Thomas	Anfechtungsklage und Überwindung der Registersperre im Rahmen eines Squeez-out, ZIP 2003, 566
Kiem, Roger	Anm. zum Beschl. d. OLG Frankfurt v. 9.6.1997 – 10 W 12/97, EWiR 1997, 1039
ders.	Das neue Übernahmegesetz: „Squeeze-out", RWS Forum 20, Gesellschaftsrecht 2001, 329
Kindler, Peter / Horstmann, Hendrik	Die EU-Übernahmerichtlinie – Ein „europäischer" Kompromiss, DStR 2004, 867
Kirchner, Christian / Ehricke, Ulrich	Funktionsdefizite des Übernahmekodex der Börsensachverständigenkommission, AG 1998, 105
Koch, Jens	Der Erwerb eigener Aktien – kein Fall des WpÜG, NZG 2003, 61
Klöhn, Lars	Der Abfindungsanspruch des Aktionärs als Aufopferungsanspruch, AG 2002, 443
Köhler, Helmut	BGB – Allgemeiner Teil, 29. Aufl., München 2005, (zit.: Köhler, BGB, AT)
Kölner Kommentar zum Aktiengesetz (Hrsg. Zöllner)	Bd. I, 2. Aufl., Köln – Berlin – Bonn - München 1988 (zit. : Kölner Komm. / AktG)

ders.	Bd.II und III, 1985
ders.	Bd. VI, 3. Aufl., 2004
Kölner Kommentare zum Spruchverfahrensgesetz	Köln – Berlin – Bonn –München 2005 (zit.: Kölner Komm. z. SpruchG)
Kölner Kommentare zum Unternehmens- und Gesellschaftsrecht (Hrsg. Zöllner/Noack)	Köln – Berlin – Bonn – München 2003 (zit.: Kölner Komm.z. UnternehmensR
Kölner Kommentar WpÜG (Hrsg. Hirte, Herbert und von Bülow, Christoph)	mit AngebVO und §§ 327a – 327f AktG, Köln – Berlin – Bonn – München 2003, (zit.: Kölner Komm. / WpÜG)
Körber, Torsten	Bericht über die Diskussion (Das neue Recht des Squeezeout), ZGR 2002, 790
Kohler, Klaus	Stock Options für Führungskräfte aus der Sicht der Praxis, ZHR 161 (1997), 246
Korsten, Mathias	Vermögensrechtliche Ansprüche der Minderheitsaktionäre beim Squeeze-out und bei der Übernahme, Berlin 2006
Korsten, Mathias	Kurzkomm. z. Urt. d. OLG Hamburg v. 8.8.2003 – 11 U 45/03, EWiR 2003, 1169
Kossmann, Alfred	Ausschluß („Freeze – out“) von Aktionären gegen Barabfindung, NZG 1999, 1198
Krause, Hartmut	Das neue Übernahmerecht, NJW 2002, 705
ders.	Der Kommissionsvorschlag für die Revitalisierung der EU-Übernahmerichtlinie, BB 2002, 2341
ders.	BB-Europareport : Die EU-Übernahmerichtlinie – Anpassungsbedarf im Wertpapiererwerbs- und Übernahmegesetz, BB 2004, 113

Krieger, Gerd	Aktionärsklage zur Kontrolle des Vorstands- und Aufsichtsratshandelns, ZHR 163 (1999), 343
ders.	Squeeze-Out nach neuem Recht: Überblick und Zweifelsfragen, BB 2002, 53
Kübler, Friedrich	Gesellschaftsrecht, 5. Aufl., Heidelberg 1998 (zit.: Kübler, GesR)
Kümpel, Siegfried	Die Preisfeststellung im geregelten Markt, WM 1988, 1621
ders.	Bank- und Kapitalmarktrecht, 2. Aufl., Köln 2000, (zit. : Kümpel, BankR)
Küting, Karlheinz	Der Ausschluss von Minderheiten nach altem und neuem Recht – unter besonderer Berücksichtigung des „Squeeze Out“, DStR 2003, 838
Kuhn, Martin	Die Neuregelung des Squeeze-out im Aktienrecht, Der Syndikus 2002, 19
Kurzwelly, Jens-Peter	Neueste Rechtsprechung des Bundesgerichtshofs zum Gesellschaftsrecht, RWS-Forum 20, Gesellschaftsrecht 2001, 1
Land, Volker / Hasselbach / Kai	„Going Private“ und „Squeeze-out“ nach deutschem Aktien-, Börsen- und Übernahmerecht, DB 2000, 557
Larenz, Karl	Lehrbuch des Schuldrechts, I. Band – Allgemeiner Teil, 14. Aufl., München 1987 (zit. : Larenz, SchuldR, Bd.I)
Larenz, Karl / Wolf, Manfred	Allgemeiner Teil des Bürgerlichen Rechts, 8. Aufl., München 1997, (zit. : Larenz/Wolf, AT)
Lenz, Christofer / Leinekugel, Rolf	Eigentumsschutz beim Squeeze out, Köln 2004 (zit. Lenz/Leinkugel)

Leuering, Dieter	Zur Verfassungsmäßigkeit der Squeeze-out-Regelungen, Anm. z. Urt.d.LG Osnabrück v.5.7.2002 – 13 O. 177/02, EWiR 2002, 981
Lutter, Marcus	Zur Treuepflicht des Großaktionärs, JZ 1976, 225
ders.	Anm. z. Urt.d. BGH v.16.2.1976 - II ZR 61/74, JZ 1976, 562
ders.	Die Treupflicht des Aktionärs, ZHR 153 (1989), 446
ders.	Anm. zum Beschl. d .BGH v. 2.7.1990 – II ZB 1/90, EWiR 1990, 851
ders.	Treupflichten und ihre Anwendungsprobleme, Diskussionsbericht Lutter und Henze, ZHR 162 (1998) 164
ders. (Hrsg.)	Holding-Handbuch, 3. Aufl. Köln 1998 (zit. : Lutter, Holding Hdb.)
ders. (Hrsg.)	Umwandlungsgesetz, 2. Aufl., Köln, 2000, (zit. : Lutter, UmwG)
Lutter, Marcus / Grunewald, Barbara	Zur Umgehung von Vinkulierungsklauseln in Satzungen von Aktiengesellschaften und Gesellschaften m.b.H., AG 1989, 109
Lutter, Marcus / Bezzenberger, Tilman	Für eine Reform des Spruchverfahrens im Aktien- und Umwandlungsrecht, AG 2000, 433
Lutter, Marcus / Drygala, Tim	Die Übertragende Auflösung: Liquidation der Aktiengesellschaft oder Liquidation des Minderheitenschutzes? in: Festschrift für Bruno Kropff 1997
Luttermann, Claus	Anm. z. Beschl.d.OLG Celle v.31.8.1998 – 9 W 128/97, EWiR 1998, 821

ders.	Anm. z. Urt. d. BayObLG v. 29.9.1998 – 3Z BR 159/94, EWiR 1998, 965
ders.	Zum Börsenkurs als gesellschaftsrechtliche Bewertungsgrundlage, ZIP 1999, 45
ders.	Zur Bedeutung des börsenkurses bei der Entschädigung von Minderheitsaktionären, JZ 1999, 945
ders.	Der „durchschnittliche" Börsenkurs bei Barabfindung von Aktionären und Verschmelzungs-Wertrelation, ZIP 2001, 869
ders.	Kurzkomm. z. Beschl.d. BayObLG v. 11.9.2001– 3Z BR 101/99, EWiR § 304 AktG 1/01, 1027
ders.	Kurzkomm.z. Beschl.d. OLG Karlsruhe v. 5.5.2004–12 W 12/01,EWiR §305AktG 1/04,951
ders.	Kurzkomm. z. Beschl. d. LG Dortmund v.7.10.04 – 20 O 104/04, EWiR § 327b AktG 1/05, 51
Mallmann, Roman A.	Anm. zum Urteil d. LG Hamburg v. 30.10.2002 – 411 O 34/02, EWiR 2003, 1
von Mangoldt, Hermann / Klein, Friedrich (Begr.)	Kommentar zum Grundgesetz, Bd. I München 2005 (zit.: v. Mangoldt/Klein, GG)
Markwardt, Karsten	Squeeze-out : Anfechtungsrisiken in „Missbrauchsfällen", BB 2004, 277
Marsch-Barner, Reinhard	Treuepflichten zwischen Aktionären und Verhaltenspflichten bei der Stimmrechtsbündelung, ZHR 157 (1993), 172-195
ders.	Referat auf dem 63. Deutschen Juristentag, Leipzig 2000, Bd. II/1, O 55, München 2000

Martens, Klaus – Peter | Der Ausschluß des Bezugsrechts in: FS für Robert Fischer, Berlin – New York 1979

ders. | Die GmbH und der Minderheitsschutz, GmbHR 1984, 265

ders. | Die rechtliche Behandlung von Options- und Wandlungsrechten anläßlich der Eingliederung der verpflichteten Gesellschaft, AG 1992, 209

Maslo, Armin | Zurechnungstatbestände und Gestaltungsmöglichkeiten zur Bildung eines Hauptaktionärs beim Ausschluß von Minderheitsaktionären (Squeeze-out), NZG 2004, 163

Mattes, Sabine / Graf v.Maldeghem,Maximil. | Unternehmensbewertung beim Squeeze Out, BKR 2003, 531

Maul, Silja / Muffat-Jeandet, Danièle | Die EU-Übernahmerichtlinie – Inhalt und Umsetzung in nationales Recht (Teil I), AG 2004, 221

dies. | Die EU-Übernahmerichtlinie – Inhalt und Umsetzung in nationales Recht (Teil II), AG 2004, 306

Meilicke, Wienand | Insolvenzsicherung für die Abfindung außenstehender Aktionäre ? DB 2001, 2387

ders. | Das neue Spruchverfahren in der gerichtlichen Praxis, DB 2003, 2267

Menichetti, Marco J. | Aktienoptionsprogramme für das Top-Management, DB 1996, 1688

Merkt, Hanno | US-amerikanisches Gesellschaftsrecht, Heidelberg, 1991 (zit.: Merkt, US-amerik.GesR) ders. — Zum Verhältnis von Kapitalmarktrecht und Gesellschaftsrecht in der Diskussion um die Corporate Governance, AG 2003, 126

Mertens, Kai — Der Auskauf von Minderheitsaktionären in gemeinschaftlich beherrschten Unternehmen, AG 2002, 377

Möller, Andreas / Pötzsch, Thorsten — Das neue Übernahmerecht : Der Regierungsentwurf vom 11. Juli 2001, ZIP 2001, 1256

von Morgen, Carl-Christian — Das Squeeze-Out und seine Folgen für AG und GmbH, WM 2003, 1553

Mülbert, Peter O. — Umsetzungsfragen der Übernahmerichtlinie – erheblicher Änderungsbedarf bei den heutigen Vorschriften des WpÜG, NZG 2004, 633

Müller, Welf / Rödder, Thomas — Beck'sches Handbuch der AG mit KGaA München 2004, (zit. : Müller / Rödder, Hdb. AG)

v.Münch, Ingo / Kunig, Philip — Grundgesetz-Kommentar, Bd. I, 5. Aufl., München 2000, (zit.: v.Münch/Kunig, GG)

Münchener Handbuch des Gesellschaftsrechts (Hrsg. Hoffmann-Becking) — Bd.4 , Aktiengesellschaft, 2.Aufl., München 1999 (zit. : Münchener HdB GesR, Bd. IV)

Münchener Kommentar zum Aktiengesetz — Bd.2 , 2. Aufl., München 2003 (zit. : MüKo / AktG)

Münchener Kommentar zum Aktiengesetz — Bd. 7, 2. Aufl., München 2001, (zit. : MüKo / AktG)

Münchener Kommentar zum Aktiengesetz — Bd. 8, 2. Aufl., München 2000, (zit. : MüKo / AktG)

Münchener Kommentar zum Bürgerlichen Gesetzbuch — Bd.2a, Schuldrecht, 4. Aufl. München 2003 (zit. : MüKo / BGB) dies. — Bd. 5 Schuldrecht – Besonderer Teil III, 3. Aufl., München, 1997

Nelle, Dietrich — Handelsgesellschaften und Genossenschaften in der Mongolei, WiRO 2003, 129

Neye, Hans-Werner — Der Ausschluss von Minderheitsaktionären ("Squeeze-out"), in: Hirte (WpÜG) (zit.: Neye in Hirte / WpÜG)

Nirk, Rudolf / Reuter, Hans-Peter / Bächle, Hans-Ulrich — Handbuch der Aktiengesellschaft, 3. Aufl., 38. Lief., Köln 2003 (zit. : Hdb. AG)

Noack, Ulrich — Anm. zum Urt.d.BGH v. 2.2.1998–II ZR 117/97, EWiR 1998, 483

Palandt, Otto — Bürgerliches Gesetzbuch, 64. Aufl., München 2005 (zit : Palandt, BGB)

Peemöller, V.H. — Stand und Entwicklung der Unternehemens-bewertung, DStR 1993, 409

Peltzer, Oliver — Die Neuregelung des Erwerbs eigener Aktien im Lichte der historischen Erfahrungen, WM 1998, 322

Piltz, Detlev J. — Die Unternehmensbewertung in der Rechtsprechung, Düsseldorf, 1994 (zit.: Piltz, Unternehmensbewertung)

ders. — Unternehmensbewertung und Börsenkurs im aktienrechtlichen Spruchstellenverfahren - zugleich Besprechung der Entscheidung BVerfGE 100, 289, ZGR 2001, 185

Pluta, Jörg — Aktionärsrechte auf einem globalen Kapitalmarkt - Soll und Haben, WPg-Sonderheft 2001, 114

Pötzsch, Thorsten / Möller, Andreas	Das künftige Übernahmerecht Der Diskussionsentwurf des Bundes-ministeriums der Finanzen zu einem Gesetz zur Regelung von Unternehmensübernahmen und der Gemeinsame Standpunkt des Rates zur europäischen Übernahmerichtlinie, WM 2000,Sonderbeilage Nr.2
Puszkajler, Karl Peter	Diagnose und Therapie von aktienrechtlichen Spruchverfahren, ZIP 2003, 518
Rabe von Pappenheim, Jörg	Vermögensbildung durch Aktien für Mitarbeiter, PersF 1987, 521
Ränsch, Ulrich	Die Bewertung von Unternehmen als Problem der Rechtswissenschaften – Zur Bestimmung der angemessenen Abfindung für ausscheidende Kapitalgesellschafter, AG 1984, 202
Raiser, Thomas / Veil, Rüdiger	Recht der Kapitalgesellschaften, 4. Aufl., München, 2006 (zit. : Raiser/Veil, KapGesR)
Reinisch, Armin	Der Ausschluß von Aktionären aus der Aktiengesellschaft, Köln 1992
Richard, Jörg / Weinheimer, Stefan	Der Weg zurück : Going Private, BB 1999, 1613
Rieger, Wilhelm	Zur Frage der angemessenen Abfindung der bei der Umwandlung ausscheidenden Aktionäre, JW 1938, 3016
Riegger, Bodo	Der Börsenkurs als Untergrenze der Abfindung ? DB 1999, 1889
ders.	Das Schicksal eigener Aktien beim Squeeze-out, DB 2003, 541

Rodloff, Frank	Börsenkurs statt Unternehmensbewertung – Zur Ermittlung der Abfindung im Spruchstellen-verfahren, DB 1999, 1149
Roth, Markus	Die übertragende Auflösung nach Einführung des Squeeze-out, NZG 2003, 998
Rottnauer, Achim E.	Zu Fragen des Squeeze-Out, Anm. zum Urt. des OLG Hamburg v. 11.4.2003 – 11 U 215/02, EWiR 2003, 739
Rühland, Philipp	Die Abfindung von aus der Aktiengesellschaft ausgeschlossenen Minderheitsaktionären, WM 2000, 1884
ders.	Der squeezeout nach dem RefE zum Wertpapier-erwerbs- und Übernahmegesetz vom 12.3.2001, NZG 2001, 448
Sachs, Michael	Grundgesetz, 3. Aufl., München 2003 (zit.: Sachs, GG)
Schaub, Günter / Koch, Ulrich / Linck, Rüdiger	Arbeitsrechts-Handbuch, 10. Auflage München 2002 (zit. : Schaub, ArbR Hdb.)
Schautes, Dirk Christoph	Anm. zum Beschl. d. OLG Düsseldorf v. 16.01.2004 – I – 16 W 63/03, DB 2004, 591
Schiessl, Maximilian	Ist das deutsche Aktienrecht kapitalmarkttauglich?, AG 1999, 442
Schilling, Ulrich	Shareholder Value und Aktiengesetz, BB 1997, 373
Schlitt, Michael / Seiler, Oliver / Singhoff, Bernd	Aktuelle Rechtsfragen und Gestaltungsmöglichkeiten im Zusammenhang mit Wandel-schuldverschreibungen, AG 2003, 254

Schmidt, Harry — Schadensersatz nach § 327e Abs.2 i.V.m. § 319 Abs. 6 Satz 6 AktG im Wege der Naturalrestitution beim fehlerhaften Squeeze-out? AG 2004, 299

Schmidt, Karsten — Gesellschaftsrecht, 4. Aufl. Köln – Berlin – Bonn – München 2002 (zit. : K.Schmidt, GesR)

Schmidt-Bleibtreu, Bruno / Klein, Franz — Kommentar zum Grundgesetz, 9. Aufl., Neuwied – Kriftel 1999 (zit.: Schmidt-Bleibtreu, GG)

Schneider, Uwe H. — Aktienoptionen als Bestandteil der Vergütung von Vorstandsmitgliedern, ZIP 1996, 1769

v. Schnurbein, Frhr., Caspar — Anfechtung von Squeeze-out-Beschlüssen und Registersperre, AG 2005, 725

Scholz, Franz — Kommentar zum GmbH-Gesetz mit Anhang Konzernrecht, I. Bd., 9. Aufl., Köln, 2000 (zit. : Scholz, GmbHG)

Schüppen, Matthias — Übernahmegesetz ante portas! Zum Regierungsentwurf eines „Gesetzes zur Regelung von öffentlichen Angeboten, zum Erwerb von Wertpapieren und von Unternehmensübernahmen“, WPg 2001, 958

Schuster, Helmuth — Betriebliche Vermögensbeteiligung durch Belegschaftsaktien bei der Hoechst AG, PersF 1988, 606

Schwark, Eberhard (Hrsg.) — Kapitalmarktrechts-Kommentar, 3. Aufl., München 2004 (zit.: Schwark, KMRK)

Schwark, Eberhard — Der vereinfachte Bezugsrechtsausschluß – Zur Auslegung des § 186 Abs.3 Satz 4 AktG, in : Festschrift für Carsten Peter Claussen zum 70. Geburtstag, Köln – Berlin – Bonn – München 1997

Schwark, Eberhard / Geiser, Frank — Delisting, ZHR 161 (1997), 739

Schwarz, Günter Christian — Empfiehlt sich eine Neuregelung des aktienrechtlichen Anfechtungs- und Organhaftungsrechts, insbesondere der Klagemöglichkeiten von Aktionären?, ZRP 2000, 330

Seetzen, Uwe — Die Bestimmung des Verschmelzungsverhält-nisses im Spruchstellenverfahren, WM 1994, 45

Seibt, Christoph H. / Heiser, Kristian J. — Analyse der EU-Übernahmerichtlinie und Hinweise für eine Reform des deutschen Übernahmerechts, ZGR 2005, 200

Sellmann, Christian — Ausgleichs- und Verfahrensregelungen des Squeeze-out auf dem Prüfstand des Verfassungsrechts, WM 2003, 1545

Sieben, Günter — Unternehmensbewertung : Discounted Cash Flow – Verfahren und Ertragswertverfahren – Zwei völlig unterschiedliche Ansätze ? in : Internationale Wirtschaftsprüfung – Festschrift zum 65. Geburtstag von Hans Havermann, Düsseldorf, 1995, 714

Sieger, Jürgen J. / Hasselbach, Kai — Der Ausschluss von Minderheitsaktionären nach den neuen § 327a ff AktG, ZGR 2002, 120

Sinewe, Patrick — Keine Anfechtungsklage gegen Umwandlungsbeschlüsse bei wertbezogenen Informationsmängeln, DB 2001, 690

Singer, Reinhard — Das Verbot widersprüchlichen Verhaltens, München 1993

Singhof, Bernd / Weber, Christian	Bestätigung der Finanzierungsmaßnahmen und Barabfindungsgewährleistung nach dem Wertpapiererwerbs- und Übernahmegesetz, WM 2002, 1158
Soergel	Bürgerliches Gesetzbuch mit Einführungsgesetz und Nebengesetzen, Bd. 2, Schuldrecht I, Stuttgart–Berlin–Köln 1990, (zit.: Soergel, BGB)
von Staudinger, J.	Kommentar zum Bürgerlichen Gesetzbuch mit Einführungsgesetz und Nebengesetzen, Zweites Buch, Recht der Schuldverhältnisse, 13. Bearb., Berlin 1995, (zit. : Staudinger, BGB)
Steinhauer, Carsten	Der Börsenpreis als Bewertungsgrundlage für den Abfindungsanspruch von Aktionären – Finanztheoretischer Hintergrund einer möglichen Trendwende in der gesellschafts-rechtlichen Praxis, AG 1999, 299
Steinmeyer, Roland / Häger, Michael	WpÜG – Kommentar zum Wertpapiererwerbs- und Übernahmegesetz mit Erläuterungen zum Minderheitenausschluss nach §§ 327a ff AktG, Berlin 2002 - (zit. : Steinmeyer / Häger, WpÜG)
Stilz, Eberhard	Börsenkurs und Verkehrswert – Besprechung der Entscheidung DAT/Altana, ZGR 2001, 875
Stumpf, Christoph	Grundrechtsschutz im Aktienrecht, NJW 2003, 9
Sustmann, Marco	Anm. z. Beschl. d. OLG Düsseldorf v. 16.1.04 – I – 16 W 63/03, EWiR § 327e AktG 04, 467
Than, Jürgen	Zwangsweises Ausscheiden von Minderheits-aktionären nach Übernahmeangebot ? in: Festschrift für Carsten Peter Claussen zum 70.Geburtstag 1997, 405 Köln – Berlin – Bonn – München 1997

Timm, Wolfram	Anm. z.Urt. d. BGH v.1.2.1988 – II ZR 75/87, NJW 1988, 1582,1583
ders.	Treuepflichten im Aktienrecht, WM 1991, 481
Timm, Wolfram / Schick, Werner	Die Auswirkungen der routinemäßigen Geltendmachung der Abfindung durch die Depotbanken auf die Rechte der außenstehenden Aktionäre bei der Mehrheitseingliederung, WM 1994, 184
Umbach, Dieter C. / Clemens, Thomas	Grundgesetz, Bd. I, Heidelberg 2002 (zit.: Umbach/Clemens, GG)
Veil, Rüdiger	Die Registersperre bei der Umwandlung einer AG in eine GmbH, ZIP 1996, 1065
ders.	Anm. zum Beschl. d. OLG Hamm v. 4.3.1999 – 8 W 11/99, EWiR 1999, 521
Veit, Klaus-Rüdiger	Die Prüfung von Squeeze outs, DB 2005, 1697
Vetter, Eberhard	Squeeze-out in Deutschland, ZIP 2000, 1817
ders.	Squeeze-out nur durch Hauptversammlungsbeschluß, DB 2001, 743
ders.	Börsenkurs und Unternehmensbewertung, DB 2001, 1347
ders.	Squeeze-out – Der Ausschluß der Minderheitsaktionäre aus der Aktien-gesellschaft nach den §§ 327a – 327f AktG, AG 2002, 176
ders.	Kurzkomm. zum LG Frankfurt/M. v. 14.5.2003 – 3 – 13 O 22/03, EWiR § 327e AktG 1/03, 1063
Vetter, Jochen	Auslegung der Jahresabschlüsse für das letzte Geschäftsjahr zur Vorbereitung von Strukturbeschlüssen der Gesellschafter, NZG 1999, 925

Vossius, Oliver	Squeeze-out- - Checklisten für Beschlußfassung und Durchführung, ZIP 2002, 511
Wartenberg, Konrad	Die Auslage von Jahresabschlüssen für das letzte Geschäftsjahr beim Squeeze-out, AG 2004, 539
Weißhaupt, Frank	Informationsmängel in der Hauptversammlung: die Neuregelungen durch das UMAG, ZIP 2005, 1766
Wenger, Ekkehard	Der Fall Girmes – ein Stück aus dem Tollhaus, ZIP 1993, 321
ders.	Anm. zum Urteil d. BGH v. 18.12.2000 – II ZR 1/99, EWiR 2001, 331
Widmann, Siegfried / Mayer, Dieter (Hrsg)	Umwandlungsrecht, Bonn – Berlin 2003 (zit. : Widmann / Mayer, UmwR)
Wiedemann, Herbert	Die Bedeutung der ITT – Entscheidung, JZ 1976, 392
ders.	Gesellschaftsrecht, Band I – Grundlagen München 1980; (zit. : Wiedemann, GesR)
ders.	Rechtsethische Maßstäbe im Unternehmens- und Gesellschaftsrecht, ZGR 1980, 147
Wiesner, Peter M.	Die neue Übernahmerichtlinie und die Folgen, ZIP 2004, 343
Wilhelm, Jan	Inkompetenz des Aktionärs und Auskunfts- und Klagerecht, DB 2001, 520
Wilhelm, Jan / Dreier, Nils	Beseitigung von Minderheitsbeteiligungen auch durch übertragende Auflösung einer AG? ZIP 2003, 1369
Wilken, Oliver	Anmerkung zur Entscheidung des BVerfG v. 27.4.1999 (DAT/Altana), ZIP 1999, 1443

Wilm, Daniel	Abfindung zum Börsenkurs – Konsequenzen der Entscheidung des BVerfG, NZG 2000, 234
Wilsing, Hans-Ulrich	Kurzkomm. z. Urt. d. LG Hamburg v. 13.1.2003 – 415 O 140/02, EWiR § 327a AktG 3/03, 553
Wilsing, Hans–Ulrich / Kruse, Tobias	Anfechtbarkeit von Squeeze-out – und Eingliederungsbeschlüssen wegen abfindungswertbezogener Informationsmängel, DB 2002, 1539
dies.	Zur Behandlung bedingter Aktienbezugsrechte beim Squeeze-out, ZIP 2002, 1465
Winter, Martin	Mitgliedschaftliche Treubindungen im GmbH – Recht – Rechtsformspezifische Aspekte eines allgemeinen gesellschaftsrechtlichen Prinzips, München 1988
Wirth, Gerhard / Arnold, Michael	Anfechtungsklagen gegen Squeeze-out-Hauptversammlungsbeschlüsse wegen angeblicher Verfassungswidrigkeit – Zugleich Anmerkung zu dem Urteil und dem Beschluß des LG Osnabrück, jeweils vom 05.07.2002, AG 2002, 503
Wittuhn, Georg A. / Giermann, Heiko A.	Herausdrängen von Minderheitsaktionären einer Aktiengesellschaft-Gestaltungsmöglichkeiten beim squeeze out – MDR 2003, 372
Wolf, Martin	Der Minderheitenausschluss qua „übertragender Auflösung" nach Einführung des Squeeze-Out gemäß §§ 327a – f AktG, ZIP 2002, 153
Zinser, Alexander	Ein neuer Anlauf: Der jüngste Vorschlag einer Übernahmerichtlinie v. 02.10.2002, EuZW 2003, 10
ders.	Entwicklungen zum europäischen Übernahmerecht, ZRP 2003, 78
Zöllner, Wolfgang	Zur Problematik der aktienrechtlichen Anfechtungsklage, AG 2000, 145

Zschocke, Christian — Der neue Entwurf der EU – Übernahmerichtlinie, azur 2003, 10

Kolibri 360 GmbH
Ferdinand-Jühlke-Straße 7
99095 Erfurt, Deutschland
produktsicherheit@kolibri360.de

Druck:
CPI Druckdienstleistungen GmbH
im Auftrag der
Kolibri 360 GmbH
Ferdinand-Jühlke-Str. 7
99095 Erfurt